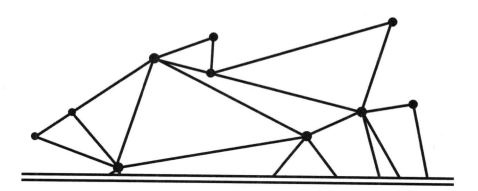

SECURITY AND SUPERVISION OF
DIGITAL FINANCIAL

数字金融安全与监管

方亚南　齐佳音◎著

经济管理出版社
ECONOMY & MANAGEMENT PUBLISHING HOUSE

图书在版编目（CIP）数据

数字金融安全与监管／方亚南，齐佳音著 . —北京：经济管理出版社，2021.8

ISBN 978-7-5096-8230-2

Ⅰ.①数… Ⅱ.①方… ②齐… Ⅲ.①数字技术—应用—金融业—研究—中国
②金融监管 Ⅳ.①F832-39 ②F830.2

中国版本图书馆 CIP 数据核字（2021）第 173623 号

组稿编辑：王格格
责任编辑：王格格　杜奕彤
责任印制：张馨予
责任校对：张晓燕

出版发行：经济管理出版社
　　　　　（北京市海淀区北蜂窝 8 号中雅大厦 A 座 11 层　　100038）
网　　　址：www.E-mp.com.cn
电　　　话：（010）51915602
印　　　刷：北京晨旭印刷厂
经　　　销：新华书店
开　　　本：710mm×1000mm /16
印　　　张：17.25
字　　　数：301 千字
版　　　次：2021 年 10 月第 1 版　　2021 年 10 月第 1 次印刷
书　　　号：ISBN 978-7-5096-8230-2
定　　　价：88.00 元

前 言

数字金融，定义并不清晰，简单来说，用数字的方法处理金融业务，而这里的数字，指的是可以用计算机处理的电子数字数据。从这个定义来看，数字金融将划分为两个大块：一个是金融信息的数字化处理，比如电子支付；另一个是数字本身的金融功能的挖掘（如虚拟数字加密货币）。不管如何，数字金融离不开数字信息的处理，因此，数字金融的发展是以人类社会信息化的发展为基础的。

通信业的发展过程，是从电报，到电话，再到互联网，现在到移动互联网。在信息技术发展的早期，出于信息传输成本的原因，移动通信技术首先被使用在两个方面：一是重要事务信息；二是交易信息（以及金融信息）。一般来说，金融业务的信息量远小于商业交易所需要的信息量，商业交易的信息量又要小于人们日常生活沟通的信息量。

在信息技术刚刚萌芽的时候，数据带宽是非常宝贵的，首条真正投入使用营运的电报线路于 1839 年在英国出现。但一直到 20 世纪 80 年代初，电报对普通人来说仍然是很贵的一个通信服务，1983 年发电报 1 个字符（含标点符号）要 0.07 元人民币，而当时一个大学毕业生的月工资约为 40 元人民币，一个月的工资只够发送约 600 个文字，约相当于现在 10 条短信的信息量，当然更无法和一条微信的信息量相比。现在，互发文字信息的成本降低了不止 10 万倍，速度是秒到，因此，在数据传输成本很高的时候，使用者只能传输最重要或者最有价值的信息，比如紧急事件（家庭、企业、新闻、政府、跨境等）、贸易及金融信息。和金融交易的重要性及经济效益相比，这样的数据传递成本还是能够被接受的。

1849 年，意大利人安东尼奥·梅乌奇（Antonio Meucci）发明了电话，从现在的角度看，电话传输的信息量远大于电报，为什么电报的价格在电报出现了100 多年后，还那么贵呢？其中最重要的原因就是早期的电话都是模拟信号传输，而不是数字信号传输，而电报的 0、1 编码，是真正的数字信号。另外一个原因就是模拟信号很难作为有效的法律依据，而当时的电报，从发出到接收，要进行编码和解码，将电报的文字（包括标点符号）和数字内容与电报码相互转换，电报纸（是由电讯机构发出的）可以作为双方交易约定的有效凭证。这样的转换（译码）工作也必须由专业人士才能完成，因此电报的成本相当高。

从上述介绍可以看到，数字金融的诞生，是从有电报的时候开始的，即使那时候还在用账本记账，但金融信息的传递，是用数字编码方式传递的。邮政机构专用，盖上邮政机构的章（或者办理员的签名），记录电报编码、译码内容和收发时间的电报纸，是有法律效力的交易文书。

随着 1946 年计算机的出现，数字信息处理能力大幅提升，1969 年互联网出现之后，数字数据带宽迅速增长，特别是大量的模拟信号被转换为数字信号进行处理。计算机给数字数据处理（收发、存储、分析、报表等）带来了巨大的方便，而互联网的诞生则给海量信息沟通带来了极大的便利，在数据带宽不再是信息沟通关键矛盾的背景下，电子数据交换出现了爆发性增长。但新的问题也出现了，这些问题主要是信息保真、信息安全、信息格式标准、传输双方的身份确认等，人们利用数字加密技术解决了信息传输过程中的安全问题，利用公私密钥对的办法解决了发送者和接收者身份确认的问题，利用全球统一的 TCP/IP（底层）、EDI（应用层）等数据传输报文标准，解决了商贸信息互相沟通的标准问题。在这个阶段，计算机及互联网主要还是承担 B2B 之间的金融信息传递。随着网络银行逐步完善，C2C、C2B 之间的金融信息传递也逐步增加。这个阶段的典型代表就是网银，包括企业网银和个人网银，为了防范交易安全，将 U 盾作为物理安全措施一直沿用到今天，就目前来看，U 盾（经过了 N 代的升级版本后）仍然是保证网络上大额交易安全的主要手段。

这个阶段数字金融服务的最大不足，是仍然不能实现随时随地的金融服务。手机的出现，开启了数字金融的新征程。早期的模拟机是无法用来传递数字信息的，为了解决这个问题，有人曾经采用双音多频（DTMF）按键发送信息的方式进行交易指令发送，因为 DTMF 本身就是电话号码等数字化输入，走信令通道，可以进行数字数据传输。1995 年，电话投注在中国出现，就是利用 DTMF 指令选择自己中意的彩票号码下注，资金是从绑定的充值账户里支出，这应当是电话支付的开端。

BP 机这个设备是单向数字数据传输工具，将其用来进行金融交易的相互确认是有难度的，因此，在数字手机出现之前，移动支付是难以实现的。在这个过程中，科学家始终努力实现数字化转换，从模拟语音卡，到数字语音卡，从模拟交换机，到数字程控交换机，从模拟移动电话，到数字移动电话，当手机实现短消息收发功能的时候，才终于有了可以随时随地处理金融交易的工具。国际上，1992 年全球移动通信系统成熟，1994 年短信息开始进入民用和商用，而在中国，1998 年中国移动、中国联通才开始扩展短信业务，1999 年底首次设计将短信用到彩票销售上，原因很简单，彩票本身就是花钱买"数字"的过程，中奖了，就凭着这个"数字"去兑奖，不中奖，这个"数字"就作废。这样就解决了"产品"传输问题，同时，也必须要解决"支付环节"的问题，于是就实现了将手机与后台账户资金绑定，直接根据用户短信指令（或者 DTMF 购买彩票指令，当时可以混用）进行扣费，这也是最早的"移动支付"原型，和现在的"电子钱包"支付没有任何差异。

2000 年 12 月，中国移动正式推出了移动梦网，为互联网小额支付提供了一个全新的解决方案，救活了一大批岌岌可危的互联网企业，其中就包括新浪、腾讯等现在的互联网巨头，使它们能够通过手机实现图片、音乐、邮箱、网络游戏、杀毒软件等网络应用的小额支付（通常在几毛钱一笔到几元钱一笔），这也是移动支付爆发的时代，其由于巨大的便利性，获得了大量用户支持，并且额度很小，不涉及金融安全问题，所以也就得到了很好的发展。但到目前为止，通信账户小额支付虽然仍然在运行，但一直没有被纳入正式的第三方金融支付范畴，只是属于电信账户的一个特别的增值应用。思考其原因，核心仍然是其并不涉及金融交易的安全。

为了方便用户持续向彩票投注账户充值（早期是通过专用的手机投注充值卡充值，手机投注充值卡通过彩票销售点售卖，利用手机键盘就可以操作完成充值），将手机支付账户与银行卡捆绑，就成了自然的选择。2002 年左右，大家都意识到，移动支付或者叫移动金融是发展的必然趋势。2003 年，中国移动和中国银联联合投资成立了北京联动优势科技有限公司，开展移动支付业务，其核心产品设计方案就是将银行卡和手机号码进行捆绑，然后实现随时随地支付和转账。同时还设计了将电话座机与银行账户捆绑，后来，国家发放支付牌照，还将"电话支付""电视支付"都列入了支付牌照的功能设定范畴。

2003 年 10 月，淘宝首次推出支付宝服务。2004 年 12 月，支付宝公司正式成立。可以看出，很多公司在那个时候，都瞄准了电子支付，但支付宝当年成立的时候，并不以移动支付为目标，而是以银行卡"代收、代付"为目标，而在那一时期成立的联动优势、上海捷银、广东易佩缴费通、上海快钱等公司，在成立之初就是以发展移动支付为目标。

移动支付一开始就面临着巨大的难题，实际上，无卡支付并不是从移动支付开始，银行卡无卡支付一直以来只支持公用事业缴费，比如银行卡捆绑水费、电费等，到期自动划扣，这样的功能已经实现了很多年，但和电话或者移动电话捆绑实现支付，就突破了金融业以前的底线——无卡支付，被盗刷的风险剧烈增加。

转眼十几年过去了，从第一笔捆绑银行卡的支付发生的 2005 年到现在，无卡支付已经非常普及甚至泛滥，但银行最初的担心被证明是客观的、合理的、非常重要的，那就是银行账户的安全性受到了巨大的威胁。从基于手机的短信支付、应用程序（App）支付、小程序支付，到手机银行支付，技术上还有扫码支付、近场通信（NFC）非接触支付、自动道路缴费系统（ETC）支付、点对点转账，现在演变成刷脸支付（连支付工具都省了），给人们带来方便的同时，支付安全问题也越来越严重。现在，即使银行卡在自己口袋里，没有开通移动支付功能，里面的资金也可能会丢失，木马病毒、钓鱼、空中换卡等手段，都能够让银行卡里的资金不翼而飞。

支付方便性带来的另外一个风险难题，就是电信诈骗，诈骗分子通过数以百计的诈骗"剧本"，让别人有意识、无意识地就把钱转给了他们，犯罪分子利用"电话"这个远程信息传输工具来实施诈骗，而不是利用"盗刷"方式进行诈骗，这是本书必须研究并设法用信息技术来解决的重点问题。

Q 币应该算是虚拟数字货币的雏形。2003 年，QQ 游戏中就已经可以使用 Q 币支付，Q 币和人民币之间是单向兑换的（人民币购买 Q 币，但 Q 币不能兑换或者销售为人民币），当然，早期 Q 币和通信账户之间也是单向兑换，后来可以通过网银购买 Q 币。Q 币有两个关键点：第一，Q 币由企业自主发行；第二，Q 币只在企业内部场景下使用，并且不得兑换为实物资产。这个中心化的"数字货币"稳定运行了很久，但并不能成为真正的"数字金融"，因此，Q 币不是真正意义上的数字货币。

之后，NFC 流行起来，特别是乘坐公共交通工具，人们几乎都用公交卡、地铁卡，这种 NFC 电子钱包，是典型的数字货币，或者叫货币电子钱包，它可以脱机使用，余额是在芯片上而不是在后台账户系统中，这样的数字钱包使用非常方便，而且由于额度小，金融风险也小，即使丢失，损失也是有限的。这期间，RF-SIM（射频识别 SIM 卡）的 2.45GHz 和 NFC 的 13.56MHz 竞争成为中国零售支付的标准，结果 NFC 的 13.56MHz 胜出，中国移动 RF－SIM 的

2.45GHz 没有能够成为零售支付标准，相关部门（银联商务、银行、第三方 POS 机收单公司）投入巨资对上千万台的 POS 机进行了 NFC 改造，可惜，其很快被二维码支付超越。到 ETC 的时候，由于 ETC 交易距离（信息交换距离）比较远，比 NFC 的 5~10 厘米大了 100 倍，所以利用特制的 POS 机盗刷 ETC 成为可能，而且，由于 ETC 存储的金额比较大（几十元到几万元的都有），犯罪分子还是可能冒险盗刷的。

再后来，银行发行银行承兑汇票，这可以说是基于法币的一种代金券。从纸质银票发展到电子银票，实现了货币数字化。纸质银票出现了很多风险问题，包括各种造假，电子银票虽然解决了票据仿制造假等问题，但仍然没有解决安全问题，本书将会进行分析。

商票是资产票据的另外一种形式，是由企业发行的，其不能成为真正意义上的数字货币。商票和银票相比，风险更大。

互联网的发展，促进了金融的蓬勃发展，"互联网+金融"成为一时的风头，以 P2P、众筹为代表的一大批机构，打着金融创新的旗号开展业务，也的确实现了一定程度上的"普惠金融"服务，但由于监管滞后、法规滞后，出现了很大的问题，本书将对其进行详细探讨和分析。互联网金融的意义在哪里，如何发挥其优势，避免其缺陷，保护人们的金融财产安全，促进普惠金融发展，是需要研究的重要课题。

互联网金融还出现了互联网保险、互联网小贷等产品，但真正划时代的产品是比特币，2009 年第一个比特币面世，真正意义上的数字货币诞生了，虽然不依赖于任何资产，不依赖于任何企业、银行、政府的信用背书，但它的确具备了货币的大多数特征。区块链技术，让人们达成共识，共识又增强了人们对虚拟货币的信任，从而使虚拟货币有了生存空间，但因为其没有任何"财产和信用"进行背书，虚拟货币不被监管机构和大众认可。

首次代币发行（ICO）是给数字货币抹黑的一个产品，虽然不能说所有的首次代币发行都是不良的，但大多数是严重危害社会的金融产品，究其原因，是其没有好的监管机制，也没有自我约束机制，野蛮生长是必然，被禁止也是应当的。

无资产的虚拟货币出现之后，人们意识到，资产问题和操作问题是两个方面的问题，数字货币的操作问题已经得到了很好的解决，实现了比中心化货币更灵活、更便捷、更隐蔽的交易机制，如果加上资产作为背书，就可以实现更"完善功能"的数字货币，因此，"稳定币"应运而生。

试图切入数字货币的机构非常多，有政府、银行、银团、支付公司、互联网巨头、科技金融企业等，甚至联合国的国际货币基金组织（IMF）也于2019年7月5日宣布拟发行国际数字货币IMFCoin。但所有的数字货币，都面临着巨大的安全隐患，这些安全隐患，是本书研究的重点，并且还涉及标准、监管、税收、法律等问题，这些都是必须深入研究的。数字货币若要成为社会经济的主流金融服务产品，就必须能够保护人们的金融财产安全、保护国家金融安全、防范数字货币被违法分子滥用，能促进社会经济发展和社会和谐！

《数字金融安全与监管》一书依托于国家社会科学基金重大项目（16ZDA055）、国家重点研发项目（2017YFB0803304）、国家自然科学基金委员会中德科学中心中德合作交流项目（GZ1570）、中国–中东欧国家高校联合教育项目（202033）、上海市开源数字"一带一路"协同创新中心等项目，旨在分析目前的数字金融安全态势，提出相关解决方案，分析监管难点及监管策略，并提出相关的监管建议和制定相关的法律法规的建议，为我国的科技金融发展提供一定的参考。

数字金融是指将互联网及信息技术手段与传统金融服务业态相结合的新一代金融服务。金融业作为一种传统行业，天生就与数字相伴而生。在全球经济加速迈向数字化的大潮中，金融行业自然而然就成为率先数字化的产业。

数字金融发展迅猛，创新层出不穷，虚拟货币、数字资产已经遍地开花，现有的金融监管理论、方法、技术、体系已经无法适应信息经济时代对金融风险进行控制的要求。在本书中，我们将梳理传统金融业务数字化及数字货币发展两大趋势下诸多与数字金融密切相关的产业发展态势、业务风险、信息安全及监管问题，期待为行业的健康发展提供帮助。

进入21世纪后，金融战成为国家间敌对战争的重要形式，数字金融或许会成为引爆国家金融安全的全新风险点。在新的形势下，有必要针对数字金融安全进行深入研究，从理论、政策、标准、法律方面进行全方位的深度分析，对于保障我国的金融安全问题、维护金融稳定、保障人民的金融财产安全、解决国际贸易结算体系安全问题、促进金融科技向纵深发展有着重要意义。

数字金融安全及监管是数字经济发展中必然的时代性命题，本书在梳理数字金融安全问题的基础上，试图对我国数字金融的发展提出建议，希望为我国经济发展迈上一个新台阶尽微薄之力。

方亚南　齐佳音

2020年2月

| 目　录 |

第一章

绪　论

第一节　数字金融简史

金融本身是数字化的，即使在货币出现的最早期，也是需要计数的，但现代社会提出的数字金融，更多的是指通过电子手段处理的金融业务，比如说，电子凭证、电子支付、电子协议，因此，数字金融并不是现在才有的概念。向前追溯，电子支票、电子数据（EDI）交换都是数字金融的典型代表；再向前追溯，手机彩票投注、电信账户支付、电话卡支付、加油卡支付、邮电汇款等也都是数字金融服务。随着信息技术的发展，金融服务业同步发展，借力信息技术的能力（包括计算机、互联网、移动互联网、大数据、人工智能、云计算、区块链等技术）的迅速发展，金融服务变得越来越便利，人们可以随时随地做各种交易、签署电子合同、确认电子支付、查询账单、缴纳费用、互相转账、融资借贷，甚至买卖外汇黄金、股票及国内国际期货、各种数字化的商品等。可以说，所有的非现金交易都可以纳入数字金融的范畴。按照中国人民银行的统计，现在现金业务占人们日常生活的比重已经降为个位数，也就是95%以上的日常交易都已经实现了电子化、数字化，企业间（包括银行之间）及国家之间的金融服务几乎100%实现了电子化。

金融数字化对社会发展的贡献，远不只是方便快捷那么简单，它有力地促进了整个数字经济的发展，从跨境贸易，到国内零售，再到企业间贸易，不管是服务业、文化产业、互联网产业，还是金融市场服务如股票、证券、期货、保险、众筹、供应链等，数字金融都发挥了巨大的作用，更准确地说，是金融数字化给经济发展带来了巨大的红利。

"互联网+金融"给金融带来了新的活力，各种金融创新层出不穷，特别是

P2P、网络小贷、网络众筹、互联网保险、团购、共享、在线供应链金融、消费金融、扶贫等，金融数字化向更广泛的社会经济生活领域渗透，低成本甚至零成本的资金流动，实现了很多原来的金融服务无法实现的商业模式，例如，可以买1分钱保险，也可以1分钱参与众筹、1元钱理财等，金融服务在横向和纵向都得到了前所未有的扩张，为普惠金融创造了可能。移动金融能够服务于边远的、银行网点无法覆盖的地域的数以千万计的人口，甚至完全没有银行卡的用户也能够享受到现代金融服务，对促进社会平衡发展有非常重要的意义。"互联网+金融"给社会带来的不仅仅是金融服务创新，还有社会经济活动的创新，因为只有新的金融服务能力和新的金融工具，才能够支持这样的创新。

比特币一鸣惊人，区块链横空出世，又一个全新的数字金融模式诞生。2019年，拥有全球27亿用户的Facebook发布Libra白皮书引起了全球的广泛关注和警觉，以区块链技术为基础的数字货币已成为数字时代发展的必然产物。与此同时，我国法定数字货币的前期研发不断加快，良好的互联网支付基础为我国发行法定数字货币提供了条件和机遇。2020年3月，美国股市10天内连续4次熔断考验了比特币的强劲生命力。数字货币的诞生已经开始影响到国家经济金融的安全和稳定，因此，跨境金融服务特别是数字货币、数字资产跨境流通必须受到严格的监管，不仅在中国，在美国和其他国家，跨境金融服务都同样受到严格的监管。而在全球经济一体化发展的时代，需要更加便捷的跨境金融服务，这个矛盾的解决，很可能会在新的金融技术——受控的下一代数字货币上找到答案。

牛羊、贝壳、黄金白银、锚定黄金的纸币、基于国家信用的货币，反映出货币发展经历了不同的阶段，但从来没有基于"空气"的货币，而比特币就被称为"空气币"，它没有发行机构、没有资产背书、没有政府背书、没有任何人担保，也没有人监控，仅仅依靠算法和规则凭空创造出了数百万人乐于用真金白银购买和参与的"货币"。比特币可以被认为是真正意义上的独特的数字金融产品，利用它的分布式账本原理，又衍生出了有资产背书的"稳定币"，再一次创新了金融模式，成为了新一代的数字金融产品。

本书把金融数字化、"互联网+金融"、数字货币金融通称为"数字金融"进行研究，研究多个数字金融产品或者方案的特性、适用性、安全问题、监管问题、发展趋势等，并提出可能的解决方案。

第二节　金融数字化安全问题

根据前面描述，"金融数字化"的内涵主要是利用信息技术实现了电子支付、电子票据、电子钱包等功能，即将传统金融工具数字化、电子化，这里的安全问题主要包括资金安全、信息安全、交易安全、法律合规安全等。

资金安全又包括盗刷、钓鱼、电信诈骗、网络诈骗、假冒票据、伪基站诈骗等各种不当获取他人账户资金的问题。

用户资金安全问题可以分为两大类：一类是"盗取"，犯罪分子通过各种技术手段盗取他人账户资金；另一类是"骗取"，利用各种骗术，通过短信、电话等手段进行诈骗，让人们主动汇款给犯罪分子。针对第一类"盗取"资金的犯罪行为，可以通过技术手段，进行一定程度的防范，但仍然很难根除，据统计，平均的支付交易坏账率在 10BP（万分之一），即一万元的支付交易可能有一元是坏账。第二类"骗取"资金的犯罪行为，最典型的就是电信诈骗犯罪，这是一个很难解决的问题。本书将试图设计一些解决这些问题的方案，并对方案的可行性进行一定的分析说明。

信息安全所指的信息主要包括与账户使用人的金融业务相关的信息，包括个人资料、账户基本信息、交易信息、交易行为及交易特征信息等，甚至包括交易者手机通讯录、历史及实时定位信息、访问网络的信息、手机内存放的图文资料信息等更为广泛的信息。信息安全的问题涉及信息的获取范围、取得方式、信息归属权（所有权）、使用权、保管权等，还涉及信息有效期等。其中，跨境交易涉及的用户信息的归属权更为复杂，各个国家对信息安全的规定不尽相同。保存用户信息的机构在处理跨境业务的时候，执行哪个国家的数据安全的法律，也是难以解决的问题，2019 年 6 月某国法院要求中国的银行提供涉及触发美国相关制裁规定的交易数据，就是一个典型的案例，撇开霸权主义的因素，我们的确应当审慎研究当金融机构面临这样的跨境数据主权问题时，应当采取怎样的对策。

交易安全主要是指当交易纠纷出现的时候，是否能够挽回经济损失。支付宝的代收代付功能有效地解决了互联网上买卖双方之间结算安全的问题，利用第三方托管交易资金，完成交易后再将资金转移给收款人（卖方），从而有效维护了购买人的资金安全，反过来也防止了恶意退货、侵犯卖方经济利益的情况的发生。还有一种风险是支付交易的道德风险，即使的确是本人发出并执行的电子支付交易，也可能被本人否认并要求赔偿，给第三方公司（往往是支付清算公司）带来损失。

法律合规安全主要指的是非法的支付交易，如洗钱、非法集资、赌博等非法交易、非法跨境交易、非法期货市场等。如果支付清算机构为这些非法交易提供了帮助，也会触犯业务合规性的法律法规。即使是合法的支付业务，支付机构在操作时，也需要符合一系列标准和规范，否则，也会出现合规风险，比如资金池、公对私非法转账、支付机构之间互联、挪用备付金、T+0垫资、交易信息安全及反洗钱报送要求等。

电子钱包的安全涉及了更多的安全问题，由于电子钱包基本上都是基于物理载体，包括NFC、ETC、接触式芯片卡、手机内存等载体（目前磁条卡已经比较少），所以其安全性就多了一些和近距离通信相关的问题，此外还有脱机支付安全问题、充值安全问题、电子芯片安全问题、终端设备安全问题等。

第三节　"互联网+金融"的安全问题

"互联网+金融"的主要业务类型有众筹、互联网保险、互联网小贷、P2P、互联网共享经济、互联网基金、团购、在线供应链金融、消费金融、网络扶贫、网络股票、以网络期货为主的网络各类数字化资产交易，以及手机红包、手机彩票等特定业务。

"互联网+金融"风险首先是法律合规风险。P2P是典型的案例，从野蛮生长到受到严格监管；网络众筹等行为很容易演变为非法集资；互联网小贷需要金融牌照并受到严格约束；共享经济很容易演变为圈钱运动；消费金融很可能涉及非法放贷；网络彩票很容易演变为私彩（目前被严格禁止）；网络期货很多都是诈骗平台；手机红包成为变相行贿的方式；网络证券发行很多是变相非法融资及诈骗等。因此，"互联网+金融"的创新，如何监管，如何合规，也是本书要研究的重点内容。

其次是大范围的用户金融财产安全问题。由于缺乏对创新的有效监管，一部分平台属于欺诈类平台，比如E租宝之类的P2P平台，动辄就有几百亿元的资金被卷走，这样的项目影响范围巨大，资金额度非常高，给社会带来非常严重的负面影响。

再次是信息安全问题。互联网平台汇聚了大量用户信息，用户信息的泄露将会带来很多不可预计的后果，山东徐玉玉因诈骗去世就是由她的高考录取信息泄露引发的。存储用户信息的平台内部、外部都可能有人盗窃出卖用户信息，对这样的信息泄露问题，监管机构目前还没有很好的对策。

最后是项目风险，特别是大型项目风险。很多项目未必是诈骗项目，但由于没有很好的商业模式、没有很好的经营团队等而失败，其用户数量巨大，项目一旦失败，将给用户带来很大的资金损失，比如 ofo 共享单车，商业模式不正确导致项目失败，数十亿元押金无法退还，私募基金和理财产品也存在同样的问题，项目一旦失败，带来的资金损失是相当大的。

第四节　数字货币引起的安全问题

数字货币，目前主要指数字加密货币，技术主要以分布式克隆账本也就是区块链技术为基础，它涉及的安全问题更多。

首先，法律合规安全性。法律合规的第一大问题是不被认可。空气币（没有任何资产、信用背书）的数字加密货币，基本上不被大多数国家认可为"货币"。首次代币发行（ICO）打着众筹的旗号，仍然是一种以所谓"未来潜在收益"为基础的空气币，显然也很难被国家认可。证券代币发行（STO）模式表面上看，是一种利用区块链技术的股权公平公开的发行机制，但一个缺少有效监管的业务，怎么可能实现真正的公平公正公开，怎么可能保护投资人权益呢？法律合规的第二大问题就是"货币发行权"：银行、互联网企业、大型企业、支付企业，发行的数字加密货币都缺少发行权，很容易受到监管者限制。即使是所谓的"有资产背书的稳定币"，在无法确保"资产的可信可控"条件下，也无法真正成为可信、可靠的数字货币。法律合规的第三大问题就是，即使是某个国家发行的"稳定币"，有政府背书，但其被跨境使用时，同样可能违反其他国家的金融监管法规，可能仍然无法实现自由合法的交易，区块链技术能够穿透国界进行可信交易的优势也就没有意义了。法律合规的第四大问题就是链上非法信息问题，目前在比特币、以太坊等国际知名区块链上面，至少有

10%的区块中含有非法、有害的信息，显然，这对所有国家和政府都是一个挑战。

其次，数字货币的技术安全问题。区块链自身安全并没有得到很好的解决，大算力攻击并不是天方夜谭。智能合约的可靠性一直难以保证，密钥（地址）安全也是一个大的难题。此外，还可能遭受服务攻击等。

再次，数字货币的交易安全问题。主要包括交易效率难题、交易风险问题、交易平台风险问题、交易时效性以及交易延迟问题等，诈骗、盗窃数字资产的问题同样存在。另外，基于区块链的交易出现异常情况时，如何应急处理解决？对公链来说，由于无法找到相应的客服人员和平台管理人员，很难获得经济赔偿，甚至无法取证。过度的便捷支付，某种意义上对支付交易来说是增加风险的，很可能因为误操作而无法撤回；数字货币支付确认速度过低，也会影响交易效果，如果卖出股票的交易确认延迟一分钟，就可能失去卖出机会导致很大亏损。

最后，数字货币的信息安全问题。主要是用户个人信息泄露，泄密源头包括链本身设计漏洞、交易平台泄密、用户操作终端信息泄密等。

第五节　数字金融的监管

先讨论对金融创新的监管。每个创新项目都有利于社会或者用户的思维，但在项目的实际操作过程中，其很容易被用来开展非法行为，犯罪分子很善于利用新技术或者新规则开展各种非法活动。犯罪分子在项目运营过程中，出于各种原因，有意无意地突破了传统金融监管规则的限制；或者是在监管规则缺失的空白地带，无所顾忌，滥用创新，危害社会。很多非常好的金融创新项目，就是因为失去了监管或者监管没有跟上，出现了严重的社会问题，监管层在迫不得已的情况下往往采取"一刀切"的办法处理，而这样又让很多好的、健康的创新项目被限制发展，这种"创新—出问题—限制—新的创新—再出问题—再限制"的循环模式已经持续了很久。采取限制的时机越晚，问题也就越多、越严重；限制力度越大，创新也越受打击。建立和保持一个合适的监管机制，既要鼓励创新，又要尽量遏制侵犯金融财产的行为，是监管机构的重要任务，其必须总结经验，提高在新形势下的监管能力，及时应对之前没有出现过的问题，完善监管体系和监管技术手段。

监管的另外一个问题在于需要明确"监管工作的目的"，现在我国的监管往往以"不出问题"为中心，这也是对新事物采取"一刀切"操作方法的根源，"一刀切"的策略虽然比较简单粗暴，但至少不会出问题。而国外很多国家的金融监管的目标是以"让创新能够更好地发展，从而更好地服务于社会"为中心，在鼓励和促进创新的同时确保不出现重大问题，允许小问题出现，允许试错甚至鼓励试错。我国的金融监管部也应当参考国外的监管思路，以使我国的金融创新能够更好、更健康地发展。

对金融数字化的监管，一直在持续不断地开展。各个国家对电子银行、电子支付、电子交易等都制定了各种规范和标准，针对设备、流程、准入、身份、平台、信息、规则等都有详尽的规范，但始终没有很好地解决电信诈骗等方面的问题。从某种意义上来看，很多金融专家提出的监管思路容易局限于在业务体系运行的传统模式中寻找解决问题的方法，很难跳出业务原有的基本运行框架寻找解决复杂问题的策略，存在"思维固化"的缺陷，而诈骗分子从来就没有"框框"，只要能够达到目的，他们无所不用其极，他们更善于利用规则的漏洞。因此，监管者本身也需要创新思维，更多地用"反向思维""跨界思维"等寻找解决电信诈骗之类问题的方法，监管工作不应受到传统固有的金融思维（包括流程、规则、体系等）的约束。有时候，越是资深的专家，越容易出现思维方向固化的问题。

对数字货币的监管，面临着更大的挑战，以中心化思维，去对付"去中心化"的数字货币，天生存在一定的缺陷。匿名形式的数字货币，过度利用了互联网的能力，虽然方便了交易，却对监管提出了重大挑战。如果不知道数字货币真正的使用者是谁，就无从监控其行为，无从知道其是否进行了违规操作，或者无法对违规交易的人员进行追溯。从宏观角度来看，数字货币将会影响国家的货币发行权及金融体系的稳定性。另外，若不参与国际性数字货币体系，将来就面临全球贸易边缘化的问题，这也是国家金融面临的一种风险。

数字货币与新的信息技术紧密相关，若没有对技术本身有充分的了解，不了解技术和业务捆绑在一起的新的业务形态（数字即程序、程序即应用、应用即数字）是无法制定出新的、科学的监管策略的，这个监管难题对于中国乃至全世界来说，都是必须面对的新的难题。暗网借助于比特币进行危害全人类的非法活动，是公认的难以解决的监管课题，这也是本书讨论和研究的重点问题。

第六节　本书内容、创新点、意义及章节组织

全书分为五大部分、十个章节，具体的章节组织和逻辑关系如图 1-1 所示。

第一部分：绪论，涉及第一章，主要介绍本书的总体情况。

第二部分：数字金融概述，包括第二章和第三章。第二章先介绍传统金融数字化发展历程，包括发展现状、分类业务的相关情况，以及"互联网+金融"的各种创新，然后介绍数字货币化及数字加密货币的各种情况，本书并不把数字货币的原理或者方法作为介绍的重点。第三章介绍了数字金融技术的发展和演变，包括互联网、大数据、人工智能、区块链技术与数字金融的关联性，说明了数字终端技术的相关问题。

第三部分：数字金融安全概述，包括第四章、第五章。第四章阐述数字金融信息安全问题，重点是数字金融信息的产生、归属、使用、隐私保护及法律建议和监管建议。第五章介绍了数字金融技术安全问题，从技术体系角度探讨数字金融的安全性。

第四部分：数字金融安全与监管的专题研究，涉及第六章、第七章、第八章。第六章、第七章、第八章是三个专题研究，分别分析银行账户安全问题，特别是电信诈骗问题，提出了相关的监管策略；数字货币问题，包括数字化金融全球发展趋势及对策分析；跨境支付的安全问题分析及解决方案分析。

第五部分：我国数字金融安全监管政策建议研究，包括第九章和第十章。第九章重点分析全球主要经济体对数字金融监管的政策体系。第十章针对我国的数字金融监管提出政策建议。

本书的创新点主要在于从用户角度看金融科技的发展、看数字金融的应用，并且从鼓励创新和扶持创新的角度提出监管建议，努力解决目前金融业务中危害人们财产安全的重大社会问题，努力解决以区块链技术为代表的新金融所涉及的安全难题。本书试图分析经济全球化和金融全球化的趋势，并提出一些金融方面的应对策略，从而推进"一带一路"进程，促进贸易全球化进程，这也是本书的意义所在。

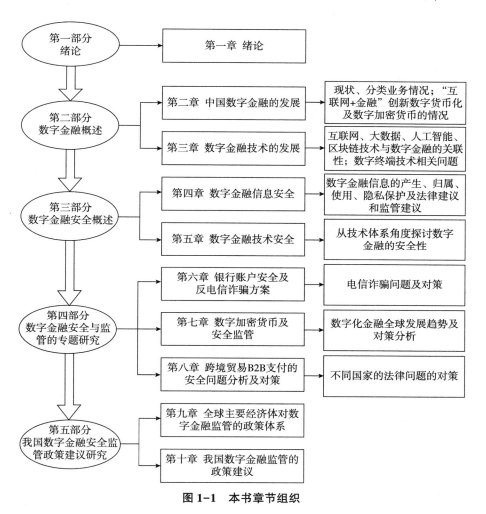

图1-1 本书章节组织

第二章

中国数字金融的发展

第一节　传统金融数字化转型的内涵及意义

2019年，中央提出了建设"数字中国"的宏伟目标，数字中国包括各行各业信息化、数字化改造，数字化不仅能扩展新的经济发展空间，促进经济可持续发展，而且能推动传统产业转型升级，促进整个社会的生产模式更新、服务模式更新、管理模式更新、运行模式更新和发展模式更新。金融业显然也必须进行数字化转型，而且也是最适合、相对也最容易进行数字化转型升级的行业。传统金融业数字化转型的内涵是：数字化工作协同、大数据驱动、服务模式颠覆性改变和数字化风险防控新模式等，这些是金融行业数字化转型的四大基石，能推动金融创新，从而更好地服务于实体企业、服务于社会。

随着互联网的发展特别是移动互联网技术的发展，以及人工智能技术的发展和数据处理技术的发展，金融业数字化转型也被赋予了新的内涵，即利用新一代信息技术，构建数据的采集、传输、存储、关联、检验、处理、应用和反馈的闭环，打通不同层级与不同业务之间的数据沟通壁垒，打通金融业与社会各行各业之间的数据壁垒，建立非常广泛的对数据的信任机制，提高金融业整体的运行效率和风险控制能力，构建全新的数字金融服务体系。

目前，将运维环节并入开发环节的开发运维一体化概念，由于能适应新时代下快速变更的业务发展，已经被更多的金融企业所接受。全球范围内，越来越多的传统银行开始主动拥抱数字化转型。一方面，众多传统银行纷纷加大研发投入，力图让区块链、大数据以及人工智能等新技术为其所用；另一方面，很多传统银行也选择与金融科技公司以及互联网公司"联姻"，通过优势互补加强竞争力，巩固市场地位，传统企业特别是互联网企业，也不断试图进入金融业，利用自己的用户优势、技术优势和创新优势，分享金融业的"蛋糕"。

这种努力已初见成果。一些银行将营业网点改造得更像是高科技产品的零售旗舰店，开放式的空间替代保护严密的柜台，利用人工智能等技术向客户提供标准化服务。有些网点甚至可以做到无人运作，机器人客户经理和后台远程客服人员的配合，能够完成几乎所有的传统柜台提供的银行服务，给客户带来更好的服务体验，大幅度降低了银行成本。目前，很多银行网点减小面积、缩减人员、实现无人化改造，就反映了数字化服务转型带来的成本节约的趋势。即使是在需要人值守的自助机服务柜台，银行的工作人员也只需要给予客户适当的指导，其专业能力不需要太高，真正的非常专业的服务人员是"机器人"和远程后台服务人员，这样也可节约银行的人工成本。

很多传统银行将区块链技术应用于银行内部或者银行之间的清算和结算业务，在保证安全的前提下极大地简化了业务流程，提高了业务处理速度及资金运行效率。很多银行开始尝试利用区块链技术向企业发放贷款，贷款涉及的多方参与者通过区块链的分布式账本技术共同完成贷款审核及发放流程，成功将贷款发放时间从几天缩短到几小时甚至几分钟。

大数据技术还被传统银行广泛应用到分析客户偏好、客户消费实力和评定客户风险方面，帮助银行设计出更符合客户需求的金融产品，同时根据客户的真实风险水平进行精准定价。更重要的是，当银行借助金融科技取得更精准的风险评估能力时，它们可以将服务拓展至那些原本被忽视的客户群体，实现普惠金融，广大中小微企业将会是受益者，从而对实体经济形成有力支持。

人工智能审计，给金融监管体系又带来了全新的管理变革，在金融数字化的基础上，机器人可以公正地、毫不懈怠地日夜巡查所有的金融业务控制节点，甚至审核每份书面协议和合同，结合相关的金融法律、法规以及行业内各种业务规定，进行自动化分析和梳理，发现违规协议内容或者操作行为，确保金融机构的一切运作都在合规可控的状态下运行。

第二节　传统金融数字化转型面临的安全挑战

当前，在整体信息技术能力不断提升的基础上，金融业信息化、数字化继续深入发展，以移动金融、互联网金融、智能金融等为代表的金融新业态、新应用、新模式蓬勃兴起，传统金融机构和金融科技公司良性竞合的关系初步形成，我国金融业总体科技水平和应用创新能力已跨入国际先进行列，这为数字化转型提供了宝贵的实践经验和较好的技术基础。但我们也要清醒地认识到，目前我国金融业数字化转型客观上还面临着很多挑战。

传统的金融系统建设模式下，每个业务系统拥有独立的安全防护设备，业务系统规模较小，网络结构简单，各个系统间边界清晰，资源独立，安全运维也相对简单。在数字化时代，数据集中带来业务系统规模的激增，云计算技术的大规模应用以及租户的出现，使网络边界完全被打破，业务资源池化，原有碎片化的安全架构已完全不能够适应业务架构的融合与扩张。金融企业如何差异化解决业务系统的安全性，也成为数字化转型过程中的重要课题。

因此，金融企业的数字化转型，对安全体系的三个核心需求分别是安全能力的快速部署、安全能力的差异化部署及安全状态的可视化。数字化安全架构带来的挑战，根本是降低运维安全复杂度，提高安全弹性伸缩能力，差异化交付安全能力。

传统金融数字化转型遇到的挑战总体可归纳为以下四个方面：

第一，行业竞争压力。银行业原来是计划经济下比较稳定的行业，但随着经济的发展，银行的竞争也在加剧，所以中小银行需要在与大银行的竞争中找准自己的定位。

第二，科技不足的压力。中小银行因规模较小和人才储备不足，受到很多限制，所以中小银行需要通过与金融科技公司的合作来提升自己的科技及业务能力。

第三，合规压力。中小银行在国家监管政策持续更新迭代的情况下，需要科技化的数据治理与合规监管工具。

第四，自身业务发展和获客方面的压力。大型互联网公司切入金融业务市场，在和互联网公司竞争的同时，中小银行在获客方面面临多种挑战，竞争压力巨大。

第三节　传统金融数字化发展现状

2015 年 3 月，李克强总理在政府工作报告中正式提出国家"互联网+"行动计划，推动移动互联网、云计算、大数据、物联网等与现代制造业结合，促进电子商务、工业互联网和互联网金融健康发展，引导互联网企业拓展国际市场。如今"互联网+"已广泛融入各行各业，强力助推我国经济转型。创新发展新兴产业，深刻重塑传统产业已成为不可逆转的趋势。"互联网+金融"特别是"移动互联网+金融"经过数年的发展，给传统金融行业带来了巨大的变化，2005年移动支付开始起步，到目前移动支付占据了市场零售支付总额的90%以上，2014年起区块链技术在金融领域的应用开始发力，2016年以阿尔法狗为代表的人工智能技术取得突破，新的信息技术有力地驱动着传统金融业务的变革，推动了金融数字化和数字化金融的飞速发展，本书将两者统称为数字金融。数字金融已经成为新旧动能转换，推动数字经济发展以及数字中国建设的重要工具。

数字化转型已经成为各行各业必须顺应的潮流和选择，而金融这个天生就与数字化密切相关的古老行业更是如此。随着"互联网+"在金融领域的深入推进，"互联网+金融"取得了丰硕的成果，一些传统的金融业务借助互联网实现了突破，互联网的低传输成本、低信息处理成本、低营销和交易成本、广泛的触达能力和传播能力，让很多传统金融业务不再受交易成本、流程及操作技术的约束，如网络小额借贷、网络电子支付及小微支付、在线互联网保险、网络资金众筹、互联网消费金融等创新金融服务都实现了高速发展。

金融服务的对象也从高端人群和中大型企业，向普通人群、中小微企业用户推广，普惠金融得以全面开花。

一、P2P 网络借贷

P2P 网络借贷是指个人对个人依靠第三方网络平台实现的互联网借贷业务。网络借贷创新性地融合了互联网能力和小额信贷需求，最大限度地为借贷双方提供了相对透明、公开、直接、安全的小额信用交易，使无法从传统银行获得便捷融资的借款人可以在 P2P 平台上享受贷款的高效与便捷，也使普通人能够将小额闲置的资金直接贷款给资金需求方，实现了普惠金融服务，从某种意义上来讲，网络借贷部分替代了银行收储放贷的核心职能，是一种重大的金融服务模式变革。

网络借贷的发展经历了起步期、扩张期、规范和收缩期。

第一阶段是起步期：从 2007 年起到 2011 年。2007 年拍拍贷正式上线，标志着我国 P2P 网贷业务的开端，这一时期的平台有 20 余家，主要分布在深圳、上海等相对发达和创新能力比较强的地区。截至2011年底，年成交额约30亿元，有效投资人数也大约只有1万人（人均投入几万元）。

第二阶段是扩张期：从2011年起到2014年。在这一阶段，网络借贷平台由单纯线上借贷撮合方式逐渐向线上与线下结合放贷模式转变。自2013年下半年开始，风险资本进入P2P网贷行业的步伐明显加快。2013年11月至2014年4月，公开宣布的互联网金融行业的融资事件就有约300起，融资总额超过2亿元。同时，这一时期出现了很多问题平台，2013年全国发生约40家P2P企业资金链断裂或倒闭事件，使P2P的风险成为舆论的焦点。

第三阶段是规范和收缩期：自2014年至今。在这一阶段，P2P市场进一步扩大，促使更多的企业家和金融行业巨头先后参与到互联网金融领域的发展中，纷纷成立起自身的P2P网络借贷平台，网贷企业数量最高达到4000多家。同时，也引起国家对P2P监管的重视。网贷之家发布的《2016年中国网络借贷行业年报》显示，P2P网贷行业在贷款余额指标方面经历2014年287%、2015年324%的爆发增长后，2016年回归到101%的水平，绝对值达到了8162亿元。

在政策监管上，2016年3月25日中国互联网金融协会成立，标志着我国P2P网络借贷步入新时期。年报显示，2016年国家主要出台了9个重磅监管文件，尤其是2016年8月发布的《网络借贷信息中介机构业务活动管理暂行办法》，确立了P2P网贷的合法地位。

据网贷之家统计，2017年网贷行业投资人数与借款人数分别约为1713万人和2243万人，较2016年分别增长24.58%和156.05%。年报显示，2017年国家主要出台了15个重磅监管文件，尤其是2017年2月和8月分别发布的《网络借贷资金存管业务指引》和《网络借贷信息中介机构业务活动信息披露指引》，标志着网贷行业银行存管、备案、信息披露三大主要合规政策悉数落地，与2016年8月24日发布的《网络借贷信息中介机构业务活动管理暂行办法》共同组成网贷行业"1+3"制度体系。

其中最核心的监管条例中对平台的定位是"信息中介"还是"信用中介"，始终没有达成行业共识，尽管监管机构强调平台只能做"信息中介"，但在实际操作过程中，没有多少投资人愿意投资平台不承担担保责任的标的。

另外，自融特别是关联自融一直是P2P难以解决的问题，用户维权也是难点问题。

2018年网络借贷行业因为集中爆雷，行业景气度出现大幅回落。在政策监管方面，针对整理暴力催收、整治违法金融活动、打击恶意逃废债、统一合规检查标准、制定规范退出指引等问题，国家和地方机构分别下发了一系列政策文件。《2018 年中国网络借贷行业年报》显示，截止到 2018 年底，行业正常运营平台数量下降至 1021 家，相比 2017 年底减少了 1219 家；总体贷款余额下降至 7889.65 亿元，同比 2017 年下降了 24.27%。2018 年 P2P 网贷行业成交量达到了 17948.01 亿元，历史累计成交量突破 8 万亿元大关。此外，2018 年网贷行业综合收益率小幅回升，达到 9.81%。

2019 年，一些地方继续收紧网贷监管政策，并开始大力"劝退"网络企业，采取主动终止、合并收购等方式，通过逐步关停、良性退出等手段，大幅度减少网贷企业数量，从而进一步降低风险，降低监管难度，提升监管效率。

从大的模式来看，每家网贷企业规模，年业务量达到 500 亿元左右，毛利率在 2%，约 10 亿元，应当是一个合理的规模，能够支持一家企业的正常运转，如果业务规模小，则网贷企业很难长期健康运作，必然会出现跑路或者倒闭的风险。

若我国的网贷市场按照每年融资总额 5 万亿元规模测算（如果是健康的市场，规模能够达到这个数量），则我国网络借贷平台总数约为 100 家比较合适，目前的趋势是"能关则关"，或者进行转型，以互联网小贷模式对 P2P 进行改造，并采取更为严格的监管手段。这种策略虽然有点"一刀切"的嫌疑，但在没有更好的监管策略和更有效的风险控制手段的背景下，为了降低金融风险，也是一种应急手段。在国家要求暂停批设网络小贷前，已有部分 P2P 网贷平台提前布局，通过运营主体或者关联公司获取了网络小贷牌照。据不完全统计，截至 2019 年 11 月 11 日，全国共有 21 家正常运营的 P2P 网贷平台或其关联企业获取了 25 家网络小贷牌照。

网贷平台一旦出现问题，就是一批投资人出现资产风险，很容易引起群体事件，造成重大社会问题，e 租宝等大型平台的问题，要求监管必须越来越紧，如何一方面加强监管，另一方面实现具有普惠金融特征的小微网络借贷服务，是一个需要深入研究的数字金融课题。

二、网络电子支付

网络支付是第三方机构为了保证电子商务交易的顺利进行，为卖方和买方提供的资金结算担保系统。与传统支付相比，网络支付克服了时间和地点的限制，消费者可以随时随地购买商品或服务，快速实现消费资金的支付和清算；网络支付改变了消费中货币存在的形式和消费支付流程，大大节约了实物货币流通中的人力资源和现金管理的成本；网络支付中消费者、商家、支付机构和银行等各方之间达成相关协议，可为资金转移和支付结算提供保障；支付机构聚合了交易和支付数据，其业务范围越来越广，功能也越来越强大。

根据艾瑞咨询的研究，按照网络支付的增长热点，可以将其依次划分为电商、金融、转账、消费四个阶段。2013 年以前，中国网络支付主要由以淘宝为代表的电商引领。2013 年，余额宝等互联网理财产品出现，金融服务成为新的增长点。2016 年，以春节微信红包为契机，转账成为移动支付交易规模增长的新动力。随着移动端支付规模的快速发展，用户线下移动支付习惯逐渐养成，线下消费成为新的移动支付交易规模进一步扩大的支撑点。目前，线下消费扫码支付增长迅速，已经成为第三方支付交易规模的重要组成部分。

2011~2018 年，我国移动支付交易额持续保持快速增长态势，易观数据统计显示，移动支付的整体交易规模从 2013 年的 1.3 万亿元快速增长到 2017 年的超过 109 万亿元，2018 年则达到 277.4 万亿元，居全球首位。经初步核算，2019 年我国移动支付交易规模超过 300 万亿元。

随着行业不断发展，相关法律制度监管逐渐跟上。2017 年 12 月 21 日，中国人民银行发布《关于规范支付创新业务的通知》，要求行业避免恶意补贴竞争，各银行、支付机构之间不得相互开放和转接支付业务系统接口。2017 年 12 月 27 日，《中国人民银行关于印发〈条码支付业务规范（试行）〉的通知》，要求使用静态条码（条形码和二维码）进行支付的，同一客户单个银行账户或所有支付账户单日累计交易金额应不超过 500 元。中国人民银行规定，从 2019 年 1 月 1 日起，非银行支付机构（包括微信支付、支付宝等第三方支付）应当以客户为单位，按资金收入或者支出单边累计计算并报告大额交易。2018 年 6 月 29 日，中国人民银行发布《关于支付机构客户备付金全部集中交存有关事宜的通知》，自 2018 年 7 月 9 日起，按月逐步提高支付机构客户备付金集中交存比例，到 2019 年 1 月 14 日实现 100% 集中交存。

2019 年 8 月，中国人民银行发布《金融科技（FinTech）发展规划（2019—2021 年）》，重点是利用人工智能、支付标记化、云计算、大数据等技术优化移动支付技术架构体系。

2020 年 2 月，中国人民银行发布《网上银行系统信息安全通用规范》，规定了网上银行系统安全技术要求、安全管理要求、业务运营安全要求。

2020 年 2 月，《中国银联支付终端安全技术规范》（简称"UPTS 3.0"）发布，比 2.0 版新增了安全卷和体验卷，辅助卷修改为管理卷。

支付企业在移动支付领域的全面布局，也带动了手机在线支付用户数量的增长。2011~2018年，我国移动支付用户规模逐年增长，中国互联网络信息中心发布的第44次《中国互联网络发展状况统计报告》显示，截至2019年6月，我国网络支付用户规模达到6.33亿人，较2018年底增长3265万人，占网民整体的74.1%；手机网络支付用户规模达6.21亿人，较2018年底增长3788万人，占手机网民的73.4%。2018年，移动支付用户规模6.59亿人，预计2020年底移动支付用户将达7.9亿人。

三、互联网保险

互联网保险是保险机构依托互联网和移动通信等技术，通过网络平台订立保险合同、提供保险服务的业务。互联网保险结合了传统的保险业和互联网技术，释放了保险需求，提升了保险业务的运行效率。

我国互联网保险的发展体现了成长速度快、场景化、行业集中率高的特点。互联网保险兴起于2011年末，2012~2016年互联网保险公司数量扩展了近4倍，保费收入增长了近20倍，发展势头强劲。消费者的需求越来越多元化、碎片化。基于特定场景的互联网保险产品，如"淘宝运费险""手机碎屏险""恋爱保障险""宠物险"等满足了消费者短期的个性化的需求。中国保险行业协会（以下简称中保协）发布的2017年业务数据通报显示，平安产险、众安在线和人保财险的保险规模位居互联网财产险前三，累计市场份额超过50%。位列互联网人身险市场份额前三的建信人寿、工银安盛、国华人寿的累计保费占总保费的比例超过50%，前十名公司的累计保费占比高达92.1%，呈现相当高的行业集中率。互联网保险在我国的发展主要经历了四个阶段：

一是萌芽期（1997~2004年）。1997年，我国第一家保险业第三方网站——中国保险信息网诞生；2000年5月，中国人民保险集团股份有限公司广州分公司与中国建设银行广东省分行合作推出了网上保险业务；2000年8月，平安保险开通了集证券、保险、银行及个人理财等个性化功能于一体的全国性网站PA18；2000年9月，全国第一个应用数字认证技术的互联网保险网站——"泰康在线"保险电子商务平台在北京成立，实现了在线保险销售。

二是渠道探索期（2005~2011年）。电子签名法的颁布，促使我国实现了全流程电子保单，优保网、向日葵网、慧择网等一大批保险中介和保险信息服务网站的涌现和阿里巴巴等电子商务平台的兴起，为我国互联网保险提供了新的发展渠道。2011年9月，中国保险监督管理委员会（以下简称中国保监会）

下发了《保险代理、经纪公司互联网保险业务监管办法（试行）》，为我国的互联网保险业务向专业化、规范化迈进奠定了基础。

三是全面创新发展期（2012~2014年）。2012年互联网保险迎来了新的发展，在线保险产品遍布于各保险公司官方网站、第三方电子商务平台及保险中介网。2012年12月泰康人寿的保险产品在京东商城上线，推出了多款保险产品；同时，国华人寿通过淘宝聚划算平台推出万能险产品，并在3天内取得了过亿元的销售额。2013年互联网保险有了更快的发展。2013年11月6日，我国首家互联网保险公司——众安在线财产保险公司正式成立，掀起了互联网保险的创新革命。

四是蓬勃发展期（2015年至今）。中保协发布的数据显示，截至2016年底，我国共有124家保险公司经营互联网保险业务，同比增加14家，同比增长12.73%，其中经营互联网人身保险业务的公司为64家，经营互联网财产保险业务的公司有60家。截至2016年底，我国保险业已有76%的保险公司通过自建网站、与第三方平台合作等不同方式开展互联网保险业务。截至2017年底，经营互联网保险业务的公司达131家，其中财产险公司70家、人身险公司61家。中国银行保险监督管理委员会（以下简称中国银保监会）披露的数据显示，2018年上半年，保险业实现原保险保费收入22369.40亿元，与2017年同期相比减少了770.75亿元，同比下降3.33%。众安保险、泰康在线、易安保险、安心保险4家纯线上的专业互联网保险公司2018年1月至6月的保费收入合计78.13亿元，同比增长达94.91%，高于财产险公司整体增速80.73个百分点。

近年来我国陆续出台的政策文件显示，监管部门对互联网保险监管的重视程度逐步提高。

2011年4月，《互联网保险业务监管规定（征求意见稿）》对互联网保险欺诈风险进行有效防范，保护被保险人和受益人的合法权益。

2014年4月，《关于规范人身保险公司经营互联网保险有关问题的通知（征求意见稿）》对涉及经营互联网保险的人身保险公司设定了严格的操作规范。

随后，2015年10月1日开始实施的《互联网保险业务监管暂行办法》是目前我国互联网保险的基础监管规范，其出发点是鼓励创新、防范风险和保护消费者权益，并从监管管理、信息披露、经营区域和经营条件等几个方面明确互联网保险行业的基本经营规则。该办法结合互联网保险的自身特性，细化现存规则并进行相应的延伸，为我国互联网保险行业的健康持续发展奠定了良好的市场监管基础。

2016 年 10 月，中国保监会等十四个部门联合印发了《互联网保险风险专项整治工作实施方案》，该方案的整治工作重点包括保险机构依托互联网跨界开展业务、非法经营互联网保险业务、互联网高现金价值业务等。

2016 年 11 月，中国保监会发文表示，对于未取得从业资质的互联网企业以互助名义变相开展互联网保险业务，涉嫌违规向社会公众"承诺赔偿给付责任"的行为持"零容忍"态度。此外，根据中国银保监会下发的《2018 年保险监管现场检查工作方案》的安排，监管机构计划分三个阶段进行财险公司分支机构、人身险公司分支机构、法人机构评估、中介法人及分支机构、法人机构综合五个现场检查，其中在 2018 年 8~10 月的第三个阶段，监管机构开展法人机构综合检查，强调财会部的偿付能力数据真实性全面检查、风险综合评级全面检查，资金部的保险资金运用现场检查，这些检查都强化了对互联网保险的监管。

互联网保险最新的进展是基于分布式账本的互助保险实现了"去中心化"的保险机制，从本质上看，是"去保险机构"化，不需要保险机构就可以开展互助保险，是对几百年来保险业发展的一个革命性的改变，后面的章节将专门对此进行讨论。

四、网络众筹

网络众筹是一种依托互联网，从普通的大众群体中筹集大量的小额资金来支持某个个体或者组织发起的项目的行为。众筹的主体主要由三部分组成：筹款人、投资者和众筹平台。一般流程为发起人将项目展示在众筹网站上，出资者根据网站平台上的项目信息对项目进行评估和判断，并做出是否投资的决定。如果筹资成功，平台将把资金转给项目发起人，筹款人需要根据协议提供相关回报；如果筹资失败，平台将资金返还给出资者。

与传统融资方式相比，网络众筹在投资者身份上有所不同，其不是向特定专业投资者来筹集资金，而是借助互联网向数量更多、范围更广且身份不确定的大众群体筹集资金；在网络众筹中，筹款人与投资人的关系会依据环境和众筹目的等因素的变化而改变；众筹会设置筹款目标和限制筹款时间。因为项目筹款的动态信息公开，影响潜在支持者投资行为的因素较多。

网络众筹行业在我国的发展可以分为四个时期：萌芽期（2011~2013 年）、崛起期（2014~2015 年）、洗牌期（2016 年）和规范发展期（2017 年至今）。

据不完全统计，2011 年上线平台有 5 家；2012 年上线平台有 10 家；2013

年数量有所增加，升至 25 家；2011 ～ 2013 年共计上线平台 40 家，占比 10.18%。2014 年，国内众筹平台出现爆炸式增长，全年共有 183 家平台上线，占到所有平台的 46.56%，众筹行业进入了"百筹大战"的局势；2015 年，新上线平台数量有所回落，共有 170 家，占到所有平台的 43.26%。截至 2015 年 12 月 31 日，国内上线的众筹平台共计 393 家。在这 393 家平台中，已下线或转型的共有 76 家，正常运营的平台共 317 家。可见，处于运营中的平台在 2014 年遇到大的爆发，2015 年在其基础上获得了稳定的发展。

这两个阶段后，2016 年行业迎来前所未有的洗牌期。据统计，截至 2016 年 3 月 31 日，我国处于良好运营状态的众筹平台共有 295 家，其中新增平台 9 家，同年第一季度有 27 家平台下线，4 家平台转型。随着行业洗牌加剧，部分玩家转型或退场，2017 年众筹平台数量逐渐回落，在金融监管趋严的大势下，行业逐渐进入规范发展期。

《2018 互联网众筹行业现状与发展趋势报告》统计显示，2017 年全国众筹行业融资金额达到 215.78 亿元，同比 2016 年约下降 5%，降幅较小。2017 年全国股权众筹成功融资金额为 142.2 亿元，同比 2016 年减少 14.4 亿元，下降 9%；北京地区股权众筹成功融资金额为 48.3 亿元，同比 2016 年减少 3 亿元，下降 5%。截至 2017 年 12 月底，全国众筹项目投资人次达 2639.55 万，同比下降约 52%。其中，回报众筹投资人次达 2636 万，同比下降约 52%；互联网非公开股权融资投资人次达 3.55 万，同比下降约 39%。

截至 2018 年 6 月底，全国共上线众筹平台 854 家，其中正常运营的为 251 家、下线或转型的为 603 家，运营中平台的类型分布为：股权型平台 80 家、权益型平台 75 家、物权型平台 48 家、综合型平台 34 家、公益型平台 14 家。2018 年上半年共有 48935 个众筹项目，其中已成功项目有 40274 个，占比 82.30%；成功项目的实际融资额达 137.11 亿元，与 2017 年同期相比增长了 24.46%；成功项目中融资额排名前十的股权型项目及权益型项目的融资额均超过 2000 万元，最受投资者欢迎的十个项目的支持人次均超过 5 万。

2018 年 1 月 3 日，李克强主持召开国务院常务会议，在此次会议中，"众包众筹众创"再次被提及："创新体制机制，激励企业和社会力量加大基础研究投入，探索基础研究众包众筹众创。"随后中国证券监督管理委员会（以下简称中国证监会）印发了 2018 年度立法工作计划，"力争年内出台的重点项目"的第一条就是：以服务国家战略为导向，提升服务实体经济能力，进一步增强资本市场直接融资功能，制定《股权众筹试点管理办法》。在完善多层次资本市场、发展直接融资、实现金融高效服务实体经济的金融工作目标下，股权众筹势在必行。

上述众筹仍然是一种"中心化众筹"，也就是说，必须有个管理和发起众筹的"中心机构"，而基于区块链的分布式账本技术，则提供了去中心化众筹的可能，不再需要众筹中介，比如 ICO、STO 等都是去中心化众筹的典型案例。本书后面的章节将对此进行详细分析。

五、互联网消费金融

根据艾瑞咨询发布的《2018 年中国互联网消费金融行业报告》，互联网消费金融是指互联网公司创办的消费金融平台，提供以消费为目的的信用贷款，通常为日常消费等小额信贷，借助互联网完成线上申请、审核、放款及还款等流程。

与传统消费金融相比，互联网消费金融结合互联网技术，突破了地域限制，消费者数量大大增加；为了赢得广大消费者普遍认可与信任，互联网消费金融机构与银、证、保、商户紧密合作，提高市场效率，寻求共赢；互联网消费金融降低了经营成本，一定程度上节约了社会资源，在积累大量数据的同时，不断开发数据的价值；互联网消费基于互联网技术，利用大数据征信，更客观、全面、高效率地降低了风险，缩减了流程，使消费范围更广泛，业务更广，市场更大。

2009 年中国银行业监督管理委员会（以下简称中国银监会）颁发《消费金融公司试点管理办法》之后，我国互联网消费金融开始起步。多家消费金融公司相继成立，标志着我国互联网消费金融产业正式开始发展。根据艾瑞咨询发布的《2018 年中国互联网消费金融行业报告》，我国互联网消费金融的发展经历了三个阶段。

启动期（2013~2014 年）：分期乐、京东白条、趣分期、爱又米纷纷上线，行业进入启动期。该时期互联网消费金融保持了一个较高的增长速度，相关政策以鼓励业务发展为主。

增长期（2015~2016 年）：2015 年 6 月政策共批准成立了 15 家持牌消费金融公司。大量互联网消费金融机构、产品涌现，如 2015 年 4 月花呗上线。政策方面，2016 年 3 月，中国人民银行、中国银监会提出"推进消费信贷管理模式和产品创新、鼓励金融机构创新消费信贷产品"。在行业创新、政策鼓励的共同作用下，互联网消费金融进入快速增长期。

整顿期（2017 年至今）：在快速增长的背后，出现了过度授信、暴力催收等不合规经营方式，尤其是在模式创新方面出现了与我国金融监管政策相违背的现象。2017年国家出台各项资质、业务监管政策，行业进入整顿期。创新我国互联网消费金融监管模式，不仅可以保持互联网消费金融健康发展，同时还可以促进经济稳定发展。

2017年6月，中国银监会、教育部、人力资源和社会保障部发布《关于进一步加强校园贷规范管理工作的通知》，暂停网贷机构开展在校大学生网贷业务；2017年11月，互联网金融风险专项整治工作领导小组办公室发布《关于立即暂停批设网络小额贷款公司的通知》，要求监管部门不得新批设网络（互联网）小额贷款公司；2017年12月，中国人民银行和中国银监会联合发布《关于规范整顿"现金贷"业务的通知》，对现金贷业务做了全面的规范。

中国银保监会公布的P2P网络借贷统计数据显示，截至2020年8月，全国在运营网贷机构为15家，比2019年初下降99%，借贷余额下降了84%，出借人下降了88%，借款人下降了73%，网贷机构数量、参与人数、借贷规模已连续26个月下降。

网络小贷中间的一个典型业务模式是"现金贷"，是指业务无抵押、无担保、无场景、无指定用途，具有方便灵活的借款与还款方式、快速到账等特征的信用贷款形式。随着现金贷"高利贷、暴力催收、低门槛"等负面消息的持续披露，监管层曾明确表示将出手整顿现金贷。据了解，暂停网络小贷牌照审批是整治现金贷的第一步。

六、互联网小贷普惠金融服务

（一）互联网小贷定义

2008年，中国人民银行和中国银监会印发了《关于小额贷款公司试点的指导意见》，明确了小额贷款公司的性质：由自然人、企业法人与其他社会组织投资设立，不吸收公众存款，经营小额贷款业务的有限责任公司或股份有限公司。小额贷款公司的主要资金来源是股东缴纳的资本金、捐赠资金，以及来自不超过两个银行业金融机构的融入资金。其中，从银行业金融机构获得融入资金的余额，不得超过资本净额的50%。

小额贷款通过互联网获客、放款，成了网络小贷。2016年底，上海市人民政府办公厅印发《上海市小额贷款公司监管办法》，将"小额贷款公司互联网小额贷款业务"定义为："小额贷款公司主要通过网络平台获取借款客户，综合运用网络平台积累的客户经营、网络消费、网络交易等行为数据，即时场景信息等分析评定借款客户信用风险，确定授信方式和额度，并在线上完成贷款申请、风险审核、贷款审批、贷款发放和贷款回收等全流程的小额贷款业务。"

（二）网络小贷总体情况

据网贷之家研究中心不完全统计，截至 2017 年 11 月 22 日，全国共批准了 213 家网络小贷牌照（含已获地方政府金融服务（工作）办公室批复未开业的公司），其中有 189 家完成工商登记。从网络小贷公司的成立时间来看，2016 年开始网络小贷牌照数急速增加，2017 年呈爆发性增加，2017 年 11 个月新设网络小贷公司达到 98 家，超 2016 年全年总数，是 2016 年全年的 1.66 倍。

据网贷之家研究中心不完全统计，截至 2019 年 11 月 11 日，全国共批设了 262 家网络小贷公司（含已获地方政府金融服务（工作）办公室批复未开业的公司），其中有 245 家完成工商登记。

（三）互联网小贷监管政策

2017 年 11 月 21 日，互联网金融风险专项整治工作领导小组办公室发布《关于立即暂停批设网络小额贷款公司的通知》，明确要求自即日起，各级小额贷款公司监管部门一律不得新批设网络（互联网）小贷公司，禁止新增批小贷公司跨省（区、市）开展小额贷款业务。

此通知无疑给正在申请网络小贷牌照的公司当头一棒，其实在此通知之前，重庆市金融办就要求全市小额贷款公司开展现金贷业务自查工作。该通知正式发布，可以预见短时间内不会再批设网络小贷牌照，这 245 张网络小贷牌照或成存量牌照，未来监管层可能也将对存量牌照进行整顿和整合，优化牌照资源，并正式出台网络小贷监管政策，统一网络小贷公司设立标准和业务标准。

第四节　货币数字化

一、货币数字化演变简史

货币在不同时期的发展形态与当时的商品经济环境相适应。货币从实物货币、贵金属货币、代用货币、信用货币发展到如今的数字货币、电子货币和加密货币，随着科技的发展与应用，货币数字化或者说数字货币已经成为货币形态进一步发展的趋势。

（1）布雷顿森林会议。1944年7月，44个"二战"同盟国的730名代表在美国新罕布什尔州布雷顿森林华盛顿山宾馆召开会议。这次会议的核心成果是确定唯有美元和黄金挂钩，而其他世界货币和美元挂钩的制度。因为美元的含金量是确定的，与美元挂钩的其他货币的汇率自然是固定的。在这样的制度下，美元事实上成为了"世界货币"。

（2）尼克松宣布关闭美元和黄金的窗口。1971年8月15日，时任美国总统尼克松正式宣布关闭美元窗口。因为切断了美元与黄金之间的直接联系，不存在稳定的美元含金量，意味着消除了"二战"后"金本位"的最后影响残余，从此，世界进入到浮动汇率（Loating Exchange Rate）时代。尽管如此，美元依然维系着世界主要的，甚至是绝对的"储备货币"的地位。

（3）《广场协议》。1985年9月，美国、日本、英国、法国和西德所签署的《广场协议》，开创了世界主要国家央行直接干预外汇市场和汇率的先河，人为地实现了世界主要货币，特别是日元对于美元的升值。从此，政府可以操作汇率，汇率政策成为货币政策的组成部分。世界汇率是以美元为中心的汇率体系。

（4）欧元发行。根据《马斯特里赫特条约》，11个欧洲国家承认以欧元为官方货币，欧元于2002年1月1日正式流通。欧元的本质是主权国家的"货币联盟"，是"超主权货币"的试验。

（5）2008年因为"次贷危机"触发世界性金融危机。这场危机的影响极为深刻，强化了政府对金融资源的控制力和影响力，或者说，强化了政府对金融资源的垄断能力。最有代表性的是美国、欧元区和日本实施"货币量化宽松"（QE）政策。十年之后，该政策对世界宏观经济的深刻影响，还没有全面显现出来。

（6）2009年1月3日，全球第一个数字加密货币比特币出现，颠覆了必须由国家掌控货币发行权这个最基本的规则。

（7）2018年起，基于美元的稳定币（价值相对稳定的数字加密货币）GUSD，以及基于一篮子货币，或者黄金等资产的稳定币不断出现。

（8）2019年6月，VISA、摩根大通、Facebook、欧美日银行集团等几乎同时都推出或者宣布了各类稳定币的项目或者计划，引发了全球几乎所有政府、银行、民间对数字加密货币的大讨论。

（9）2019年6月，据尼日利亚通讯社报道，正在尼日利亚首都阿布贾召开的西非国家经济共同体第 55 届首脑会议 29 日通过决议，拟于 2020 年 1 月发行单一货币，并将其命名为"ECO"。报道称，这个统一的货币有望达 15 个国家，人口数达 3.85 亿。上述决议还指出，新货币会以浮动汇率制度为基础，搭配聚焦通货膨胀目标机制的货币政策框架。西非国家经济共同体将以循序渐进的方式推动单一货币政策，且会从符合趋同标准的国家做起。

二、电子货币与结算

电子货币是指用户使用现金或存款从发行者处兑换代表相同金额的数据，或者通过电子化途径进行余额转移，实现交易的货币。

电子货币是虚拟信用货币，本质上是虚拟货币的一种符号象征，其交易需要载体，一般为电脑、手机、介质卡片等，交易的本质是信息流与货币流的转换；电子货币的发行主体不唯一，可以为中央银行、各商业银行以及其他的金融机构等；电子货币在线上交易时伴随着信息流的产生，信息流的泄露将会造成严重的损失，但信息流又有很好的可追溯性。

根据具体的电子货币载体和支付特征，可将我国的电子货币划分为两大类：①各类银行卡电子货币，包括以借记卡为载体的电子货币和以贷记卡为载体的电子货币；②第三方支付电子货币。

电子货币按照载体的不同，可以分为卡基和软件基货币。卡基电子货币（又被称为电子钱包）的载体为物理卡片，它的支付必须经过读卡机实现，典型的电子货币有加油卡、公交卡、ETC 储值卡、购物储值卡等。软件基电子货币是将数字现金储存在个人计算机的特殊软件上，通过开放式网络实现支付，是一种专门通过互联网实现交易支付的电子货币。目前国内主要的软件基电子货币有腾讯 Q 币等。基于区块链技术的数字货币在某种意义上也可以被看成是基于软件的一种特定的电子货币。

三、法定数字货币

目前，数字货币概念尚未统一，但基本存在两种主要观点：一种是指以非国家为发行主体的数字货币，例如以企业信用背书发行的数字货币和无发行主体的去中心化数字货币，以黄金、石油等实物资产为基础发行的数字货币等；另一种是指以国家信用背书发行的货币，由中央银行发行的法定加密货币，具有法定货币的性质。

近些年，很多国家已经在试点发行国家数字货币，我国对数字货币的研究工作也在不断推进。2014 年，中国人民银行成立专门研究小组，论证发行法定数字货币的可行性；2015 年，中国人民银行研究数字货币的发行业务、运行框架、关键技术，形成系列研究报告；2016 年 1 月，中国人民银行确定了发行数字货币的战略目标；2016 年 11 月，中国数字货币研究所成立，培养数字货币高层次人才，开展数字货币的研究、咨询、发展规划及相关活动；2017 年初，中国人民银行推出的数字票据交易平台测试成功，法定数字货币在平台上试运行。

2019 年 7 月，中国人民银行正式宣布国务院已经批准中国的数字货币研发启动。2020 年 4 月，中国人民银行正式开始在深圳、苏州、雄安等地试点数字货币，可以用于发放工资补贴、购物、投资证券、转账、缴费等业务，但不能流出境外使用。总体来看，我国对数字货币的政策非常审慎，实施进度比国外略慢。

法定数字货币从本质上看，应当是法定货币的数字化，还不是真正意义上的互联网数字加密货币。这两种"数字货币"从表面上看，都是利用数字加密技术实现的数字货币，但从深层次看，是完全不同的，不管是发行主体、发行控制、监管、目标、用途、稳定性等，还是技术手段、风险来源及风险控制手段、展现形式、使用规则、流通限制等方面，都有巨大的差异。我国的数字加密货币，或者叫法定数字货币的定位、目标并没有特别清晰，重点是替代流通中的现金，如果是人民币数字化，那么是否意味着放弃在"互联网虚拟数字加密货币"领域的竞争，或是禁止在国内开展任何"虚拟数字货币"业务？另外，法定货币数字化能否融入、如何融入全球化数字货币的潮流中，也是我们面临的重大课题，这些将在后面的章节里深入讨论。

第五节　本章小结

本章概述了从传统金融到数字金融的发展过程，特别是对数字金融的分类及其目前的发展状况进行了介绍，为本书后续章节的论述做了必要铺垫。

第三章

数字金融技术的发展

第一节　底层技术与数字金融的关联

一、互联网与数字金融的关联

在中国，互联网与数字金融的关系大致经历了四个发展阶段。

第一阶段：萌芽阶段。中国银行在20世纪70年代引入的一套理光-8型主机系统成为了银行业与数字技术相结合的标志，也由此揭开了国内金融业数字化的大幕。

第二阶段：数字技术的推广应用阶段。20世纪80年代左右，国内商业银行开始购买引入一些发达国家的先进技术和系统，各类业务得到了更加深入的数字化转变。

第三阶段：全面网络化建设阶段。为了能够获得更好的业务处理能力以及更加广泛的业务覆盖范围，国内多家商业银行于20世纪90年代抓住数字技术快速发展的实际，普遍对自身系统进行了升级换代。1991年中国人民银行建立的卫星通信系统中的电子联行模块开始运行，由此也标志着国内银行系统正式进入了全面数字网络化阶段。

第四阶段：融合发展的新篇章。1993年，电子商务作为一种全新的商务运作模式应运而生。1996年，国内最早的电话支付出现。1998年3月，国内第一笔网上支付得以实现，自此，网上转账、网上证券开户、网上买保险等互联网金融业务相继出现。2000年，全球最早的移动支付在深圳出现。2005年，第三方支付平台如雨后春笋般出现。2007年，互联网金融另一个标志性业务——P2P网贷开始出现，并在2010年后呈现出快速增长态势。2013年，互联网金融元年，以宝宝类理财为起点，P2P、第三方支付、众筹、消费金融等业务均开始爆发式增长。

互联网技术不断发展，推动金融行业与数字技术融合，使金融行业具有互联网的一些特点，"线上""碎片化""实时"就是最明显的体现。在从移动梦网到电子商务发展过程中出现的通信账户小额支付，线上实物商品交易的实现（淘宝等交易平台），数字商品的线上购买（Q币等），证券、股票类票据的购买，众筹融资、分享经济出现并延伸至拍卖行业、保险行业，这些由互联网带来的金融行业的变化深刻影响着每个人的生活，而且出现的在线供应链金融使中小企业获得了更为便捷的融资帮助。这些都是互联网给金融行业带来的巨大影响，但在产生积极影响的同时，也出现了很多新的负面问题。

"互联网+金融"带来的最明显的负面后果就是线上交易欺诈。因为各类商务交易的进程在线上完成，所以不能像线下交易那样确保交易对方所提供信息的真实性，这就导致了线上欺诈行为在数字金融发展的起步阶段就屡见不鲜。然后则是金融数字化产生的相关信息量呈现几何式增长，使数据安全性成为愈来愈重要的问题。互联网技术使整个金融资金以及数字化资产的流量和流速有了显著的提升，如果处理得不好，它所带来的损失也是瞬间的、巨大的。资金流动得越快，损失出现得也就越快。除此之外，与金融、贸易相关的法律、监管体系等方面也面临着新的挑战。

二、大数据与数字金融的关联

大数据开启了巨大的时代转型，就宏观经济分析而言，大数据时代带来的转变是重大且具有革命意义的。第一，大数据极大地拓宽了信息来源。大而全的可得数据对宏观经济分析极其重要，可以准确了解宏观经济形势，正确做出宏观经济发展预测，合理制定宏观经济政策。第二，大数据时代信息获得的速度大大提高，很多信息实时可得。第三，大数据带来宏观经济分析的方法论变革。第四，大数据促进了宏观经济分析技术的革新。

在企业层面，大数据可以提高对企业业绩和价值的评估，在面对宏观经济政策变化时可以利用大数据做出快速有效反应。金额的核心是风险控制，而风险控制以数据为导向。大数据目前在金融行业的风控领域广受欢迎，得到了一致的推崇。国内金融机构对大数据的认知已从探索阶段进入到认同阶段。普华永道2018年的研究报告显示，83%的中国金融机构希望在大数据上进行投资。

随着移动互联网和物联网的发展，大数据的数据采集渠道得到极大的丰富。

从技术角度看，从 2000 年谷歌等提出的文件系统 GFS，到 Hadoop 的分布式文件系统 HDFS，基本奠定了存储技术的基础。MapReduce 的架构使信息处理和结果合并的同时进行成为可能。SNS、RNN 等深度神经网络算法和新兴技术将大数据分析提升到了一个新阶段。我国国家层面，对大数据有着十分有力的支持。国务院发布了《促进大数据发展行动纲要》，国家发展和改革委员会（以下简称发改委）也发布了《关于请组织申报大数据领域创新能力建设专项的通知》，其中明确提到要建设大数据流通与交易平台，用以支撑数据共享，金融行业必会随大数据的发展更加数字化。

数字金融自身就在不断生产数据，这些数据存在归属权、使用权、隐私权等一系列的问题，将在后面的信息安全章节里讨论。

金融机构主要将大数据用于对金融体系的风险控制，金融业务线的风险控制，企业、个人的风险控制、消费特征分析、用卡行为分析、违法行为特征分析、投资特征分析等，从而更好地为客户"画像"，更好地为客户提供合适的金融产品，控制好内部系统性风险等。

在数字金融时代，很多金融服务直接在线上展开，大幅度降低了管理成本，提升了服务效率，但线上服务能够顺利开展，主要依赖于全方位、多维度的大数据，使金融机构能够快速进行业务风险评估并做出实时决策。

金融犯罪分子也在利用数字金融带来的机会，他们盗窃与诈骗他人资金的方式也在发生变化，也只有通过大数据综合分析，建立犯罪分子的非法操作行为模式，才能够更好地识别违法金融行为。

金融机构分析宏观经济对降低自身的经营风险非常重要，也正是基于大数据分析，很多金融机构短期或者长期对特定产业、特定区域等停止融资授信服务，规避某个行业整体下滑给金融机构带来的风险，将局部的企业风险评估与该企业所在行业整体的风险评估结合，从而降低系统性业务风险。

三、人工智能与数字金融的关联

金融因与数据的高度相关性，已成为最先与人工智能相融合的行业。2017年 7 月，国务院印发《新一代人工智能发展规划》，将智能金融上升到国家战略高度，明确提出将建立金融大数据系统，提升金融业的多媒体数据处理与理解能力；创新智能金融产品和服务，发展金融新业态；鼓励金融行业应用智能客服、智能监控等技术和装备，建立金融风险智能预警与防控系统。

从"互联网金融"的快速发展到金融科技深入应用到金融界，智能金融带来的变化辐射了金融全行业，信贷、理财、监管等领域皆受到了深远的影响。普惠是金融行业共同的理想，智能金融是通向普惠的阶梯。

在宏观层面，人工智能通过创造的新"虚拟劳动力——机器人或者软件机器人"对中国整体经济产生了全方位的影响。在微观层面，金融在以人工智能为代表的技术影响下呈现出四大新特征：

第一，自我学习的智能技术。人工智能可以更灵活地自主学习和管理知识，更准确地提前感知外界环境动态变化，理解用户需求，做出判断并决策。

第二，数据闭环的生态合作。智能金融企业更加注重企业间数据结果回传对于合作各方未来能够可持续满足用户需求的能力的提升。

第三，技术驱动的商业创新。人工智能时代使技术在金融的核心，即风险定价上发挥更大的想象力，带来应用层终极变革。

第四，单客专享的产品服务。所有的产品不再是为了"某些"客户提前设计，而是针对"某个"特定客户实时设计得出，实现产品服务的终极个性化。

未来，随着以智能硬件为代表的物联网时代的开启，"新数据"将为金融行业的发展提供新动能。智能化对于信用逻辑的推动或重塑将会为金融带来最深层的影响，各金融场景都可以基于信用体系的完善而重新定义，泛金融可能无处不在。此外，金融行业可能产生新的格局，强强联合奠定生态，企业竞争愈加模糊。

量化投资策略就是利用量化的方法，进行金融市场的分析、判断和交易的策略、算法的总称。所谓的量化就是通过海量的数据客观分析决策，利用模型捕捉价差，获得持续稳定的收益，从而避免了人为主观因素干扰。而这样的海量数据分析，离开了人工智能，是不可想象的。在证券投资领域，市场瞬息万变，而且国际形势、社会形势不断发生变化，要求在极短的时间内做出决策，因此，只有人工智能才能够完成高速海量数据分析并进行实时操作。

人工智能机器人审计系统将成为一个重要工具，可以比人工"多快好省"地处理各种复杂、烦琐的事务，从而大量减少审计工作的人力成本，提升整体工作效率，缩短分析时间，能7×24小时工作，还能智能学习新的知识，并根据需要与人工进行交互，同时在工作过程中，保护数据隐私与数据安全。

（一）区块链技术实现的数字加密货币

比特币是数字世界里第一个没有某一个或者几个人，或者某一个或者几个企业能够控制的数字货币。它背后的区块链技术，实现了人类史上第一次将部分管理权交给机器，由机器来执行"中心化"的数字管理的权力！

很多人认为区块链是去中心化的系统，笔者认为，"基于区块链的系统管理并没有去中心化，但数据上链之后才是去中心化的管理"。举个最简单的例子，所有的区块链应用包括数字货币，总会有人开发软件、制定业务规则、制定数据格式、制定加密规则、制定共识规则，甚至修改错误代码、升级数据格式等，因此，不能说比特币就是去中心化的系统。再者，数据在上链之前，也会受到操作者或者机构的影响，只有在数据上链之后，才实现了对数据的共管和共治，因此，区块链并不是完全的去中心化系统。

区块链，有点像装数字的保险柜，数字一旦写入，就无法删除和篡改，这个特点使互联网世界（也可以叫虚拟世界、数字世界、信息世界等）第一次有了"可信的"东西，这个特点对数字经济、数字社会的发展具有里程碑式的意义，是人类历史上将现实世界和虚拟世界实现无缝对接的一项极其了不起的技术。

区块链技术最适用的场合就是金融服务。因为区块链技术具有极其刚性的内在特性，在很多社会管理领域，社会管理工作的弹性和区块链的刚性存在一定的矛盾。比如，若将区块链用于个人征信可能带来问题，不能因为某人犯过一次失信错误，就将其永远列入区块链的不守信用名单内，从而"永世不得翻身"，这样的征信系统不利于社会和谐和社会治理，传统的征信系统都设定了一定的年限，但在区块链上，很难设定这样的信息"可查"年限。当然，有人会说，五年以后，区块链上的失信记录不作为审查征信的依据，但这并没有解决"消除历史失信记录"的目标，该历史记录虽然在法律上无效了，但在实际生活中，仍然可能给当事人带来"困扰"。显然，如果要在区块链上掩盖五年前的历史记录，是非常困难的，也是有悖于区块链的基本原理的，在分布式账本状态下，任何一个节点，都可能保存着全部的历史数据，历史数据是无法被"掩盖"的。

和社会管理具有弹性不同，金融业务是一种不能有任何规则弹性的业务，所有的过程，都必须严格记录在案，如果要修改，只能另外增加记录修改，并留下所有的修订操作痕迹，这里的"修改"，并不是修改历史记录，而是增加新的记录以修正历史数据，和会计账本中的"红字冲正"类似。当然，在区块链上补充修订数据，要记录更多的修订信息，比如修订人、修订理由、修订涉及的各种参考资料和数据等。

区块链在金融领域的应用，远不只是发布和管理数字货币、进行快捷数字货币交易，而是囊括了所有的金融业务，包括数据存证、交易管理、支付结算、金融审计及监管、资产数字化交易及管理、供应链管理、智能投顾、证券发行等。本书重点讨论数字金融的安全，因此，还是将基于区块链的数字货币（包括虚拟数字加密货币和法币的数字化两种）的安全，作为重点讨论内容。

（二）基于区块链技术的代币发行融资发展情况

首次代币发行（ICO）是一种为加密数字货币/区块链项目筹措资金的常用方式，早期参与者可以从中获得初始产生的加密数字货币作为回报。代币具有市场价值，可以兑换成法币，从而支持项目的开发建设成本。ICO 发行代币，可以基于不同的区块链公链。常见的是基于以太坊（ETH）和比特股（BTS）区块链发行代币，由区块链提供记账服务和价值共识，实现全球发行和流通。

ICO 参与者对于一个项目的成功非常重要，他们会在各自的社区里为该区块链项目进行宣传，使它产生的代币在开始交易前就获得流动性。但 ICO 的参与者最看重的依然是由项目发展或代币发行后价格升值带来的潜在收益，项目发展属于投资收益范畴，而价格升值既包括投资收益，也包括投机收益，或者叫炒币收益。

根据链向财经 2018 年 11 月的报道，ICO 从其诞生发展至今一直见证着区块链行业的发展，近几年由于受到各国监管层面的打压，ICO 在政策方面的风险远远高于项目本身，这也迫使加密社区想方设法将其往合法化方向推进。ICO 的火热程度能够极大地反映出行业的市场情况，在行情大好的年份 ICO 的数量惊人，也在一定程度上促进了作为智能合约平台的以太坊上的以太币价格的飞涨。

截至 2018 年 11 月，全球 ICO 数量为 1181 个，共筹集资金 73 亿美元。而2017 年全球 ICO 数量为 875 个，共筹集资金 62 亿美元。2018 年筹集到的资金数量比 2017 年高 11 亿美元。

在项目发行数量上，2018 年也高于 2017 年。数据显示，2018 年 ICO 活跃的高峰期在 1 月、2 月、5 月、6 月，四个月筹资到的资金高达 44 亿美元，然而到了行情最低迷的 10 月，筹资仅为 1 亿美元。

值得注意的是，2017 年的筹资金额跟月份呈正向相关，而 2018 年的筹资金额跟月份呈反向相关，加密货币最活跃的阶段为 2017 年 9 月至 2018 年 6 月。这段时间正是中国发布禁止国内 ICO 发行政策的阶段，ICO 市场彻底进入熊市前，2017 年 9 月后各国监管层开始对 ICO 进行打击，但却没有影响到 ICO 市场的发展情况。甚至到了 2017 年 12 月 ICO 融资额达到一个高峰，2018 年初的火热使人们纷纷涌进加密行业，ICO 市场发展达到了历年来的高峰。

目前来看，市场发展趋势逐步放缓，主要有以下几个原因：①监管的不确定性，这里主要指美国；②大部分 ICO 都基于以太坊进行，以太坊有一些技术上的更新和变化，很少有别的链能顶替以太坊当作 ICO 的基础；③现在的市场热情不如以前高涨，市场整体处于恐慌中。由于美国现在对 ICO 的监管还不太确定，不少 ICO 项目都移到了其他地区，比如新加坡、瑞士、开曼群岛这些地方。

根据 Satis Group Crypto Research 2018 年 7 月的报道，虽然现在 ICO 的累计金额在不断增加，可是单项目的平均融资金额呈下降趋势，平均融资溢价也在减少。

ICO 分成以下几类：①诈骗（Scam）。融资来了钱但是并没有用在项目上。②失败（Failed）。融资过程没有完成，就被闲置了。③濒危（Gone Dead）。融资完成了，但是没有在交易所上币，也没有代码。④成功（Successful）。其有三个标准：一是成功部署了链或者平台；二是有清晰的发展路线；三是在三个月内都在 Github 上有代码贡献。⑤兑现（Promising）。成功三个标准有其二。⑥衰退（Dwindling）。成功三个标准有其一。

从 ICO 数量上看，大概有 78% 的 ICO 项目是诈骗项目，4% 彻底失败了。在市值超过 5000 万美元的 ICO 项目中，有 51% 的项目是成功的，20% 还在兑现。

从融资金额上做个直观的对比，虽然有八成的诈骗项目，但是诈骗金额不多。所有 ICO 融资金额预估是 120 亿美元，诈骗项目融到的金额是 13 亿美元，只占 11%。失败的项目金额是 17 亿美元，占 14%，比如项目 DAO。已经可以在交易所交易的 ICO 代币，有 80 亿美元。那 11% 的诈骗资金，主要集中在三个项目，分别是 Pincoin（6.6 亿美元）、Arisebank（6 亿美元）、Savedroid（5000万美元）。这三个项目现在均已被当地检查局或者 SEC 调查或者冻结了资产。这就是目前 ICO 的状况，整体情况已经有所好转，虽然诈骗分子还是很多，但是监管也在逐步跟上，大家的警惕性也越来越高，行业前景趋向光明。

（三）基于区块链技术的股权融资 STO 发展情况

根据区势传媒 2018 年 10 月的报道，在数字货币领域中，有一个词经常被提及，即证券通证发行（Security Token，STO）。对于全球企业而言，私募和风投是企业融资的传统方式，而 STO 正成为传统融资方式强大而有价值的替代方案。据 Polymath 估计，在未来两年内，这个数字额度将增长到 10 万亿美元。

STO 融资的优势有以下几点：

第一，可以便捷获得全球资本。从历史上看，接触外国投资者在很大程度上是老牌企业的领域，它们能够承担相关成本和风险。然而，证券通证发行并不受地域边界的限制。这意味着大大小小的公司都可以通过互联网向更多的投资者展示自己。我们在最近的 ICO 热潮中看到了这种现象。此后，许多服务提供商开始帮助企业在海外市场和不同语言的市场上推销自己的产品。这种灵活性让创业公司和成长型企业得以获取更深层次的融资渠道和更广泛的品牌知名度。通证的全球性也意味着买卖双方可以在 STO 后形成更广泛的市场，这可以转化为更大的市场流动性。

第二，STO 具有独特的发行证券融资的新方法。传统上，全球环境下的融资成本还是比较高的，需要满足各种各样的条件，复杂得令人难以置信。挑战包括面对当地的证券法和克服语言障碍。ICO 的出现带来了支持全球通证产品的服务和工具，用多种语言在地球的各个角落做广告已经变得更加容易，而激励计划等新技术使公司能够向全球各地的人提供奖励，以换取他们完成某些任务，比如在社交媒体上积极关注某个品牌。将内容翻译成外语，在 Telegram、微信和 KakaoTalk 上发布传播到社区，也是一种成功的融资营销策略，经验丰富、拥有支持全球通证发行的特殊技能的机构正在涌现。

第三，更好的融资条款。与从风投那里募集资金相比，STO 提供了更优惠的条款。首先，公司不必放弃对公司的控制权或董事会席位，这使管理团队在制定业务决策时处于更有利的地位，并降低了被自己的公司解雇的风险。其次，对于股权融资 STO，公司可以出售普通股而非优先股，这有效地让管理层和其他普通股东在公司中保持较高的持股比例。虽然普通股证券通证持有人享有股息权，但 STO 可以在不向这些投资者提供投票权的情况下完成股息分配。再次，STO 能够使管理团队对他们的公司享有更多的控制权。最后，STO 的估值通常较高。

第四，STO 融资成本低。证券通证发行可以用来标记许多资产、商品和金融工具。这意味着，规模较小的公司有机会迅速从全球投资者中募集资金，而不必承担巨额成本，尤其是法律费用。想象一下，用传统的方式从全球投资者中募集资金，需要在每个投资者所在的国家聘请一位新律师。证券通证消除了这个需求，因为合规性已经集成到了通证上。在美国，使用 Reg D 和 Reg A+等框架融资的公司，无须聘请律师，就可以保证遵守国家的监管或者法规要求。

第五，STO 应用超越了传统证券。通过将类似"功能型通证"（Utility Token）的特性合并到证券型通证中，可以获得额外价值。例如，如果 Hotel Crypto 发行了证券型通证，购买了该通证的酒店客户可以享受 10% 的房价折扣或免费进入 VIP 区域。有了通证，公司有机会为特定客户（同时是通证投资人）提供更好的服务，让通证持有者获取更多额外利益。再举个例子，公司可以为持有通证超过三年的客户提供有经济价值的福利，如折扣餐、水疗、室内娱乐或降低房费等。从本质上说，提供证券通证的公司可以选择奖励长期购买和持有证券通证的客户，这些回报超出了传统证券价值。

当然，STO 也存在一些问题：

第一，产品成熟度差。这是一个新兴市场。由于第一个 STO 完成也不过几年的时间，我们还没有广泛的案例（法律或其他方面）可供参考。STO 的优势或者表现需要时间来检验。

第二，政策风险大。监管机构可以在任何时候介入，并通过合规性裁决影响市场。按照目前的情况，监管机构对证券通证的监管比较严格，程序及条件较为苛刻，审核工作也较为繁重。通证被视为一种合法证券的时间仍存在着不确定性，尽管美国 SEC 正试图解决这个问题。

第三，项目安全危险不可避免。运行 STO 需要企业创建和管理通证。证券通证受到黑客攻击不可避免，获得网络安全技能和技术保障是成功的关键。

第四，资产质量风险大。STO 很难保证背后的资产质量或者项目运营收益符合投资需求。一旦项目失败，通证价值归零。

第五，投资人资格限制。按照合格投资人的要求，投资人资格受到限制，这样一来，能够参与的投资者数量就大幅减少，也就减少了通证的流动性，流动性缺乏的资产，价值也会下降。

第六，投资会演变为投机。和现在的股票市场一样，很多垃圾股被爆炒。

第七，难以防范内幕交易问题，仍然会出现在 STO 项目中，当然，基于 STO 的项目，更容易追踪投资人操作行为，从而揭露非法内幕交易。

（四）基于区块链的供应链金融数字票据发展情况

我们先来分析供应链金融的痛点以及区块链如何解决供应链金融所面临的痛点。

1. 供应链上的中小企业融资难，成本高

由于银行依赖的是核心企业的控货能力和调节销售能力，出于风控的考虑，银行仅愿意对核心企业有直接应付账款义务的上游供应商（限于一级供应商）提供保理业务，或对其下游经销商（一级供应商）提供预付款或者存货融资。这就导致了有巨大融资需求的二级、三级等供应商/经销商的需求得不到满足，供应链金融的业务量受到限制，而中小企业得不到及时的融资易导致产品质量问题，从而伤害整个供应链体系。

面对这一痛点，区块链解决方案主要指：在区块链上发行并运行一种数字票据，可以在公开透明、多方见证的情况下进行随意的拆分和转移。

这种模式相当于把整个商业体系中的信用变得可传导、可追溯，为大量原本无法融资的中小企业提供了融资机会，极大地提高票据的流转效率和灵活性，降低中小企业的资金成本。

据统计，传统的供应链金融公司大约仅能为 15% 的供应链上的供应商们（中小企业）提供融资服务，而采用区块链技术以后，85% 的供应商都能享受到融资便利。

2. 作为供应链金融的主要融资工具，商业汇票、银行汇票在现阶段的使用场景受限，转让难度较大

商业汇票的使用受制于企业的信誉，银行汇票贴现的到账时间难以把控。同时，如果要对这些债券进行转让，难度也不小。

因为在实际金融操作中，银行非常关注应收账款债权"转让通知"的法律效应，如果核心企业无法签回，银行不会愿意授信。据了解，银行对于签署这个债权"转让通知"的法律效应很谨慎，甚至要求核心企业的法人代表去银行当面签署，显然这种方式的操作难度是极大的。

面对这一痛点，区块链的解决方案主要包括：银行与核心企业打造一个联盟链，让供应链上的所有成员企业使用，利用区块链多方签名、不可篡改的特点，使债权转让得到多方共识，降低操作难度。当然，系统设计要能达到债券转让的法律通知效果。同时，银行还可以追溯每个节点的交易，勾画出可视性的交易流程图。

3. 供应链金融平台/核心企业系统难以自证清白，导致资金端风控成本居高不下

目前的供应链金融业务中，银行或其他资金端除了关注企业的还款能力和还款意愿，也很关心交易信息本身的真实性，而交易信息是由核心企业的 ERP 系统（企业资源计划）所记录的。虽然 ERP 系统篡改难度大，但也非绝对可信，银行依然担心核心企业和供应商/经销商勾结修改信息，因而会投入人力物

力去验证交易的真伪，这就增加了额外的风控成本。

面对这一痛点，区块链解决方案主要指：区块链作为"信任的机器"，具有可溯源、共识和去中心化的特性，且区块链上的数据都带有时间戳，即使某个节点的数据被修改，也无法掩盖，因而区块链能够提供绝对可信的数据保护环境，减少资金端的风控成本，解决银行对信息被篡改的疑虑。

区块链公司切入供应链金融一共有两种模式。第一种模式是直接与核心企业/平台合作，为其提供区块链底层解决方案，在积累足够多数据之后，通过搭建联盟链，对接资金方提供金融服务，即联盟链模式。由于区块链本身不能解决风控的所有问题，所以现阶段企业级的风控还是需要围绕着强势的核心企业，同时，获得核心企业的支持还可以有效解决获客的问题，因为一家大型核心企业（如全球 500 强制造业中的企业）一般都会有上千家的各类供应商。第二种模式是从提供供应链管理服务入手，比如溯源、追踪、可视化等，将信息流、物流和资金流整合到一起，在此基础之上从事金融服务，即私有链模式。这种模式相当于用区块链搭建起了一个应用场景。支付宝就是如此，如果马云当年直接做支付宝，很难做起来，因为没有应用场景，所以其先做了为贸易服务的淘宝。有了淘宝以后，支付宝作为中心化结算信任场景出现，支持淘宝业务，最后再将其他金融服务产品嫁接在支付宝上，特别是融资产品和理财产品，才成就了蚂蚁金服。

有一个采取供应链服务模式切入的公司提供了一种防伪溯源的方法，通过给每个商品植入一个 NFC 芯片，将商品注册到区块链上，使其拥有一个数字身份，再通过共同维护的账本来记录这个数字身份的所有信息，达到验证效果。

区块链技术能有效地增强供应链金融资产的流动性，催生了新型的融资工具和风控体系，帮助覆盖中小企业融资的长尾市场，提升供应链金融服务。

上述分析都是在区块链技术完备的情况下做出的，实际上，区块链供应链金融仍然面临以下几个方面的问题。

一是合规性问题：数字票据是否可能被无限量发行，发行数量如何控制？票据的流通领域是否会不受控，票据是不是可能被用来当作通用的货币结算和支付工具？这个方面如果出现法律障碍，将严重影响项目运行。

二是系统性风险：核心企业为基础的供应链，一旦核心企业出现违约风险，将产生负面效应的大规模连锁反应。即使是核心企业临时性违约，也会带来一系列难以预料的后果。有些违约是企业个体经济行为导致的，有些违约是行业整体出现问题导致的，也有些违约可能是因为国际国内政策变化导致的，不管核心企业违约的原因是什么，对供应链上下游企业来说，它们都难以承受这样的违约后果，依靠区块链技术是无法解决这个问题的。

三是驱动力问题：核心企业自身对提供数字票据背书的担保积极性有限，目前有一种解决方案是只需要核心企业进行数据同步，而不需要为数据带来的后果承担责任。当然，由于数据是多维度的，互相印证的，所以虚假错误数据上传后，是很容易被交叉验证发现的，在融资过程中，还是需要对数据进行多维度检验工作。如果检验通过，可以使用该数据，如果检验不通过，则需要进行数据标注，并检查数据错误的原因，杜绝之后的数据差错。

四是系统安全性问题：目前的区块链平台多数都以外部平台为基础，能够独立自主开发核心系统的极少，因此，平台的安全性、稳定性、可用性、可扩展性等都可能给业务顺利开展带来严重影响。

五是使用安全性问题：用户密钥如果出现问题，数据就无法读取从而导致死账出现。

（五）基于区块链的其他数字金融——互助保险等

2016 年的网络互助，一度成为创业风口、资本宠儿。然而，不到一年的时间，多家平台宣布退出，行业急速回落，幸存的"玩家"开始了探索之路。区块链技术和互助保险的结合，成为探索的方向之一。

2016 年，网络互助被推向风口。在保监会颁布《相互保险组织监管试行办法》后，相互保险获得了空前关注，据国泰君安预测，到 2020 年，我国相互保险市场规模将达到 1600 亿元。抗癌公社（如今改名"康爱公社"）、夸克联盟、斑马社、水滴互助、轻松互助、17 互助、同心互助、众托帮等上百家网络互助平台横空出世。整个互助行业躁动起来，大平台不断涌现，投资额不断刷新。

网络互助，简单地说，是一群人聚集起来，共同为一种病或一种风险进行"众筹"扶助。比如癌症，如果谁真得了癌症，大家将凑钱为他治病，每个人出 10 元钱。大家都认为，网络互助回归了保险的本质，实现了保险的真正意义和核心价值——互助，为未来的风险预购一份保障。

然而一年之后，互助行业却迅速回落。从 2017 年起，同心互助、八方互助、蒲公英互助、她互助等几十家互助平台集中退出，部分只剩一个无人打理的微信公众号。从潮起到潮落，网络互助只用了不到一年时间。互助备受推崇是因为它是一个低成本获客、关注健康的社区。用户的加入门槛低，也意味着后期退出门槛也低，用户留存、黏性都成问题。区块链和互助的结合，为在互联网上建立互信提供了技术基础。在 2017 年 ICO 火热的时刻，有不少网络互助平台也相继推出了 ICO 互助项目，不过，大部分被国家叫停、退币。

区块链技术对互助有哪些作用？最直接的就是区块链的"共享账本"作用。首先，互助成员的信息、交易记录、赔付信息都可以记录到链上，一方面公开透明，另一方面方便溯源。其次，通过智能合约，用程序把互助"共识"编写好，剔除主观人为因素，"理赔"的执行更加便利。而有了智能合约的自动执行，也可以省下一定的人力运维成本。最后，区块链的分布式存储特征可以让用户数据更加安全，免于中心服务器被攻击、盗用。

如此，区块链可以作为网络互助的底层技术改善目前的互助环境。但想象力不止于此。如果互助领域和通证经济结合起来，可以搭建一个自运行的完整的生态。一方面，用户愿意为了通证和生态建设主动邀请朋友加入。另一方面，这是一个去中心化的组织，在极端情况下，即便创始团队消失了，生态也可以自运行，或者由其他团队继续组织运行。但是，即便有如此多的优势和想象力，区块链互助平台远没有想象中的理想。

当前，区块链和互助的结合也面临着一些困难：

目前，水滴一天百万级别的订单，无论是基于以太坊还是其他区块链系统，链上的交易处理速度都跟不上业务发展的需求。

很多基于区块链的应用项目，都只是将中心化的数据同步到区块链，但用户并没有参与。这意味着，无论是技术本身还是"共识"设计，区块链和互助都需要长时间的磨合碰撞。

区块链技术并不能解决盈利、用户等核心问题。区块链在很多场合并不是不可替代的必需技术。区块链解决的业务中的问题可能不是核心问题，不能将区块链的能力神化，不能将其说成是包医百病的良药。比如，互助后期关键的风控环节，如何判断申请互助的用户没有造假，没有"骗保"，这些还需要依靠传统的审查方式，单有区块链技术并不能解决。也就是说，互助这个场景中最核心的问题是束缚人性非法套利的动机，但它却无法用区块链来完全解决。

区块链技术落地也存在挑战，首当其冲的就是数据整合问题。比如，风控问题，只有医院之间的数据打通共享，才能做到保险智能合约的自动执行。但目前的情况是，医疗领域数据的孤岛问题严重，区块链项目实施需要的配套技术、设施还处于建设中，其中最重要的是数据采集问题。

监管环境也不容乐观。网络互助一直被监管紧盯。2017年底，网络互助专项整治工作开始，也促使一些平台开始退出。"风险变大了。"某区块链互助平台负责人对外解释，"条条框框太多，已违背了我们想从技术方面推动行业进步的初心。"很多平台在监管浪潮中选择了退出。

因此，区块链在互助领域的落地并不如计划中轻松。技术只能解决部分问题，最根本的还是整个互助体系的建立。区块链互助技术，依然在慢慢尝试推进。区块链在互助领域并非雪中送炭，而仅仅是锦上添花。可见，区块链互助金融的落地之路依然是荆棘密布。

第二节　终端技术与数字金融的关联

一、移动互联网与数字金融

移动互联网与传统互联网之间的最大区别是"随时、随地、个性化"，这三个特点现在也全面体现在了金融产品上。随着移动互联网技术和计算机相关硬件的不断发展，LBS（基于位置信息的服务）、NFC（近场通信）、陀螺仪等传感器及其他一些技术的出现使金融行业更加具有移动性和便捷性。一些引领者突破传统的组织架构羁绊，用移动互联网模式和思维进行运作，使中国金融行业出现了一些颠覆性的变化。

移动互联网使所有金融服务和客户都保持着7×24小时的存在，并且呈现出了四大特点：期望互联体验；希望参与和融合；可以做出更明智的决定；更容易接受创新的产品和服务。为了更好地满足消费者，互联网理财、移动支付、P2P网贷等移动互联网金融正在不断衍生发展，个人活动与企业活动相结合，金融与非金融相互渗透。

不同于传统的互联网金融，移动互联网使金融具有了特殊的基因：①社交化，即可以有效利用网络社交平台庞大的客户基数；②移动化，即可以通过移动设备随时随地提供贴心服务；③专业化，即可以设计线下渠道无法提供的特色产品，并且由移动互联网金融思维重新设计风险管控体系，调动云端强大的处理能力和信息资源提供服务，后台专业人员可以随时切入提供服务；④场景化，即将金融产品及服务场景结合，融入非金融生活需求；⑤个性化，即使金融服务能够完全根据每个人的特点量身定制，充分满足不同个体的不同金融服务需求以及衍生服务需求。

移动互联网给金融业带来便利的同时也产生了诸多风险：第一，安全性风险。如今电子信息的泄露层出不穷，对于金融企业而言，不仅损失金钱，更失去了用户的信任。与此同时，移动网络被攻击的风险也无处不在，网络病毒种类繁多，易感染，影响程度大，并且大多数移动设备的安全性原本就没有 PC 端高。此外，还有交易欺诈风险和系统漏洞风险。第二，操作风险。操作风险中最重要的是技术更新导致的风险，一方面，在移动互联网金融模式下的技术创新往往以用户需求为导向，致力于为金融用户提供更方便快捷的服务，这样就对原有的业务系统的合用性提出了挑战；另一方面，技术的进步也导致了网络攻击技术的进步，使原来的业务系统变得更加脆弱，更容易受到威胁。第三，信用风险和业务风险。第四，其他风险，如业务监管风险等。

二、二维码与数字金融交易安全

二维码作为一种用数学形式来存储信息的有效防伪技术，目前已在金融票据方面获得了广泛的应用，例如中国人民银行已经将二维码作为一种防伪标识印制在全国各类银行的支票上。而在移动端，可以分为两种场景：一是移动端生成或者存储二维码作为电子交易或支付的凭证，已经在金融支付、电子商务和团购消费领域有广泛的使用；二是移动端也可以读取二维码，从而进行解析并执行相应的业务逻辑。

在支付方面，相对于银行卡而言，二维码是一个更为便捷的工具，它可以依托一个综合性的平台，在手机上通过 App 直观展现并完成关联服务，且能够使客户停留，获得更多衍生服务，在服务提升和市场营销方面更具价值。此外，二维码支付更加具有综合性和主动性，打通了线上和线下的通道，对整个支付市场的格局产生了巨大的影响，特别是对银行卡刷卡收单业务造成了巨大冲击。

二维码在极大地改变金融行业的业务操作流程的同时，也带来了诸多隐患，主要集中在安全性方面。二维码以较小的图片空间取代大量的文字信息，不法分子能借助二维码内容的非直观性，制作恶意二维码，诱使用户进行扫描，从而进行恶意攻击。360 互联网安全中心发布的《2017 年 Android 恶意软件专题报告》显示，钓鱼网站支付、木马软件盗刷、主动支付已成为最主流的网络诈骗劫财方式，这些诈骗劫财方式都充斥着二维码跳板效应，例如利用刻意伪造的二维码可引导用户打开钓鱼网站等，可见二维码已成为攻击者手中的

"新武器"。

三、电子标签与数字金融交易安全

电子标签是射频识别技术（RFID）的核心部件，2010年中国RFID产业进入了成长期，市场规模高速增长，首次突破百亿元规模，达到121.5亿元人民币，比2009年增长了42.8%，跃居全球第三位。射频识别技术产业的发展，受益于金卡工程的推动。我国启动金卡工程20多年来，从磁条卡到智能卡再到RFID应用，走出了一条具有中国特色的信息化发展之路。

随着金卡工程建设和IC卡应用的蓬勃发展，RFID技术在我国第二代居民身份证、城市公共交通"一卡通"、电子证照与商品防伪、特种设备强检、安全管理、动植物电子标识，以及现代物流管理等领域启动了应用试点和推广。自2004年国家金卡工程将物联网RFID应用试点列为重点工作以来，金卡工程每年都推出新的RFID应用试点工程。物联网的RFID应用项目得到了国家发改委的资助，2011年4月财政部与工业和信息化部出台物联网专项措施，明确规定每年用5亿元专项资金来支持物联网建设。

金融业务领域的RFID应用正在不断升温，金融服务领域RFID的渗透率也日渐上升。RFID技术可以监控现金款箱交接流程，实现智能押运监管，从而提高银行款箱出入库管理安全；RFID技术能够构架资产管理监控平台和银行信贷档案智能管理系统，从而提高银行资产管理的效率；RFID技术还可以帮助银行快速实现客户身份自动识别和信息化管理，提供客户服务品质。除此之外，RFID可用于银行票据防伪，并且自身也是一种移动支付技术，其中13.56MHz（NFC）和2.45GHz都可以应用到移动支付。

二维码与电子标签几乎都是零成本的信息存储，RFID相较于二维码，其成本依旧较高。但RFID在自动化识别和数据采集方面的能力远胜于二维码，它不仅可以存储更多的信息，适用于复杂和严苛的环境，还能够在人工不可视的情况下工作，甚至在无网络的环境中工作。RFID所拥有的这些优势使资产识别和追踪等领域实现了更多新的应用，而这些应用对于二维码来说，是很难或者不可能实现的。

四、交易终端识别与数字金融交易安全

设备指纹是数字业务各种操作设备的"身份证"，是一种新的用户识别与追踪技术。设备指纹是通过快速获取上网设备（PC、移动终端）的软件、硬

件、网络等多层次特征（指纹）信息，为每个入网设备生成跨平台的唯一设备ID。具备完全相同特征的设备是不存在的，特别是经过一定时间的使用的设备，其特征信息差异很大，正是由于设备指纹的存在，伪造一台上网设备的特征相对而言就变得很困难。当面临网络攻击时，风控系统可根据该设备的软硬件信息、位置信息、行为信息等进行关联分析并及时发现这次的网络请求是否存在欺诈。"设备指纹"同时能在无法识别操作用户的情况下，从设备着手，识别可疑上网设备，及时对高风险的设备及相关操作做出反应，即可控制风险、降低损失。

根据具体的设备识别方法，设备指纹识别技术大体上可以分为主动式、被动式和混合式三种。

主动式设备指纹识别技术，需要主动得到设备的配合，获取相应的信息，最直接的主动方法就是直接在设备上植入程序。所获得的信息有可能包含局域网地址、浏览器字体、应用程序安装，甚至包括手机通讯录等信息。

被动式设备指纹识别技术，坚持在不主动获取终端设备信息的情况下，就达到识别准确设备的目的。通过分析通信协议栈各层中可利用的信息，被动式设备指纹识别技术中的佼佼者，已经可以做到高于96%的设备识别准确率，且能实现毫秒级响应。

混合式设备指纹识别技术，将主动式和被动式设备指纹识别技术整合在同一个设备识别与跟踪的架构中，将主动式设备指纹识别技术在客户端生成的设备标识符，与被动式设备指纹识别技术在服务器端收集的、与协议栈相关的特征信息对应起来，使所有的设备都有一个唯一的设备识别ID。

目前，国内大部分企业采用的设备指纹识别技术都是主动式的，但由于企业和公众隐私保护意识日渐强烈，隐私保护政策日益严格，主动式设备指纹识别技术的应用越来越受限。而被动式设备指纹识别技术因为系统和算法比较复杂，往往需结合大数据处理和机器学习技术才能实现，技术门槛相对较高，目前在国内还处于起步阶段，只有少数公司可以做到较高的准确率，并得到业界和客户的认可。采用混合式设备指纹识别技术的公司更是凤毛麟角，主要原因是混合式设备指纹识别技术的壁垒并不比被动式设备指纹识别技术低。能够成功研发混合式设备指纹识别技术的公司往往在被动式设备指纹识别技术上已经有了相当大的进展和积累，或者从外部采购其他公司的被动式设备指纹识别技术作为混合式的研发基础。

第三节　操作者身份识别与数字金融交易安全

随着信息技术和安全认证技术的快速发展，识别和认证操作者身份的生物特征技术也取得长足进步，由于其在安全可靠和用户体验方面拥有传统方式无法比拟的优势，近些年在金融领域获得快速和广泛应用。

国内生物特征识别市场近年来保持高速增长。2002 年至 2015 年，国内生物识别市场的年复合增长率达到 50%，2016 年生物识别市场规模达到 120 亿元左右。预计到 2021 年，中国生物识别行业的市场规模将突破 340 亿元。金融领域主要将生物识别技术应用在银行、证券、保险、支付机构等细分行业中的开户、转账、取款、支付、投保理赔等金融业务中，人脸识别、指静脉识别、指（掌）纹识别、虹膜识别、语音识别等对生物识别技术都有不同程度的应用，以微众银行和网商银行为代表的新兴互联网银行在远程开户、在线贷款、刷脸办卡、指静脉转账、刷脸支付等业务中应用生物识别技术也成为常态化。

任何事物都有两面性，我国生物识别技术尚处于发展探索阶段，生物识别技术应用监管政策尚不完善，金融领域生物识别技术标准有待提高，市场技术良莠不齐，客户信息安全和隐私泄露问题仍然存在，系统安全和数据安全受到威胁。

身份识别和支付确认是两回事，不能将其混为一谈。生物识别技术凭借其识别精度高、识别速度快、防伪性能好等特点，可以为金融管理和服务提供更好的安全保障。但是，这并不能代表身份识别可以取代支付确认，相反，身份识别可以保障支付确认的安全进行。如何将生物识别技术更好地融入支付识别环节是目前值得深入思考的问题。此外，相应的政策法律等也有待完善。

身份识别，包括在柜台办理业务时候的身份核验、在无人自助设备上办理业务时的身份核验等，更主要的是远程无线交易时候的身份识别，比如移动支付，若是使用移动手机进行交易操作，则交易者的身份识别可以通过移动终端来完成。关于移动身份核验，将在后面移动支付的安全性分析中进行专项讨论。

数字加密货币的金融交易几乎百分之百是在线上完成或者说是远程交易，基本上没有柜台（现场）交易，因此，交易者的真实身份远程校验对交易安全有很重要的意义。目前在数字加密货币的交易中，用来验证用户身份信息的方式只有用户密码（加上钱包地址），这是由数字加密货币的匿名性规范所约定的，这样虽然保护了交易者的隐私，但也带来了交易安全的弊端，交易密码丢失之后，就无法找回自己的数字资产，也无法追查盗窃数字资产的人的任何有用信息。

第四节　本章小结

数字金融离不开数字金融技术的支撑，谈论数字金融安全也离不开对数字金融技术的分析。本章概览了数字金融所依托的信息技术类型，从而为数字金融安全的分析做了基础层面的铺垫。

第四章

数字金融信息安全

第一节　传统金融信息安全技术面临的挑战

第一，监管机构的业务指导、监督管理落后于金融信息化的发展。金融业信息化的发展十分迅速，与此相比，金融业信息的安全指导和监管工作明显落后了一截。监管机构指导和监管金融业的信息安全工作仍然处于探索进步阶段，缺乏相应的主动性，监管难以到位，很多管理的标准尚未完善，因此需要继续加强。

第二，核心设备和技术依赖于国外，存在安全隐患。由于技术限制，我国大部分的金融业信息系统和网络都是依靠国外厂家的设备操作运行的，这就使我国的金融业信息安全陷入了一种较为窘迫的境地。由于国外不可能提供核心技术，所以很难断定相应的设备是否存在"陷阱""后门"等安全漏洞。不论是有意还是无意，这些安全漏洞极有可能给我国的金融业带来更大的危险，如微软"黑屏事件"就给我国金融业敲响了安全的警钟。

第三，境内外网络违法犯罪活动增长速度加快，新技术的应用带来更大的挑战。随着信息技术的发展，一些敌对势力和恐怖分子的违法犯罪也更加猖獗，而金融业信息网络和重要信息系统恰恰成为了他们主要的攻击目标。

第四，数据集中的环境下风险更加集中。数据集中在给金融业带来管理及服务便利的同时，也使风险更加集中。如果数据中心出现了问题，那么金融企业下属的各分支、网点和业务处理都会受到牵连，甚至可能造成客户数据的丢失或损坏。近些年来，国内外金融机构因此而出现的大面积、长时间的业务中断事情并不在少数，给金融机构的企业信誉带来了严重的负面影响。

第五，我国处理金融业灾难的能力亟须加强。2009 年，中国人民银行对全国性的商业银行进行了灾备中心建设情况的调查，根据调查结果发现，相比国外较为完善的金融业灾备体系，我国金融业的灾备体系仍有很长的一段路要走。

第二节　数字金融信息安全的主要技术手段

第一，身份识别。在信息安全系统中，系统操作者的身份识别是最基本的安全功能，通过身份验证的用户才能进一步申请系统的相关服务。静态密码已不能满足更高的需求，动态口令、数字证书等一系列身份认证方式成为信息安全技术不断向前发展的标志。

第二，存取权限控制。信息安全技术已经从最初的防守变成主动出击，主要针对不法分子。为确保用户信息和资源的安全，控制存取权限，谨防不法分子对用户资源进行使用，维护用户的合法权益。

第三，数字签名。数字签名也可称作公钥数字签名，用于辨别和验证签署人的身份。若要伪造是非常困难的，数字签名可作为信息真实有效的证明。

第四，数据完整性保护。数据完整性保护技术可以迅速检查文件是否被篡改或遭到恶意代码和病毒的侵袭。其优势就在于发现容易、追查的速度也极快，可为用户提供更高层次的安全防护。

第五，审计追踪。如果系统发生了安全事件，审计追踪系统就会发挥效应，追查发生问题的原因。

第六，信息密钥管理。密钥管理是针对信息安全所采取的针对性管理手段，用来对抗网络的不安全性。用户的信息和重要的文件均需要密码加密保障安全，实际上，信息的加密解密密钥管理在安全技术中占据非常重要的地位。

第七，病毒防范与监控。计算机病毒普遍存在，而单纯依靠手工定期查杀、防控病毒只能治标不治本，因此，加强病毒防控与监控是保障信息安全的重要举措。

第三节　数字金融信息安全底层系统防护

我国应加快自主研发金融行业信息安全技术的进程，逐步减少外包服务，提高加密技术和信息处理、信息交换时的安全保障能力。在用户身份识别和验证技术方面，要采取更为先进的技术，保障用户身份的唯一性，防止不法分子借此侵入信息系统盗取各种信息。

加强自主技术的开发离不开良好的环境，因此，改善我国信息安全技术的首要任务是创造一个适合自主研发及应用推广的环境。其次，对核心技术产品的安全检测不可或缺，应根据不同的要求，强化认证和检测工作。最后，对国外的安全产品和技术服务要进行细致的研究，吸取经验。

需要完善各项信息安全规范制度和服务体系。各项法律法规可以确保银行交易的安全，但面对飞速发展的互联网，有些法律法规已不太适合如今诸多新的金融业务模式和流程，需要进一步完善各项规章制度。

除此之外，金融业务处理的安全维护管理服务体系亦要尽快建立，加强监控技术的研究和开发，全面分析可能出现的问题并设计应急处置方案，将安全隐患扼杀在摇篮中。当前金融系统的技术体系越来越复杂，这就要求相关技术人员具备丰富的经验和综合实力，对应急预案进行实际演练，以在遇到问题时从容应对，迅速、准确地解决问题。

系统安全工作具体包括数据库、服务器操作系统、中间件、网络等在内的故障类安全和内外部威胁的应对，以及为提高这些系统的安全性而使用安全评估、管理工具所进行的系统安全分析和加固工作。

一、基础系统工具及环境安全

第一，数据库安全。数据库的安全性是指保护数据库以防止不合法的使用所造成的数据泄露、更改或破坏。

安全性问题不是数据库系统所独有的，所有计算机系统都有这个问题。只是在数据库系统中大量数据集中存放，而且为最终用户直接共享，从而使安全性问题更为突出。系统安全保护措施是否有效是数据库系统的主要指标。数据库的安全性和计算机系统的安全性，包括操作系统、网络系统的安全性是紧密联系、相互支持的。实现数据库安全性控制的常用方法和技术有：

（1）用户标识和鉴别。该方法由系统提供一定的方式让用户标识自己的名字或身份。用户要求进入系统时，由系统进行核对，通过鉴定后才获得系统的使用权。

（2）存取控制。通过用户权限定义和合法权检查，确保拥有合法权限的用户才能访问数据库，所有未被授权的人员无法存取数据。例如，C2级中的自主存取控制（I. AC），B1级中的强制存取控制（M. AC）。

（3）视图机制。为不同的用户定义数据安全视图，通过数据安全视图机制把要保密的数据对无权存取的用户隐藏起来，从而自动地对数据进行一定程度的安全保护。

（4）审计。建立审计日志，自动记录用户对数据库的所有操作并将其放入审计日志中，数据库管理员可以利用审计跟踪的信息，重现导致数据库现有状况的一系列事件，找出非法存取数据的人、时间和内容等。审计日志可以记录在区块链上，确保无人可以篡改日志数据。

（5）数据加密。对存储和传输的数据进行加密处理，从而使不知道解密算法的人无法获知数据的内容。

第二，操作系统安全。在开放的网络环境中，操作系统安全在计算机系统整体安全中至关重要。操作系统作为一个支撑软件，提供了很多的管理功能，主要是管理系统的软件资源和硬件资源。操作系统软件自身的不安全性、系统开发设计的不完善都给网络安全留下隐患，而操作系统安全则是要解决这些问题。

第三，网络安全。网络安全是指网络系统的硬件、软件及其系统中的数据受到保护，不受偶然的或者恶意的原因而遭到破坏、更改、泄露，系统连续可靠正常地运行，网络服务不中断。网络安全从其本质上来讲就是网络上的信息安全。从广义上来说，凡是涉及网络上信息的保密性、完整性、可用性、真实性和可控性的相关技术和理论都是网络安全的研究领域。

二、内部威胁——系统运行管理人员

内部威胁攻击者一般是企业或组织的员工（在职或离职）、承包商以及商业伙伴等，其通常具有一定的系统、网络及数据的访问权。内部威胁就是内部人利用合法获得的访问权对机构信息系统中信息的机密性、完整性以及可用性造成负面影响的行为。

2016 年 1 月，中国农业银行北京分行 2 名员工涉嫌非法套取 38 亿元票据，同时利用非法套取的票据进行回购资金，且未建立台账，回购款中相当大一部分资金违规流入股市，而由于股价下跌，出现巨额资金缺口无法兑付。2017 年，北京银行业监督管理局针对这起案件做出了最终的处罚："给予中国农业银行北京市分行合计 1950 万元的行政处罚。"

2019 年，华夏银行一程序员利用银行职务之便，将自己写的"计算机病毒程序"植入总行服务器。在一年多时间里，该程序员利用漏洞多次跨行 ATM 机取款，涉及金额高达 700 余万元。

以上案例暴露了金融机构的内部威胁，内部威胁是无法改变的事实，将来也不会消失。粗心大意的机构往往未接受严格的安全培训，或缺乏安全开展工作的方式，导致难以识别并阻止恶意内部人员操作或者用户账户被盗用。要防止内部威胁，机构需要健全和完善网络安全基础设施建设。我国正在大力开展信息安全等级保护工作，目前大型金融企业已经具备较强的信息安全保护实力，而中小型金融企业的能力有待加强。

三、外部威胁——各种外部攻击

首先，黑客的恶意攻击。"黑客"（Hack）是一群利用自己的技术专长专门攻击网站和计算机而不暴露自己身份的计算机用户。由于黑客技术逐渐被越来越多的人掌握，黑客工具也在网络上广泛传播，同时目前世界上有 20 多万个黑客网站，这些站点都介绍攻击方法以及系统的一些漏洞，所以任何网络系统、站点都有遭受黑客攻击的可能。尤其是现在还缺乏针对网络犯罪卓有成效的反击和跟踪手段，导致黑客们便于隐蔽，且攻击的"杀伤力"很强，这是网络安全的主要威胁。就目前网络技术的发展趋势来看，黑客越来越多地采用病毒进行内部破坏，他们采用的攻击和破坏方式多种多样，主要对没有网络安全防护设备（防火墙）的网站和系统（或防护级别较低）进行攻击和破坏，这给网络的安全防护带来了严峻的挑战。

其次，网络自身和管理存在欠缺。因特网的共享性和开放性使网上信息安全存在先天不足，因为其赖以生存的 TCP/IP 协议缺乏相应的安全机制，而且因特网最初的设计考虑是该网不会因局部故障而影响信息的传输，基本没有考虑安全问题，因此它在安全防范、服务质量、带宽和方便性等方面存在滞后及不适应性。网络系统的严格管理是企业、组织及政府部门和用户免受攻击的重要措施。事实上，很多企业、机构及用户的网站或系统都疏于这方面的管理，没有制定严格的管理制度。IT界企业团体ITAA的调查显示，美国90%的IT企业对黑客攻击准备不足。目前美国75%～85%的网站都抵挡不住黑客的攻击，约有75%的企业网上信息失窃，金融机构的信息失窃事件也屡有报道。

再次，软件设计的漏洞或"后门"而产生的问题。随着软件系统规模的不断增大，新的软件产品开发出来，系统中的安全漏洞或"后门"也不可避免地存在，比如我们常用的操作系统，无论是Windows还是UNIX几乎都存在或多或少的安全漏洞，众多的各类服务器、浏览器、一些桌面软件等都被发现存在安全隐患。大家熟悉的一些病毒都是利用微软系统的漏洞给用户造成巨大损失，可以说任何一个软件系统都可能会因为程序员的一个疏忽、设计中的一个缺陷而存在漏洞，不可能完美无缺，这也是网络安全的主要威胁。例如，"熊猫烧香"病毒就是我国一名黑客针对微软Windows操作系统安全漏洞设计的计算机病毒，依靠互联网迅速蔓延开来，数以万计的计算机不幸中招，并且它产生了众多变种，还没有人准确统计出国内遭受该病毒攻击的计算机的数量，它对社会造成的各种损失更是难以估计。

最后，恶意网站设置的陷阱。互联网世界有各类网站，有些网站恶意编制一些盗取他人信息的软件、视频、图片、文件隐藏在下载的信息中，只要登录下载网络信息，或者点击要看的文件，计算机就会被其控制和感染病毒，计算机中的所有信息就会被自动盗走，该软件会长期存在于你的计算机中，而操作者却并不知情，如现在非常流行的木马病毒。

四、数字金融信息平台的安全技术创新

未来金融行业提供的服务会更加多元化，大大方便人们的生活。因此，数字金融平台需要以更为强大的方式保障信息的安全。目前，许多安全威胁来自应用层，如黑客的攻击，这就需要防火墙在理念和技术的设置上有质的突破。从被动去守到主动面对各种安全挑战，是金融行业信息安全技术的必然转变。

动态空间地址策略是针对黑客攻击的一种比较有效的技术，对分布式阻断服务攻击也有防控效果，核心原理是在一个大的地址空间里，给网站分配动态的网址，正常的应用可以在用户和网站之间建立有效连接并完成业务，而且这样的连接可以动态调整，攻击者无法准确快速定位实际网络地址，从而达到防范攻击的目的。

基于区块链技术的安全防范策略，是目前比较新的网络安全策略。利用区块链数据的不可篡改性，如设定访问白名单制，而该白名单是由区块链管理的，

这样一来，黑客无法篡改白名单就无法获得访问网站的权限，当然，他能通过冒充白名单的内容进行访问，但这就大大增加了攻击的难度，而且也无法做到海量假冒。另外就是基于区块链的访问监督机制对所有的访问者、访问动作、访问结果反馈等都用区块链进行存证，这样就能够很容易地发现非法访问者，或者合法访问者的非法操作、越权操作等，从而确保及时发现非法访问行为，并有针对性地采取处理措施。

相对于数据分拆、加密存储策略，金融机构大多采取了"数据大集中"策略，各金融企业将全国各分支机构的用户数据集中到总部的数据中心，统一管理，统一业务流程，提高了服务效率，提高了服务产品的统一性和标准性，带来的后果就是风险也高度集中。一是数据安全风险高度集中，数据一旦泄露，就是所有用户数据的泄露；二是服务可靠性风险高度集中，中心系统一旦崩溃，全国的服务都将完全停止。把希望寄托在集中的防火墙、集中的备份策略上，还是会出现风险的，而且要么不出风险，要么就出大风险。当年中国银联全国系统停机几小时，带来的社会影响和业务损失是巨大的。

除了数据泄露和被盗，数据安全的另外一个风险就是数据被破坏，有无意的操作失误导致数据损坏，也有故意有针对性的破坏，还有无目的的随机破坏，更有一种病毒专门锁死数据，然后勒索解锁资金。

很多金融机构对数据进行了两地三中心备份，建设数据灾备中心，但实际上，还是存在很大的风险。数据在生成的时候若采取的是同步三备份策略，那么如果数据是错误的并且一定时间内没有发现，三个备份的数据也都是错误的。如果数据是采取异步备份策略，比如十分钟同步一次，那么必定有近十分钟的数据没有实现异地备份，一旦出现系统故障，这十分钟内的数据就无法恢复。显然同步数据备份的安全性更高，但对系统和网络的要求也很高，异地远程备份要求很高的带宽、很低的延时、很高的可靠性，并且需要有备用数据的专用通信网络，这样才能基本上保证实时数据同步。当然，这里最危险的是发生了错误数据但系统并没有及时发现，如果过了一段时间，比如1小时，那么这1小时的错误数据就备份到所有的数据中心了，如果进行数据回滚，需要所有数据中心的数据回滚，也存在安全隐患。2020年，微盟云数据中心的数据被恶意删除，付出了巨大的代价才恢复了数据。

固化存储也是保护数据不被破坏的一个比较好的策略，就是基于硬件不可改写的原理，利用一次性写入只读光盘存储等方式对数据进行存储。其抗破坏性能非常高，甚至能够抗电磁攻击、水灾、计算机系统损坏等，但缺点是，无法支持动态数据存储（需要修改的数据），主要用在不需要再修改的数据存储场合，比如备份历史数据、日志数据、区块链数据等，这些数据都是不可篡改的。用固化存储技术，能够大幅度提升数据安全性，降低存储成本，延长存储寿命，光存储器件数据能够保存百年以上，而磁存储设备只能保存几十年甚至更短的时间。

这里特别提一下，日志数据生成后就不应该有任何修改，好比一个黑盒子，记录了对系统或者数据的任意操作行为，只要有违规行为，就会被立即记录在案，并且无法通过任何手段删除或者修改，对保护数据不被恶意操作、窃取有很好的威慑作用。对内部人员来说，如果偷窃数据的行为将被记录在案，估计其就不敢作案，对外部攻击行为进行记录，则可以亡羊补牢，采取措施加固数据，而不至于长期被盗窃，因此，对日志数据进行不可篡改的存储是非常有意义的，当然还应当用人工智能技术，对日志数据进行分析，确保发现各种对数据或者系统的不法操作行为。

对保密性要求高的系统来说，日志本身就是一个监控器，所有的访问应当是被授权的，如果出现没有授权的操作，系统将会自动报警，并采取措施锁死访问通道。

固化存储技术能够有效对付勒索病毒，因为无法对数据进行任何修改，也就无法进行再次加密锁死，这个特点非常重要。目前互联网勒索病毒已经泛滥成灾，采取更为安全的固化存储手段是非常必要的。

第四节 电子支付及交易的数据保护

一、电子支付及交易数据分析

这里重点分析以移动支付为主的电子支付，用户在使用 App 支付的时候，支付信息将会走过多个节点。以微信支付为例，从用户手机键盘，到 App 程序，再到数据传输网络，数据传输网络包括手机系统、SIM 卡、无线发送装置、电信基站、电信机房、信号发射机构、收方基站等，然后到达收方网关、服务器、App 后台管理系统，数据通过数据专线或者虚拟专用网络传输到付款人银行，通过银行的网络、服务器到达处理中心，完成扣费操作，最后将扣费结果回传给 App 后台，App 后台将结果传送给商户（或者收款人）账户所在的银行，银行处理完成之后，将数据回复给 App 后台，App 后台又通过一整套无线数据传输路径，将处理结果传输给用户手机。

处理和传输的数据包括用户的手机号码、身份信息、验证信息、密码信息、支付金额、接收资金的对象等交易信息，还可能有指纹信息等，这些信息根据需要分别存储在整个业务链条的不同设备上，比如，指纹信息可能就存储在手机上，而动态验证码和密码信息通常存储在 App 后台。还有一些本来不该在业务流程中出现的信息也可能被采集并传输，很多 App 会私下非法读取用户通讯录、定位信息，甚至手机中存储的其他信息。如果使用刷脸支付，还会产生头像信息，声纹支付则有声纹信息等。

在上面的流程中，每个环节都可能出现数据泄露。主要的数据泄露途径有：第一是病毒和木马，包括一些恶意 App 攻击；第二是无线窃取，例如用嗅探技术（伪基站）等；第三是 App 后台系统泄露（计算机系统）；第四是数据传输系统（包括移动网关、银行网关）泄密；第五是金融机构系统在处理业务的时候泄密；第六是商户系统，商户的业务平台泄露用户数据。数据泄露既有恶意盗取，也有无意中泄露。

数据泄露问题的严重性前文已经提到，由于手机缺乏 U 盾一类的硬件身份识别和数据加密手段，导致无卡支付功能很容易被恶意利用，犯罪分子可借助泄露的用户数据盗取用户资金，给用户带来财产损失。另外，用户的手机号、定位信息、通讯录、头像、指纹等都是极为敏感的信息，这些信息泄露出去之后，轻则收到无数的骚扰、广告短信，重则收到各种诈骗信息和电话，甚至危害生命安全。

二、电子支付及交易信息的使用权分析

发展大数据是国家发展战略任务之一，金融大数据的应用，侧重于安全风控和业务营销。安全风控方面的应用，主要是针对支付安全性审查、贷款风险审核、个人信用审核等方面。而业务营销是所有销售企业都需要获取的能力，其涉及的个人数据保护方面的问题较多。

从金融风控角度看，用户通常会进行授权。比如贷款，借款人必须授权放贷人审核各种信用数据，虽然金融机构有过度索取授权之嫌，但考虑到金融机构也是为了放款安全，借款人处于弱势地位，也就会无条件授权金融机构进行各种个人数据查询，包括在其他金融机构的开户、交易、贷款等情况，以及在第三方公司的个人信用数据。

　　在业务营销层面，有几种情况：一是消费者购买或者使用一次服务后，不断收到商家的推销短信；二是商家从各个渠道获取用户信息，向用户发送广告信息；三是商家委托中间公司向用户发送营销信息。第二种情况显然是违法的，有些商家利用商户联盟的名义规避法律规定，但仍然是不合法的。第三种情况是商户希望降低法律风险，将责任推卸给第三方公司，而第三方公司往往是小公司，随时可以关闭，针对这种情况，应当建立连坐制度，窃取个人隐私信息，并且非经本人同意发送信息的，除发送人需接受违规处罚外，相应的商家也应当承担连带责任。

　　第一种情况最复杂，一些网站利用用户的搜索行为或者网站阅读行为，有针对性地推送广告，很多新闻网站，也在后台留存用户上网行为信息，然后有针对性地推送广告，甚至窃听用户谈话，获取关键词，再进行相关的广告或者"软新闻"推送。表面上看，它们在进行"精准服务"，实际上是滥用了用户信息，法律也应当禁止这一类行为，除非用户有明确需求表示订阅相关信息，才能够合理推送相关产品的广告、咨询以及特定的新闻内容。

　　商户留存的用户交易信息，既有敏感信息，也有不太敏感的信息，商户向用户推送广告，首要的问题是信息归属权问题。以用户在网站上买蛋糕的行为为例，商户认为自身对这个交易中的信息有所有权，因此可以保存并使用这些数据，但用户认为，这笔交易的数据属于自己，如果我不购买，那么就不会产生这个信息，因此，用户觉得商家如果需要保存或者使用他的购买信息，应当获得本人同意，并且如果使用该信息获得了收益，用户有权分享该收益。

　　因此，必须分析交易行为数据的所有权是商户的，还是个人的，抑或是双方共享的。

　　国外有信息最小化原则，也就是一笔交易，商户合法获取的信息应该是交易所需的最小化的信息包，如果获取了不是交易所必需的用户信息，就违反了隐私保护法律。

　　从电子商务角度看，一个用户的网购行为，其最小化交易信息只有"商品型号、数量、是否已经支付"等内容，商户如果认为购买人的电话、姓名、收货地址等都是必要信息，则是一种偷换概念的做法，购买人可以是一个代号，地址也可以是一个代号，都完全不影响交易的达成。比如，购买人是老王，地址是北京2020号邮箱（以保密信箱为例），联系电话也可以不留，只要物流正常处理，交易完全能够达成，而且用户完全可以通过网站对商品进行匿名评价。从这个角度看，商户真正合法拥有的信息，只包括订单的内容，即"商品型号、数量，收款金额，配送地址代号"。这样一来，就不存在任何"信息所有权的争议了"，因为商户基本上不知道用户的个人信息，当然也就不存在侵犯用户隐私、滥用用户数据的现象。

早期的电子商务，为了提升服务、方便配送等，需要用户填写非常完备的个人数据（核心的是地址、电话、姓名等），导致用户隐私泄露，产生了很多安全案件。后来，有的快递公司的快递单上，只有快递单号，很多信息都被隐去了，也没有影响快递包裹被分送到正确的地址，这是保护用户数据很有效的方法。要系统化解决购买人的隐私保护问题，需要有第三方作为"信息翻译"器。比如，配送地址"北京2020号信箱"是个代号，送到北京之后，北京的分拨中心可以根据该代号，向第三方机构了解该货物具体属于哪个城区的哪一个配送站，但分拨中心并不知道街道名称和具体的门牌号。货物到了配送站之后，配送站可以从第三方机构获得用户住址具体的门牌号，但它也没有用户电话和姓名。快递员将货物送到用户家门口，如果顺利签收，则订单配送工作完成；如果需要联系收货人，就要打"收货人的代码电话"，通过第三方机构间接联系用户（类似滴滴打车的呼叫打车人的代号，滴滴公司负责转发呼叫信息给打车人），双方可以连线通话，但快递员并不知道用户真实的电话号码和姓名。

从上面的分析可以看出，保护用户数据需要从各个环节入手，防止商户以"服务方便"的名义获取非交易必需的数据。

支付信息同样如此，金融机构本质上无须知道用户位置，更不应当获取用户通讯录内容，现在很多App随意获取用户手机内的信息，甚至窃听用户谈话，是违反国家个人数据保护相关法律的。

三、个人交易信息保护的法律规则建议

从上面的分析可以看出，从法律层面来看，首先要确定用户交易信息的归属权，如果不是交易所必需的信息，所有权完全属于用户本人，若某个环节需要使用用户信息，比如配送地址，则要求只有必要的环节的操作者能够知道该信息，其他环节只能通过代号进行处理，同时该信息不能长期留存，即使需要留存，也只能留存用户代号信息，这样一来，既能够保护用户隐私，又不影响业务方便性。

笔者建议建立独立的国家用户互联网用户身份平台，所有将用户代号信息转换为实际信息的"翻译"工作，统一由该平台完成，并且如果用户违法，也由该平台提供追查依据。各类互联网平台的服务，都可以基于用户代号来开展，

除非用户主动将自己的真实身份提交给商户，否则，商户只能知道用户的互联网身份证，或者叫互联网代号。

实际上，用户提交给商户的身份信息未必是真实的，而互联网身份证，虽然是代号，但其代表的用户身份，却是经过严格核实并可以追踪到的，可防止用户利用代号（匿名）进行违法违规的活动。

为了方便用户，每个真实用户的互联网身份证可以有多个，防止不法分子通过拼图，将身份信息完整复原。如果互联网身份证是多个，有些互联网身份证甚至只使用一次，不法分子就很难复原用户信息。所有这些互联网身份证，都需要由国家建立的平台统一认证和登记，并且登记其生效的时间和使用的记录，如果发现违法行为，将按图索骥根据代码（互联网身份证）找到嫌疑人。

总而言之，只有国家公权力机构才能够保管用户的真实信息，并且为互联网交易提供支撑服务，第三方企业在未获得用户授权的情况下不能留存和使用用户真实的身份信息。

即使有用户授权的信息保存，也要明确区分授权的范围，信息留存权和使用权是不同的，特别是商户向第三方提供用户信息的使用权，或者协助第三方使用用户信息，都需要明确的用户授权，不能采取默认授权或者隐性授权的方式。

第五节　本章小结

数字金融与传统金融最大的区别是一切都信息化了，用户在互联网或者手机上能获得几乎所有的金融服务，这样一来，所有的用户信息，甚至和业务无关的隐私信息，都可能被各种"应用"获取，从而给用户的个人信息带来巨大的安全隐患。目前还没有系统化的基于互联网的用户信息隐私保护技术方案，从法律上看，相关的法律还没有厘清数据权限，也没有找到有效防范策略，只能泛泛地制定一些用户信息保护的规定。未来，应当更加全面系统地建设用户隐私保护体系，并针对互联网的特点，建立官方的用户敏感信息应用服务平台，这样才能从根本上保护用户隐私，进而促进电子支付和电子商务、互联网各类应用健康发展。目前，应当加强用户隐私监管技术体系的建设，在现有业务环境下，尽量保护用户隐私。

第五章

数字金融技术安全

第一节 区块链底层技术安全性

一、底层代码的安全性

区块链项目（尤其是公有链）的一个特点是开源。通过开放源代码，可提高项目的可信性，也能使更多的人参与进来。但源代码的开放也使攻击者对区块链系统的攻击变得更加容易。近几年就发生了多起黑客攻击事件，如匿名币Verge（英文简称为 XVG）再次遭到攻击，攻击者锁定了 XVG 代码中的某个漏洞，该漏洞允许恶意矿工在区块上添加虚假的时间戳，随后快速挖出新块，在短短几小时内其就谋取了价值 175 万美元的数字货币。虽然随后攻击被成功制止，然而没人能够确定未来攻击者是否会再次出击。

二、密码算法的安全性

量子计算机的发展将会给现在使用的密码体系带来重大的安全威胁。区块链主要依赖椭圆曲线公钥加密算法生成数字签名来安全交易，目前常用的 ECD-SA、RSA、DSA 等数字签名算法在理论上都不能承受量子计算的攻击，存在较大的风险，越来越多的研究人员开始关注能够抵抗量子攻击的密码算法。

当然，除了改变算法，还有一个方法可以提升一定的安全性：参考比特币对于公钥地址的处理方式，降低公钥泄露所带来的潜在风险。作为用户，尤其是比特币用户，应对每次交易后的余额都采用新的地址进行存储，以确保比特币资金存储的地址的公钥不外泄。

三、共识机制的安全性

当前的共识机制有工作量证明（Proof of Work，PoW）、权益证明（Proof of Stake，PoS）、授权权益证明（Delegated Proof of Stake，DPoS）、实用拜占庭容错（Practical Byzantine Fault Tolerance，PBFT）等数以百计的共识算法，但它们始终没有很好地解决开放节点环境下的共识机制的安全性问题。

PoW 面临 51% 的攻击问题。由于 PoW 依赖于算力，当攻击者具备算力优势时，找到新的区块的概率将会大于其他节点，这时其具备了撤销已经发生的交易的能力。需要说明的是，即便在这种情况下，攻击者也只能修改自己的交易而不能修改其他用户的交易（攻击者没有其他用户的私钥）。在 PoS 中，攻击者在持有超过 51% 的代币量时才能够攻击成功，这相对于 PoW 中 51% 的算力来说更加困难。在 PBFT 中，恶意节点小于总节点的 1/3 时系统是安全的。

总的来说，任何共识机制都有其成立的条件，作为攻击者，需要考虑的是，一旦攻击成功，将会使该系统的价值归零，这时攻击者除了破坏之外，并没有得到其他有价值的回报，但这种不图回报只想破坏的可能性依然是存在的。

就区块链项目的设计者而言，应该了解清楚各个共识机制的优劣，从而选择合适的共识机制，或者根据场景需要设计新的共识机制。

另外，共识机制的选择受到成本的约束，比特币挖矿的电力成本一旦超过其市场价格，挖矿者就会减少，也就增加了被大算力拥有者攻击的风险。

从交易效率的角度看，选择的共识算法过于复杂，将大幅度牺牲其交易效率，到目前为止，能够支持高频交易的区块链系统还不多见，很多系统采取向中心化系统靠近的方式来提升交易效率，牺牲一些区中心化的特性，有时采取多个分中心的方式，提升交易效率，也是不得已的一种选择。

四、智能合约的安全性

智能合约具备运行成本低、人为干预风险小等优势，但如果智能合约的设计存在问题，将有可能带来较大的损失。2016 年 6 月，以太坊最大众筹项目 The DAO 被攻击，黑客获得超过 350 万个以太币，后来导致以太坊分叉为 ETH 和 ETC。

对此提出的措施有两个方面：一是对智能合约进行安全审计；二是遵循智能合约安全开发原则。

智能合约的安全开发原则有：针对可能的错误有所准备，确保代码能够正确地处理出现的缺陷和漏洞；谨慎发布智能合约，做好功能测试与安全测试，充分考虑边界；保持智能合约的简洁；关注区块链威胁情报，并及时检查更新；清楚区块链的特性，如谨慎调用外部合约等。

五、数字钱包的安全性

数字钱包主要存在三方面的安全隐患：第一，设计缺陷。2014 年底，某签报因一个严重的随机数问题（R 值重复）导致用户丢失数百枚数字资产。第二，数字钱包中包含恶意代码。第三，电脑、手机丢失或损坏会导致资产丢失。

应对措施主要有四个方面：一是确保私钥的随机性；二是在软件安装前进行散列值校验，确保数字钱包软件没有被篡改过；三是使用冷钱包；四是对私钥进行备份。冷钱包和私钥备份仍然会出现风险问题，比如丢失私钥和钱包，也可能因为硬件损毁、设备故障或者其他问题导致数据无法恢复，这样的风险问题同样需要解决。

六、虚拟账户攻击漏洞

就开放式公链来说，任何用户都可以访问，包括握手、注册等，因此，就可能存在黑客控制海量"肉鸡"攻击平台的风险，导致平台无法正常处理交易事务。

对开放链来说，黑客很可能注册很多"虚拟用户号"，用来参与投票决策，从而破坏区块链的安全机制。如果采取付费注册或者增加注册条件的方法，不仅会提高注册虚拟号码的成本，也会影响用户感受，影响业务数量的增长。

第二节　数字资产交易管理平台安全

一、数字金融交易服务平台面临的安全威胁

当前，我国金融行业系统的软硬件并不是自主生产加工，而是被国外垄断，这就导致我们的信息安全受到很大的威胁。不仅如此，诸多服务实行外包制，过于依赖国外，也加大了安全隐患。外包就意味着可能存在信息泄露，重要的信息一旦被不法分子窃取，后果不堪设想。此外，许多外包服务商的工作过程

是封闭的，也就是说，金融机构无法知晓其具体的工作过程，对关键技术也不了解。那么，外包服务商在安全系统中植入其他"窥探"手段也是极有可能的。一旦系统发生问题，金融行业就会深陷被动地位，问题若无法及时解决，带来的影响将是无法预料的。

二、数字金融交易服务平台的特点

数字金融交易以云计算和大数据为支撑，通过中间层应用程序接口和即时连接，以移动终端和App为媒介为客户提供个性化的金融产品和服务。在这种情况下，银行已不再是操控者，而是充当金融工具的"装配工"，从各种各样的金融组件中选择适合客户的产品和服务以满足客户的个性化需求。

新一代金融服务架构以云计算和大数据为支撑，云计算可使用户在任何时间任何地点获得金融产品和服务，服务提供商也可以轻松实现集中统一管理；而大数据的应用，有助于金融提供商搜集并分析用户行为数据，并为其提供完善的点对点金融服务，满足其多样化的服务需求。

在互联网时代下，随着人们生活和工作的步伐加快，在合适的时机为客户提供合适的产品就显得尤为重要。新一代金融服务架构结合大数据的分析结果，通过即插即用的应用程序接口和即时连接，可为客户提供动态服务，并驱动着金融服务实现创新突破。

移动终端和App一方面加强了服务使用者和提供者之间的联系，使服务免受地域限制，另一方面基于互联网的7×24小时服务，也使客户的服务体验获得大幅提升。

在新一代金融服务架构中，大数据、云计算、应用程序接口和App都成为价值交换体系中的一个功能组件，在这些组件的共同作用下，银行从传统的控制者转变为整合者，成为用户在价值交换过程中值得信任的信用保障。

云模式下也将出现新的安全问题，如果云服务器或者存储系统被攻击，轻则影响服务，重则严重破坏用户数据或者出现大规模的数据泄露，加强云服务的安全防护是未来的重要工作。

5G时代，用户与银行的交互将出现全新的模式，甚至可能不再需要App这样的产品形态和服务模式，所有的用户界面都可以基于"浏览器+云处理"完成，在新的身份识别技术能够安全识别用户身份的前提下，非App解决方案，可能会更加方便用户使用各种金融服务。在5G高速数据交换技术的支持下，所有的事务处理全部由云端完成，终端只是显示界面及信息采集，这个模式将大大降低终端的技术复杂度，提高处理效率和处理能力，彻底消除终端病毒，是一个很有潜力的技术路线。

如果所有的业务处理都放在云端，显然，用户就可以随便调用整个网络的各种服务能力，而无须逐一下载各种应用，低频应用也不需要占用用户终端存储及运算资源。

第三节　数字金融交易平台风险及数字货币支付应用风险

基于区块链的数字货币出现的风险问题很多，相对来说，交易平台出现的问题最大：一是平台跑路，二是平台管理的数字资产被盗。用户必须通过数字货币交易平台进行交易，其将数字资产资料登记在交易平台上完成交易，这就带来了资产被盗的风险。

数字货币转账支付也面临着风险，例如大算力攻击风险，让本来已经完成的支付交易变成无效链被废除，但已经支付的购买款却无法追回，比特黄金就是在犯罪分子利用双花攻击配合大算力措施的情况下，被成功盗取了数千万美元。

从贸易流程来看，支付宝具有资金托管功能，从而解决了买卖双方的交易信任难题，而数字货币却不具备这样的能力，如果通过第三方平台进行托管，风险就很高。购买方如果必须将自己的数字货币托管给第三方平台，并且在收到货款之后，由第三方平台转账给卖家，那么在这个流程中，数字货币的安全性就完全取决于第三方平台的安全性，数字资产可能被平台内部盗窃，也可能由于平台被攻击，从而给数字资产带来严重的安全隐患，因为这样的托管交易，不是通过区块链进行的。

如果用智能合约进行资金托管，到期进行支付结算，也存在一系列问题：一是代码必须完全可靠；二是执行环境要可靠；三是如果贸易在特殊情况下发生了纠纷，如何解决支付撤销的问题。支付宝的资金托管平台，如果出现了贸易纠纷，双方可以自行协商退货退款，支付宝平台将根据双方新的约定完成退费，若双方无法达成一致意见，则由支付宝或者淘宝服务人员介入双方的贸易争议，进行相应的处理。

智能合约如果设计完善，的确可以实现双方协商一致进行退款（解除冻结或者停止执行后续支付）的结果，当然，这个操作成功的前提是基于区块链的数字货币具有冻结资金的功能。如果双方无法协商一致，也没有"第三方裁决机构"出来解决双方的贸易争议，那么结果就可能是，智能合约如期执行划款支付，或者长久进行资金冻结。

智能合约毕竟只是一些固定代码，不可能预见所有的可能性，不可能实现将所有的可能性都写入合约代码中，也就不可能替代纠纷仲裁机构的角色。因此，智能合约只能适用一些比较简单的交易场景，比如定期的账单、公用事业缴费等，对于贸易支付来说，智能合约未必是合适的。

在真实的贸易纠纷中，双方协商很可能出现的结果是部分付款，即双方各自承担一些损失，如果用数字货币进行支付，并不很方便，也很容易出现结算违约问题，而在支付宝的结算环境下，实现这样的操作是很方便的。

第四节　区块链用户身份识别难题及解决方案

区块链技术的核心是基于分布式克隆账本的共同管理机制，也就是每个成员都参与数据管理，但最大的问题在于，成员的真实身份无法确认。目前，唯一的办法是将密钥作为身份认证的唯一依据，但无论是保管密钥还是使用密钥，都面临着丢失、被盗等一系列问题和风险。从用户角度看，他和密钥之间隔着一重关系，这个关系可能断裂，比如，密钥存储在 U 盘上，但 U 盘可能损坏或者丢失；从系统角度看，密钥就代表着用户，系统无法确认密钥后面的用户是真实的还是虚拟的。

因此，如果能够解决用户身份认证的问题，对区块链系统的安全性、可靠性、可用性将有巨大的帮助。

解决链上用户身份认证的方案之一是利用硬件，类似发行区块链 U 盾，那么，U 盾就代表了用户，也就不存在大量的虚拟用户的问题了。因为发放 U 盾的时候，有完备的用户身份核验流程，用户通过互联网匿名注册并不能获得 U 盾，虽然这样的流程大大加重了用户负担，但从金融安全的角度来看，这个代价是值得的，特别是联盟链，联盟成员使用 U 盾认证自己的身份，要比数字密钥安全很多，而且 U 盾可以和密钥配合使用，进一步加大安全性。从理论上来说，除开发 U 盾的机构知道用户真实身份，其他人并不知道，因此，U 盾也是一定意义上的"匿名"模式。

为了简化用户注册流程，取消 U 盾发放环节，可绑定用户某个设备作为用户的唯一身份标识，比如手机 SIM 卡以及相应的设备指纹，或者是电脑的设备指纹，作为用户注册的"硬件标识"。这样的好处是，设备是唯一的，用户也就是唯一的，与完全不依赖硬件相比，密钥安全性要好很多，至少可以通过密钥和设备指纹两个因子来验证用户身份。当然，设备并不代表用户，恶意用户可能申请大量的手机 SIM 卡办理注册，或者控制大量的电脑作为"肉鸡"申请注册。

总之，完全通过数字方式注册就可以获得"身份"的方式，安全性最低，设立各种门槛，在用户注册的时候增加身份核验，甚至增加用户使用区块链时候的身份核验，是让用户身份可信的有效方式。

还有一种另类的方法，是"身份推荐制"。平台最开始只有一个极小的核心用户群（或者只有一个人作为起点），每个用户都必须是由可信用户推荐的，由推荐人担保，这样的方法，可以避免利用硬件识别身份，但是如果其中某个推荐人作弊，仍然可能出现大量虚假用户，所以必须对推荐人有一定的制约手段，还要有抽检手段，限制单一用户推荐其他用户的数量，这样才可以降低虚假用户的比例，或建立"连坐惩罚制度"，如果发现一个用户有作弊嫌疑，那么他推荐的所有用户都将受到影响，至少不能参与任何表决和管理活动。

行为特征采集也是一个比较好的用户身份验证方案，用户必须先预注册，然后由安装的 App 采集个人行为信息，经过一段时间之后，用户才能够获得正式身份。在这个方案中，虚假账户无法模拟人的各种行为信息，包括出行、交易、交流等，App 获得的信息可以包括定位、轨迹、行动速度、交易内容、聊天对象、设备内动态信息等，这样一来，可以遏制虚假账户的产生，但牺牲了一定的时间。预注册的用户，也可以享受部分区块链的应用功能，但不能进行实质性的交易活动，只有安全通过注册审核之后，才能够成为正式注册用户。

目前，身份识别可以利用头像、声纹、指纹和活体指纹、瞳孔等各种技术，但将这些身份识别技术和区块链体系建立便捷和有效的联系，并且确保身份数据不被窃取和伪造，是非常复杂的课题。

在未来的信息化世界里，所有的人和企业都将有各种各样的身份，包括在网站、App 里注册的身份，由于这些虚拟身份无法和真正的人、企业保持严格的对应关系，所以就带来了很多弊端和风险，必须建立数字空间可信用户身份体系，以确保新一代互联网体系内的数字世界是可信的、安全的，同时，要有保护用户隐私的手段。

第五节 区块链信息污染难题及解决方案思考

作为数字的"保险柜"，区块链能够确保数据具有不可篡改性，但这也带来了新的问题，就是信息污染问题。在全球公链上，据统计有10%的信息携带了不良内容，而且这一数量还在不断增长，这些信息包括儿童色情、毒品、枪支、非法博彩、反政府等危害社会安全的内容，防范信息污染已经成为全球性难题。

通过信息过滤显然是很难解决问题的，很多不良信息，在区块链上只是一条链接，链接的网址可能是有害的，也可能是无害的，网址上的内容是可以改变的，因此，无法通过信息过滤或者链接追溯确保上链的信息无害。利用拼音、外文等方式置入非法信息，更加难以将有害信息过滤出来。

信息污染难以处理的本质是数据的不可篡改性，一旦某个区块上有有害信息，就无法将其从链中屏蔽或者删除掉，不管是修改还是删除，都会改变链接规则。通过双链机制可以解决这个难题，每个区块都是双胞胎，不过有一点区别是，一个是原始区块，而另外一个区块的文字内容是空白的，但两个区块的交易数据是相同的。也就是说，生成区块的时候会同时生成两个区块，一个是原始的区块，另外一个是干净的区块，两个区块同步链接，并进行交叉串联，这样一来就增加了近一倍的存储空间，如果某个区块出现有害信息，则可以将其修改或者打上标记，之后再访问的时候，只访问备份区块，由于备份区块是同步建立的，符合区块间的链接规则，而且是"干净"的，这样就能够有效隔离有害信息了。

虽然这个方法浪费了一倍的空间，但从信息管理的角度来看，付出这个代价是值得的。尤其是数字金融领域的区块链系统，主要是用于处理各类数字资产或者数字货币的交易，文字信息多是备注性质，是可以被删除或者修改的，并且能确保交易数据不被修改。

上述方案带来的一个新的问题是谁来定义某个区块的内容"有害"？通过表决机制还是通过管理系统？对联盟链来说，这个问题比较容易解决，对公链来说则比较困难，当然也可以采取表决机制，只是这样的表决机制需要考虑更多的因素。还有一个问题是，对有害信息是清除还是屏蔽，一旦大家一致决定处理某个携带有害信息的区块，那么是留有痕迹还是彻底删除，标识"有害"的标签如何设计，这些都需要更进一步的研究，并根据具体的应用场景选择具体的方法。当然，这些问题和处理有害信息的难度比较起来，还是小问题，解决难度也没有那么大。

第六节　本章小结

区块链是一项革命性的新技术，虽然它每一个局部都不是全新的技术，但组合起来，在数字世界中却建立了一个崭新的数据保护规则，通过牺牲通信流量、存储空间及算力实现了对数据的"共同治理"，当群体联合管理数据的时候，能够在极大的程度上保证虚拟空间数据的不可篡改性。随着全球互联网的发展，信息在全球范围内传播的速度不断加快，加上存储成本的大幅度下降，原来认为不可能的、低效率的、浪费空间的、浪费能源的不可行方案，变得可行了。自有互联网以来，数字世界里的垃圾信息泛滥，严重影响了互联网的使用，影响了交易和支付便利的实现。通过互联网，信息能够穿透国界，但金融和交易仍然无法穿透国界，其原因就是互联网的不可靠性。

区块链实现了全球信息穿透并且可信，也就实现了金融的穿透和可信，共识分布式克隆账本彻底解决了全球范围内的支付结算问题，对全球贸易是革命性的影响。

利用区块链技术管理数字资产，能够有效避免内部和外部攻击等影响数据安全的问题。

由于区块链承载了大量的资产，所以其也被犯罪分子盯上了。区块链自身还不够成熟，同时区块链技术与外界仍然有各种"开放式"接口，这些接口本身就存在安全漏洞，从区块链底层，到应用，再到交易平台，存在各种安全隐患。此外，互联网上还有很多虚假的用户身份，区块链体系中有大量有害信息，所有这些问题都给区块链的发展带来了负面的影响。

随着技术的进步、法律的完善，区块链的安全性问题能够得到更好的解决，其也将在各行各业发挥巨大的作用，在不可信的网络数字空间里构建一个全新的可信的数字世界。

第六章

银行账户安全及反电信诈骗方案

第一节　电子支付面临新的安全问题及对策

一、电子支付安全问题概述

传统的电子支付，面临着盗刷、窃取信息等安全问题。网银支付使用U盾，仍然不能完全解决支付风险问题；移动支付的普及，让犯罪分子更加有机会盗刷，而且还出现了否认本人支付的道德风险问题；ATM转账和取款，也面临着被骗、被抢、被劫持等风险；新型POS机在传统POS机上增加扫码支付、非接触支付功能，产生了新的安全问题；随着微信转账的兴起，个人间点对点转账更加方便，但也增加了转账风险；以二维码为载体的资金收付方法，很难避免支付风险，刷脸支付、声纹支付、指纹支付等都存在着安全漏洞和道德风险漏洞。

在无卡支付的时代，人们保护账户资金安全的手段是非常有限的，而犯罪分子可以采用的盗窃和诈骗手段却层出不穷，一旦发生资金损失事件，资金去向难以追查，因此，必须研究和设计新的解决支付安全问题的方案。

二、网银支付的安全问题及对策

网银支付主要是通过电脑在线完成的支付，大致分为三种形式：第一种是基于U盾的支付，占主流地位；第二种是信用卡的网上支付，国外网站使用较多，国内网站基本上禁止使用；第三种是通过网页扫码支付、动态验证码支付等，在网页上弹出支付页面，要求用户进行多因子认证或者通过手机扫码完成支付。

U盾支付最大的风险来自钓鱼网站，常见的有两种钓鱼方法：一种是虚假网站钓鱼法，另一种是订单切换法。

第一种是虚假网站。很多网站本身就是诈骗网站或者非法交易网站，这类网站冒充正规交易平台，收到钱不发货，到一定时机就跑路。这种情况主要通过要求银行及第三方支付不得给非法网站提供支付通道来解决。

互联网上始终有网站打着合法交易平台的旗号获取支付通道，并且进行圈钱交易。针对这样的交易平台，银行或者支付公司通常采取抽查等方式进行检查，或通过大数据技术对海量交易数据进行分析，发现异常交易网站。

当然，如果有用户投诉资金损失，根据银行对账单很快就能查到商户的交易平台编号并终止其收款能力，冻结其收款账号。用户资金受骗，很少有用户投诉，即使投诉，有些用户也并不清楚为他提供支付服务的是哪家企业，是哪家银行，或者是第三方支付公司，甚至是第四方支付公司提供了支付通道，因为很多支付通道和银行卡的发卡行并没有关联，因此，很难快速终止这样的商户的收款通道。

还有非法交易网站的问题，比如境外赌博网站、涉黄涉毒网站等，所有这些网站都会通过层层包装后，以合法商户的身份获得在线收款通道（对业内来说，就是用户支付通道，简称支付通道）。中国有数十家支付公司有互联网第三方支付牌照，此外还有银行开通的网上银行及手机客户端支付通道等，所有这些支付通道都有可能被非法网站用来进行非法交易的在线支付结算。

以联动优势科技有限公司为例，支付平台开展风险控制可以进行业务抽查，模拟进行几笔交易，然后判断该平台是否在做合法业务，这个方法有一定效果，但也存在困难：一是抽查工作需要定期经常性开展；二是商户太多，很难全面覆盖；三是商户经常多层嵌套，一级级关联进行代收款，很难实现穿透检查；四是很多商户将合法业务和非法业务混合在一起运行，而且只有会员（很多都是经过筛选的）才能够看到非法业务，这样交易抽查法就不容易发现问题；五是很多商户的会员使用了非法赌博一类的网站服务，自身也想掩盖这样的操作，不会主动举报，也会影响检查效果。

第二种是订单替换式钓鱼网站。用户通过网银支付，但资金并没有转到他下了订单的商户手里，而是转给了其他无法追查或者是陌生的商户账户，钓鱼者对用户的支付订单进行了切换，使资金流转向。

用户在进行网银支付的时候，订单跳转为网银页面，网银页面上只有需要支付的金额信息，通常没有需要支付的订单信息或者商户信息，因此用户无法判断订单是否已经被调包，只有在支付完成后用户才会发现资金并未进入他下订单的网站。即使显示了商户信息，用户也很容易忽略，也很难判断商户名字是否正确，但订单信息是不会出现的，用户习惯了直接进行支付操作。

犯罪分子将在其他网站生成的相同价格的订单替代用户原来的订单，用户替他支付后，犯罪分子立即在网络上将买到的商品（通常是数字商品）转售变现。这样一来，用户虽然能发现资金丢失，并查到实际去向，但也无法向收取该笔资金的网站追讨，因为从收到该笔资金的网站角度来看，它也是完成了一笔合法订单的交易，没有法律上的责任，属于不知情的第三者，因此，很难追回被钓鱼订单钓走的资金。为了快速转卖，这样的钓鱼订单一般选择数字商品，如各种充值卡、缴费卡等，在网络上几秒钟内就可以转卖成功，将资金洗走。

钓鱼网站依赖技术进行诈骗，其利用了银行的支付界面没有有效订单信息提示的漏洞。也就是说，在金融机构和商家之间的接口参数上，银行没有要求商家将更详细的交易信息发送给银行，因此，银行提示给用户的支付订单信息不完整，导致用户容易被钓鱼订单钓走资金。

笔者建议监管部门修改相关规则，要求支付机构必须让用户确认其支付的订单的详细信息，包括订单商户、支付的商品情况，这样就可以给用户多一次安全提醒。

对非法交易网站和诈骗的监管非常困难，很多网站设置在境外，或者通过虚假商品作为伪装将非法订单表面合法化。监管机构只能重点约束负责支付的机构，要求支付机构对服务对象进行严格控制和管理。近几年来，随着大数据分析能力的加强及管理体系的完善，非法网站支付已经大大减少，但仍然没有根除，特别是数字商品的购买，非法商品（如毒品等）包装成数字商品支付，如果没有人举报，监管机构是很难发现的。

U盾支付的另外一个安全问题，就是技术安全。早期的U盾安全性并不高，主要原因是其不含CPU计算单元，依赖计算机进行加密运算的处理方法是有安全隐患的，后经过几代升级改造，逐步克服了这一难题，不仅仅有了计算能力，能完成加密解密的运算，还有的加上了电子口令卡功能、有了显示屏和按键等。总体来说，硬件的安全控制效果要高于通过软件进行安全控制的效果。

在国外网站上，购物可以使用信用卡，不需要U盾，甚至连密码都不需要，这样的交易是基于国外信用卡的信用风险控制机制以及其对互联网商户的管理机制进行的。一是国外网站很多交易都是可以追踪的，也就是商户端的安全可控，很多开通信用卡便捷支付的网站都是类似亚马逊、Facebook 这样的大型网站或者学术网站；二是外国有很好的大数据风控能力，能对每笔交易进行风险识别；三是盗刷之后变现很难，国外的电商网站转售数字商品没有国内那么方便，同时外国的违法成本很高也是一个对风控极其有利的因素；四是 PayPal 之类的支付网站的注册要求很高，风控能力也相当强；五是外国的信用卡支付有很好的赔付机制，持卡人若被盗刷只要及时发现并申诉，可以获得发卡银行赔付，对持卡人来说风险不大。显然，在国内推广这样的信用卡便捷支付模式的时机还不成熟，当然，国外目前也在向"信用卡+密码"的支付方向转移，可以进一步降低支付风险。国外信用卡刷卡手续费要高于国内很多，可能也是为了弥补潜在的盗刷风险损失。

移动支付由于更高的方便性，越来越普及，相对而言，通过 U 盾进行网络支付的不方便性越来越明显。网络支付结合了移动支付功能成为一种新的支付方式，一般是电脑弹出支付二维码（支付订单），用户通过微信、支付宝或者银行 App 扫码完成该笔订单支付，这方面的安全问题，放在扫码支付的章节中加以分析。在这个网络支付模式下，钓鱼、非法交易的问题依然存在，并且如果电脑中了病毒，钓鱼就更加方便了，只要弹出一个虚假的收款二维码就可以骗取用户的支付款项。

目前，网银支付在向无 U 盾的趋势发展，很多银行的支付网银都在学习支付宝，直接完成在线支付，这实际上增加了资金安全风险。虽然 PayPal 一开始就是无 U 盾支付，但毕竟它具备比较完善的风险控制体系。将手机作为网银支付确认的第二个要素是个很好的方法，不仅免去了使用 U 盾的麻烦，新增加的手机验证操作也很简单便捷，其安全系数虽然低于 U 盾，但比纯密码支付要高很多，比 PayPal 支付也要高很多。[①]

从监管角度来看，非法商户的注册应当受到限制。目前注册公司非常方便，但也带来了风险隐患，很多非法业务借合法公司的身份来掩护，监管机构要求支付公司核验其业务的合法性，天生就存在一定的困难和矛盾。很多时候，犯罪分子冒用他人身份注册公司，违规开展业务然后跑路失联，更增加了非法交易的风险。

---

① 方亚南. 无线支付感知风险及安全支付方法的研究 [D]. 西安：西安交通大学，2005.

三、移动支付安全问题及对策

（一）移动支付安全性分析

前文中已提到，最早的移动支付开始于 2000 年初的短信支付，该方案是将手机与后台储值账户绑定，安全性较高，这主要是由于当时还没有出现智能手机，手机短信也不能被盗取和模拟发送。现在的手机基本上都是智能手机，手机短信比较容易被截取甚至模拟，且手机缺少像 U 盾那样的硬件安全机制，手机木马病毒也很泛滥，而移动支付占社会零售额的 90% 以上，犯罪分子盗刷的机会非常多，因此，移动支付的安全问题已经成为一个很大的社会问题。除了资金安全，移动支付的信息安全问题也非常突出。

这里讲的移动支付，主要是通过手机或者平板电脑等进行的支付，不包括移动 POS 支付。为了讨论方便，这里统一以手机为例进行分析。移动支付的安全根源有三个大的方面：

第一，移动终端和无线网络存在安全隐患。移动终端的不安全因素主要表现为用户身份被盗，账户信息泄露和认证密钥丢失或被盗，移动设备被黑客攻击和数据破坏，SIM 卡被复制、终止功能或者被替换，射频识别技术密钥被解密等。无线网络本身就存在安全漏洞，开放的无线接口使移动设备互联十分简便，任何适当的移动终端设备都能接入网络，黑客或者犯罪分子可以侦听、窃取无线信道中传输的信息。

第二，移动支付信息传递的复杂性带来安全隐患。移动支付的跨行业特征明显，产业链上的通信运营商、金融支付机构、银行、电子商务平台等主要参与方需要协作配合才能成功开展支付活动。整个支付过程融合了通信、金融、互联网等相关技术，支付指令由消费者（或者终端）发起后，支付机构进行信息检验并发送请求给银行，由银行执行支付操作，商家对支付结果进行确认，最后反馈交易结果信息，完成交易。整个支付过程中，支付及交易信息在不同机构的多个环节里传递，信息安全隐患很大。

第三，移动设备实名制没有得到很好的落实。移动支付设备是支付的核心工具，设备的身份识别影响支付安全，但目前移动设备实名制没有得到很好的落实，因此很容易被犯罪分子钻空子。完成金融犯罪后，设备可能被丢弃，就无法追踪犯罪分子。

移动支付安全的解决方案主要包括设备身份确定、支付者身份确定、交易限额控制、手机防病毒、多因素信息验证、大数据分析风控等。下面给予分析说明。

（二）确定设备身份的移动支付安全方案

在移动支付的时候，首先要确认支付者使用的设备身份，设备身份又分为两个层面：手机、SIM 卡。

1. 设备指纹

很多时候，支付机构通过手机确认用户身份，即通过设备指纹确认是否是用户经常使用的设备。设备指纹包括手机内部的各种软件硬件参数、状态、操作系统数据等，每个设备的设备指纹是唯一的（至少手机 SIM 卡、手机内很多芯片的序列号等都是唯一的），因此，用户若更换手机进行支付，支付后台能快速判断是否出现了设备更换的情况。比如，用户用另外一部手机上的 App 或者微信进行支付，即使 App 或者微信验证通过，支付机构仍然会对用户进行风险提示，即使用户将 SIM 卡插到别的手机上，由于设备指纹信息还关联了手机内部其他硬件的信息，支付机构仍然可以识别用户使用了另外一部手机。

设备指纹能够在很大程度上防范假 App 或者非用户本人手机（即使手机号是一个）盗刷用户资金。但这个方案仍然存在不少缺点，首先就是设备指纹难以获取；其次，不同的支付机构之间信息不共享，设备指纹的参数也没有统一的标准，导致各个支付机构各自建立自己的"非标设备指纹数据库"，这就影响了该技术的普遍采用和推广。

另外，盗用他人身份支付，甚至长期冒用他人身份进行交易的问题，是无法通过设备指纹解决的。同时，还有道德否认风险，若操作者本人否认是自己操作，说手机丢失或者被别人偷偷用来交易而使资金丢失，也很难通过设备指纹方案来解决。因此，设备身份的第二个核心要素就发挥作用了，就是利用 SIM 卡的唯一性。

2. SIM 卡安全

SIM 卡身份验证利用的是硬件的唯一性，同时 SIM 卡和手机号码紧密关联，而手机号码是用户在银行开户的时候必须填写的一项参数，这样一来，支付者必须使用在银行开户时登记的手机进行账户操作，也就大大提升了账户被"盗刷"的难度。除非犯罪者盗取用户手机 SIM 卡，否则，他不能对账户进行任何操作。当然，利用移动通信系统的"远程换卡功能"，可以将手机号码绑定到另外一个 SIM 卡上，这也是一个安全漏洞。

基于 SIM 卡支付的典型流程是获得动态验证码，用户在进行支付的时候，支付机构将向和银行账户绑定的手机号码发送一条验证短信（这条短信通常被称为动态验证消息），用户通过手机 App 或者电脑网页，回复这个验证码，就可以确认是该用户的手机（注意，不一定是用户本人，而只是该手机）同意进行这笔支付。其基本的安全原理是，只有该手机号码能够接收到这条验证短信，而且收到的回复信息也是由该手机号码在限定的时间内发出来的（通常该限定时间为一分钟或者一分半钟，不会太长，提高安全性），后台验证一致之后，放行该笔支付交易。这个方案仍然有漏洞，下面加以说明：

第一个漏洞是用户更换手机号码。很多用户更换手机号码之后，并没有到银行或者相关机构完成信息更新，以该手机号码为"核心索引"关联的各种应用没有取消，导致后面使用这个手机号码的人就轻松获得了原主人的各种特权。按照电信运营的规则，由于号码资源紧张，手机号码注销半年后，即可将该号码发放给新用户使用，这样一来，就容易出现前人帮后人自动支付电话费、电费等情况，这正是因为前面的号码使用者捆绑了基于手机号码的自动缴费功能，放弃该号码后却没有注销该绑定关系而导致的结果。

就用户自行放弃手机号、更换手机号却没有及时通知金融机构更新信息所带来的损失来说，金融机构虽然表面上看没有责任，但实际上还是没有尽到安全防护的义务。由于手机号要封存至少六个月才再次发放，银行若发现该手机用户连续六个月没有操作，突然发起交易，就应当进行其他维度的用户身份信息验证，以防止出现账户安全问题。如果电信运营商更改政策，缩短到三个月就再次放号，那么，银行的风险检查时间阈值也应当缩短到三个月，即连续三个月未使用的手机号码突然进行账户操作（这里的操作不仅仅限于支付，可能是更改密码、查询余额等），就需要启动其他要素验证用户身份。

建立电信运营商与金融机构的联动机制，能够大大降低这样的风险。只要用户更换或者放弃手机号（申请停用），电信运营商就发布信息通知金融机构，所有的金融机构同步对该号码涉及的各种金融账户进行锁定，就大大降低用户更新信息的麻烦。实际上，用户也很难在短时间内取消所有的信息关联，因此，这一类的安全问题始终存在。

第二个漏洞是 SIM 卡"被劫持"。2017 年，电信运营商推出了一项便民服务，打破了上述基于 SIM 卡的安全屏障，该服务就是"空中换卡"业务，用户可以通过手机发送信息更换 SIM 卡，这给犯罪分子提供了可乘之机。犯罪分子通过各种方式在获取足够的"通过移动的网上营业厅空中换卡验证条件"的信息后，通过远程（空中）操作换卡，就可终止用户的 SIM 卡，而其号码则在犯罪分子手中使用，被绑定到了另外一个 SIM 卡上，犯罪分子在很短的时间里，就可以操作用户的账户盗取资金，银行只根据电话号码验证用户，但所有的支付验证确认信息都发送到了诈骗分子手中的 SIM 卡上。后来，该项"空中换卡"业务被叫停。

基于 SIM 卡的安全操作，能够降低否认自己进行了支付操作的道德风险，因为至少有合法可信的证据证明是用户自己的手机 SIM 卡发出的支付指令，用户否认是自己操作的难度加大，而且即使否认操作，也很难免除风险责任。如果用户能够证明交易操作时，手机的确不在本人手中，那么交易责任由当时的手机（SIM 卡）持有人承担，这对银行来说是无须关注的，如果出现了风险问题，用户可自行向当时持有他手机的人索赔。

某种意义上讲，SIM 卡成为了一个简单的 U 盾，虽然简单，但由于具有唯一性，在保障支付安全方面有着很重要的意义。

排除移动通信公司的"换卡"风险是很重要的，因为这里的风险控制原理是 SIM 卡与手机号码二合一紧密关联，这个绑定关系不能轻易解除。

第三个漏洞是动态验证码安全。如果是通过手机回复动态验证码，这个回复可能是由木马发出的，而不是由机主本人发出的；如果是通过电脑回复验证码，则更可能是验证码被泄露造成的。目前已经有很多验证码被木马病毒盗取或者通过基站的无线信号窃取的案例，为了解决这个问题，人们又提出了语音验证码的方法，也就是说，通过拨打用户电话，确认用户 SIM 卡号（因为拨出的电话只能绑定正确号码的 SIM 卡才能够接收到），再由用户回复验证码，这样就避免了木马窃取短信内容。但语音验证码仍然不能完全解决问题。有一些很奇特的金融诈骗案例，诈骗分子打电话给机主，编了一套说辞，机主就把验证码告诉了诈骗分子，从而导致账户资金被盗。因此，通过验证码验证 SIM 卡（手机号）的方法，并不能完全解决支付设备身份确认的问题。

基于 SIM 卡的安全支付无法消除木马病毒的支付风险，因为，驻留在手机内的木马，除了偷验证码外，还可以直接发出盗刷支付指令。在支付机构看来，这的确是该手机号发出的，而且手机设备指纹也被检验了，的确是用户常用的手机，后台系统无法根据 SIM 卡或者手机设备指纹来判断是用户本人支付还是木马在假冒支付，因此，就引出了新的支付安全方案——认证支付者本人身份的安全策略。

（三）验证支付者本人身份的移动支付安全方案

目前的智能手机，能够很方便地采集个人的信息，包括指纹、声音、图像等，而人工智能技术已经能够很便捷地进行判断，包括人脸识别、指纹识别、语音识别和声纹识别，为通过手机远程验证操作者本人身份打下了良好的基础。移动支付时，不仅要验证用户手机和 SIM 卡（手机号），还要验证用户指纹或者照片，进行"指纹支付""手机刷脸支付""语音支付"等。

如果将手机识别、SIM 卡识别与用户个人身份识别进行捆绑，支付的安全系数将会比较高。

身份识别面临的难题有，指纹是固定数据，容易被窃取；刷脸支付的准确率也只有95%~98%，很难100%识别；而语音、声纹受环境噪声影响比较大。在支付领域，如果不能实现100%识别，那么就不能满足高安全性和高可用性要求。

以刷脸支付为例，如果出于某种原因（比如生病、剪发、烫发、脸部受伤等）无法刷脸通过，则无法完成必须的支付。另外，支付否认的道德风险依然存在，如用户脸部图片，并不能证明用户是为了支付才拍的，也许是在别的场景拍的照片。中国人民银行也明确表态，身份确认不代表支付确认，如果出现了否认支付的情形，从法律上是很难保障支付机构的权益的。刷脸支付被第三方恶意利用的情况已经出现，一是通过手机扫描睡着的人完成刷脸支付，二是通过望远（甚至在几百米外）镜头拍摄人脸进行刷脸支付，三是通过 3D 打印胶皮人脸进行刷脸支付，所有这些，都是潜在的风险点。

因此，目前的个人身份识别支付主要还是用于小额低风险支付，或者是作为支付风险控制的要素来使用，如"刷脸+密码"组合完成大额支付等。

（四）移动支付的交易确认和拒绝服务难题

按照中国人民银行的规定，"身份验证不等于支付确认"。也就是说，即使验证了操作者身份，并不等于能够证明是用户确认了某笔支付交易。对密码支付交易来说，不存在这个问题，只要输入了支付密码就表示是本人确认交易，法律上是完全认可的，除非用户能证明密码是从其他（银行）途径泄露的，显然这是很难做到的。对指纹、刷脸支付方式来说，支付确认方式很难得到法律的支持，很容易被用户否认。关于声纹识别方式，如果用户通过语音表达了同意支付的内容，或者按照要求用语音进行"验证码"朗读回复，可以确认为是本人同意交易，若只是录到了用户的声音，而用户语音的内容和该笔支付业务无明确关联，则不能证明是用户本人同意该笔支付。

清华大学人工智能研究院语音及语言研究中心的研究成果显示，目前的声纹识别率已经达到99.7%以上，训练一个人的声纹样本只需要10秒左右的本人声音。识别软件不仅能够区分是本人原声还是通过录音再放，还能够进行感冒咳嗽状态下的声纹识别，抗环境噪声的能力能够达到80分贝以上。因此，声纹用于操作者身份识别是一个很好的解决方案。当然，这需要用户用语言明确表达自己对该笔交易的支付意愿。由于声纹信息也属于个人隐私，所以需要确保后台用户声纹数据库的数据安全，防止不法分子从系统后台窃取用户声纹特征数据而加以利用。声纹验证环节也需要确保软件执行正确，否则，虚假的验证结果可能误导支付系统操作，而虚假验证结果的产生，则可能是由于内部的软件开发人员作弊或者是软件缺陷。

在交易现场，确认支付意愿的办法是用户完成验证并支付后，用签字笔在支付单据上签字，彻底消除否认交易的风险；如果是远程支付，按照中国人民银行的要求，需要用多要素验证并完成支付确认，这样将增加用户的操作复杂度。

移动支付碰到的另外一个麻烦就是"拒绝服务"。采用生物特征识别的方法，很多时候因为特殊原因无法验证通过，用户体验也极差，比如光线很暗的时候进行刷脸支付、周边噪声太大的时候进行语音支付、手指受伤或者指纹传感器失效的时候指纹支付，都会产生合法交易被拒绝的麻烦。在这种情况下，若设计其他变通方式，又会担心被黑客利用。因此，如何既能够防范非法盗刷，验明用户身份，又能够防止合法交易被拒绝，是一个值得所有支付机构认真思考的问题。

以门锁为例，用指纹或者刷脸的方式开锁，特殊条件下会无法打开，若采用其他简易开锁策略，犯罪分子就可以利用这个简易策略开门。很多服务如果不能达到100%的服务率，用户是无法忍受的，用普通的金属钥匙开门，虽然安全系数低，但服务率几乎是100%的，除非其严重磨损，或者锁头被恶意破坏，不过这种情形可以报警处理。但如果是因为刷脸开锁程序故障而无法进门，报警处理就显得过于浪费国家公共资源了。

支付业务同样如此，很多时候要求立即完成支付，否则会出现合同违约、急救用钱无法到账等各种严重问题。即使只有很低的概率被拒绝服务，也是难以忍受的，这也是生物特征识别难以解决的问题。有些机场现在已经具备了刷脸登机功能，当刷脸无法认证通过的时候，还可以用人工安检的办法解决，但移动支付很难实施人工核验，如果开展人工远程核验，不仅支付机构的成本会升高，而且远程核验的准确性也难以保证，又会出现新的风险。

（五）移动支付的法律问题

目前的移动支付，不管是支付宝、微信支付还是其他第三方支付，都采用了"快捷支付"的模式。该模式是在 2004 年由北京的联动优势公司开始设计并试点的，其核心操作流程，是将手机号和银行卡号（代表了银行账户）进行捆绑，用户通过手机发送支付指令，到支付确认的环节，用户输入支付机构发给的密码确认支付，而不是银行卡的密码来完成支付。这样一来，就降低了从支付机构泄露银行卡密码的风险，银行完全信任支付机构的支付指令。按照中国人民银行的要求，支付机构是不能保存用户的银行密码信息的。绑定的渠道有很多，包括电话银行、手机银行、网络银行、银行柜台，总之，尽量不走支付公司的渠道，因为绑定的时候是要验证用户的银行卡密码的。2020 年 Facebook 计划推出的数字货币 Libra 也是借鉴了这个模式，将脸书账户与用户的银行卡捆绑。

该模式的法律问题主要有：

无卡划扣的授权方式：早期的无卡支付，多是在银行卡上自动扣缴公用事业费，比如水、电、煤气费，后来扩展到电话费等。该业务需要用户到银行柜台办理，验证用户各种缴费资料和身份之后，书面签约，才能够定期自动划扣用户银行卡内的费用进行缴费，该指令通常是由公共事业单位每月定期发起，大大方便了用户缴费。

因此，用户只要控制了银行卡，保护好物理卡片，账户就是安全的，账户中的资金通常不会减少，唯一的减少机会是自动扣缴公共事业费。如果用户否认交易，觉得钱少了，银行会拿出公用事业单位的缴费清单和用户当初签署的同意自动划扣的协议让用户核实。其实，在这个时候，已经出现了一些账户资金安全漏洞，最典型的是公用事业单位（以电力为例）因为错账（计算错误，如表转过最大值之后）、计量差错（如表计量错误）、电表接错（接到别的户头）、用户被偷电（如电表被搭线）等，导致计费过高或者差错，这样的差错比例虽然不会很高，但由于用户总数很大，给用户带来的资金损失还是很大的。很多用户平时并不查看水电表，计费差几倍也未必能够及时发现，即使发现扣费异常，要追讨回来也非常麻烦，因此，"自动划扣"服务虽然看起来很好，但实际推广效果不好。

在移动支付早期，将手机号码和银行卡进行捆绑难度非常大，一是银行认为该项目风险大，第三方公司如果乱扣费，用户就会投诉银行；二是虽然要求用户到银行柜台书面授权实现捆绑，银行可以免责，但如果要求用户本人到柜台办理授权第三方支付的无卡扣费业务，这个业务的用户发展难度就相当大。

后来，银行逐步放宽要求，允许用户通过电话银行在验证银行卡密码后将其与手机号码捆绑，但限制自动扣费的范围和额度，再后来允许用户通过网银进行无卡支付授权，现在用户可以直接通过手机完成手机号码与银行卡的捆绑，利用第三方支付公司、手机银行或者电话银行的操作界面都可以实现非现场授权，银行最后的安全防线就是要求第三方支付公司无条件对自己发送的支付（扣款）指令承担全额赔付的责任。2011 年，中国人民银行制定了第三方支付机构的准入规则，明确企业可以申请第三方支付牌照。在这样的背景下，银行同意全面放开手机快捷支付业务，并降低用户绑定授权门槛，但依然要求第三方支付公司承担支付差错的风险。

本质上，用户利用第三方支付公司的密码替代银行卡的密码作为支付确认验证，是存在巨大的风险的，一是第三方支付公司内部安全体系可能出现问题，二是用户资金被盗刷变得更加容易，因为盗刷者很容易通过木马病毒偷取用户的支付密码，甚至可直接通过用户手机"偷偷"发送转账指令。很多用户至今仍然不愿意使用"手机快捷支付"，就是出于对账户安全的担忧。有些业务现在又推出了无密小额支付方式，比如美团、共享单车、滴滴打车等，用户甚至不需要输入支付公司的支付密码就可以完成支付扣费，也存在一定的安全隐患。

监管层为确保支付安全特别是快捷支付的安全采取了一系列措施，包括额度限制、扫码规范、主扫和被扫的规则差异要求等。从根本上来说，无卡始终存在较大的安全漏洞，并且由于没有书面签字确认，否认交易的道德风险始终存在。第三方支付公司为了更好地解决支付安全问题，也采取了一定的组合措施来解决支付安全问题。

（六）移动支付安全综合解决方案

在实际的业务管理中，对移动支付采取综合风控解决方案，除了前述的认证交易者身份和交易设备外，还包括采取额度控制、防杀病毒、多因子分析、大数据分析等手段。

在联动优势①的支付系统中，每笔支付都需要接受风险评估，根据风险评估得分（0~1000分）决定下一步的操作。对低风险的支付业务（风险评估得分低于一定值的交易）直接放行；对中等风险得分的支付业务，采取二次验证等办法进行交易处理；对高风险得分的支付业务（如评估分值大于300分）直接予以拒绝交易。

这里的风险评分涉及数百个风险指标，而且这些指标不是一成不变的，会根据具体情况进行动态调整。

典型的风险评分指标如下：

（1）交易时间：经过统计分析，后半夜是盗刷银行卡的高峰期，因此，不同交易时间的风险系数是不同的。

（2）交易位置：经过统计发现，部分手机的归属地区属于诈骗高发区。

（3）手机开户时间：诈骗分子不太会用长时间使用的手机作案。

（4）手机话费：诈骗分子的手机通话时间少，沟通方向少。

（5）交易金额：金额越大风险越高。

（6）交易频次和累计额度：短时间密集交易，或者短时间累计额度很大。

（7）设备指纹：识别用户更换手机。

（8）SIM卡号：识别和银行卡关联的手机是否在使用。

（9）银行卡开户信息：新卡和旧卡风险系数不同，和地区有关系。

（10）用户个人身份信息：年龄、地区、职业、信用等级等。

（11）用户历史交易数据：判断其交易行为习惯，一旦不符合，就是高风险交易。

（12）社交关系信息：这个是新的防范风险的重要参数，一般的诈骗分子的社交信息都很简单，很少有长时间联系的朋友。

（13）交易商户信息：不同商户的风险系数不同，数字商品商户的风险系数较高，主要是因为诈骗资金套现容易。

（14）交易商品信息：诈骗分子的钓鱼订单往往都是单一品种。

---

① 联动优势是一家第三方支付公司。

四、ATM 交易特定安全问题及对策

（一）ATM 交易的风险分析及对策

早期 ATM 的主要功能是现金取款，后来逐步增加了存款功能，再后来增加了转账功能、无卡提现功能等。交易额度也逐步提升，2015 年 3 月 ATM 取款单卡日累计额度提升到 2 万元。

2016 年 12 月 1 日起，ATM 转账 24 小时后到账，汇款人可以在 24 小时内无条件撤回转账交易。

2018 年初，交通银行首先推出 ATM 无卡提款业务。

就 ATM 来看，虽然通过其提款及转账越来越方便、操作模式日益多样，但风险也越来越高。

第一个问题是取款额度过高。ATM 机取款额度为 5000 元的时候，抢劫 ATM 取款人犯罪的行为还是比较少的，但额度提高到 2 万元之后，就有很多犯罪分子铤而走险，持刀抢劫，甚至伤害取款人。这个高额度的提现规则设计是有问题的，虽然现在物价有所上升，使用的资金量在上升，但实际上，电子支付已经占据了重要地位，现在纸币的日常使用量越来越少，从人们的金融财产安全角度来看，应该下调 ATM 取款额度。

第二个问题是无卡提款业务。这个业务虽然给人们带来了方便，但也同时出现了"无卡扣费"的问题。如果犯罪分子利用其中的漏洞，人们的资金则可能被通过 ATM 无卡取款给取走，因此，便捷的技术，往往带来新的风险。"无卡扣费"不仅出现在移动支付或者网络支付中，也会出现在 ATM 提款方式下，因此，必须解决无卡扣费的安全问题。这一点将在银行账户资金的安全问题及对策的章节里仔细讨论。

第三个问题是 24 小时内撤回汇款交易的问题，下面一节进行专题分析。

（二）ATM 可撤回交易的风险及对策

1. 问题分析

2016 年 12 月 1 日，根据《中国人民银行关于加强支付结算管理 防范电信网络新型违法犯罪有关事项的通知》（以下简称中国人民银行 261 号文）的规定，所有银行都实施了 ATM 汇款延时 24 小时到账的方案，在一定程度上有效防止了部分诈骗行为。汇款人发现被骗之后，可以在 24 小时内无条件撤回转

账，但这又带来了新的金融诈骗问题。

其发生的原因很清楚，当老百姓已经习惯了"支付即到账"这个基本的商业模式或者说当"支付后不可反悔、撤销"已经是社会公共常识，即使是多年之前的银行汇款，虽然需要很长的时间资金才能到达收款人账户，但也从来没有出现"汇款人可后悔""汇款可撤回"的情形，诈骗分子利用人们的习惯心理和新的规则进行各种诈骗，显然就很容易成功，这样的案例自新规则发布开始就不断发生。

举一个典型的案例，买方通过 ATM 给对方（卖方）汇款购货，并将 ATM 机打印的回条发给对方，对方（卖方）以为买方资金已经付款，发货给买方，然后买方撤销汇款，将资金收回，最后以各种理由拒绝支付货款。

为防止这类新型诈骗，保护人们的金融财产安全，有必要对中国人民银行 261 号文的规定进行修订完善，既要让被骗的人能够及时撤回汇款交易，又要防范上述新的诈骗手段，保护现有的社会金融交易习惯和社会认可的传统金融秩序。

针对上述骗案流程进行分析可以看出，汇款的"延时"到账不是诈骗问题出现的根源，汇款后的"可撤销"才是出现新型诈骗问题的原因，当大多数人还是觉得支付就表示"已付"时，很容易上当受骗，因为"支付＝已付"是人类社会一直以来的惯例，"支付可撤销"是对社会习惯和社会经济秩序的一种重大改变。这样的规定，虽然增加了对付款人的保护，却可能侵害收款人的正当权益。

2. 解决方案

仔细分析问题可以看出，"汇款延迟生效"和"汇款撤销"是两个不同的步骤，"延迟生效"或者叫"延迟到账"是为了让汇款人有个冷静期，很多诈骗就是利用人们"冲动""紧张"等短时间内发生的严重情绪障碍进行的，受害者冷静下来并受到家人或者环境的干扰，就可能从被骗的状态中清醒过来，进而在 24 小时内撤回汇款交易。从减少诈骗的角度看，只有延迟生效，才有"后悔"的机会，否则，款项到达诈骗分子账户后，诈骗分子可能会立即将钱转走或者消费掉，受害者就很难再追回被骗款项了。

受害者清醒过来之后，采取的行动是"撤回交易"或者叫"汇款撤销"，这看起来是很完美的思路，但诈骗分子针对它又设计出了新的诈骗手段。

能否仍然保持 24 小时后汇款延时生效这个规则，给受骗人留出清醒冷静的时间，只是在撤销汇款这个环节上防范和解决新的诈骗手段，并有效保护收款

人的权益呢？（建议读者在看后文之前，自己思考一下是否有解决方案）

这里需要用反向思维来考虑解决问题的方法，首先应明确撤销不能那么轻易进行，否则将违反社会形成的交易习惯，也就是说，如果不能确定是被骗，是不能撤回汇款交易的！其次需要确认汇款人是否被骗，一笔汇款交易，对手是诈骗分子还是正常的收款人，有什么简易的方法区分？如果的确是被骗交易，收款人是诈骗分子，则撤销汇款，将资金原路退回是很好的保护资金安全的方案。如果不是被骗，不管什么原因，都不应当允许汇款行为被撤销。换句话说，只要不是被骗，必须维护历史形成的交易习惯，没有任何其他理由能够撤回交易，保护收款人的权益。

判断是否被骗的依据是什么？如果收款人是诈骗分子，那么收款人的账户要么是诈骗分子开设的账户，要么是诈骗分子控制的他人账户（可能是买来的账户或者是盗用他人身份证开设的账户），如何判断收款人是诈骗分子而不是正常的收款人？最简单的依据是诈骗分子不敢露面！

这样一来，解决问题的思路就有了：

第一，如果付款人想撤销一笔汇款，就必须确定收款人是诈骗分子，如果不能确认则交易不可撤销，保护社会历来的习俗。为了撤销汇款交易，汇款人必须通过手机或者其他手段发出撤回汇款指令（相对来说，通过手机发指令比较容易）。

第二，为了保护收款人权益，如果他不同意撤销交易，汇款交易就不能撤销。因此，若汇款人发起撤销交易指令，收款人有权选择同意或者不同意。如果收款人选择同意退回，则汇款交易才能撤销成功。如果收款人不同意退回，则汇款交易必须执行完成。

第三，如果收款人是诈骗分子，他当然也会发指令不同意撤销汇款交易，那就达不到我们想要的结果。这里，就需要进行创新，如果收款人同意撤销汇款交易，则用捆绑了收款账户的手机发送同意撤销的指令即可。如果收款人不同意撤销汇款交易，则"他必须到任意一个银行柜台书面确定不同意撤销该笔汇款交易"，则汇款交易完成（不能撤销）。如果是一般性的交易汇款，收款人不同意撤销汇款，去银行确认也并不麻烦。但如果是诈骗分子或者和诈骗分子有关联的人，则不敢去柜台表示拒绝撤销汇款交易。这就是鉴别诈骗分子的有效方法，如果诈骗分子不去柜台填写拒绝撤销的单子，则汇款人在一定时间后（比如 24 小时）可以将汇款撤回。

银行可以在汇款人提出撤销交易后，立即发信息通知收款账户绑定的手机，如果他不同意撤销，需要在规定时间内到任意一个银行网点办理拒绝撤销汇款交易的手续。

如果某个诈骗分子真的去了柜台书面确认不同意撤销汇款交易，那么，即使资金顺利到达他的账户，他也很快就会被抓获！

就上述方案来看，其有效地保护了收款人权益，只要收款人敢于去柜台做个登记，汇款资金就将无条件到达其账户，也就维护了历史上形成的社会交易习惯。

具体的汇款撤销操作分为如下几种情况：

（1）若汇款方在 24 小时内不以任何方式提出撤销汇款，则正常汇款成功。若汇款方在汇款 24 小时内提出撤销（可以是电子或者柜台等方式）汇款交易，汇款人的开户行（或者汇出行，以下统称汇出行）将立即冻结该笔资金。

（2）若汇款人发起指令（电子或现场方式均可）要求撤销汇款，汇出行将发信息通知收款人，若收款人也同意撤销，需要收款方本人通过电子方式（注册收款账户使用的手机）发出指令同意撤销汇款交易并退回资金，汇出行即可立即将汇款资金按照原路退回汇款人账户。

（3）若汇款人发起指令（电子或现场方式均可）要求撤销汇款，汇出行将发信息通知收款人，收款方不同意撤销汇款交易，则需要收款方（收款账户户主本人）携带个人身份证件，在汇出款项的 7 天内，到柜台书面办理不同意撤销该笔汇款的手续，资金在手续办理完成后，即转入收款人账户。

（4）若汇款人发出撤销汇款指令，汇出行将发信息通知收款人，收款方不同意撤销汇款，但收款方因特殊原因不能及时赶到柜台办理不同意撤销汇款的手续，可以通过电子方式（收款人账户绑定的手机或者电话银行）要求将汇款资金冻结资金的时间延长，在延长时间内，收款方本人可以到柜台办理正式不同意撤销汇款的手续。延长后的终止时间不能超过自汇款之日起的 7 天（时间长短可以再讨论，7 天是考虑到可能收款人在国外，如果收款人的确在国外，需要提供一系列证明，如护照、出境签证等资料，才能够延长到 7 天）。若在延长时间到期后，收款方本人仍然不能到柜台办理不同意撤销汇款手续，则资金退回汇款人。

（5）若汇款人发出撤销指令，汇出行将发信息通知收款人，而收款方无响应，银行应当在 7 天内和收款方联系，若无法和收款方取得联系，则自汇款之日起 7 天后，将汇款资金退回汇款人账户（原路退回）；若能与收款方取得联系，且收款方同意退回资金，则资金原路退回；若能与收款方取得联系，但其以电子方式表示不同意退回资金，则需要在汇款之日起 7 天内到银行柜台办理不同意撤销汇款手续，若收款方没有在 7 天内到柜台办理不同意撤销的手续，汇款资金将在时间满 7 天后退给汇款方，若收款方到柜台办理了拒绝撤销手续，则汇款资金马上转给收款人。

（6）资金汇出指令发出后，资金处于托管状态，归属权也处于未定状态，因此暂时不受相关冻结、查封、没收等财产处置司法操作的影响。在该笔资金确定归属权后，相关司法操作对该笔资金的处置才能够生效，银行应当保证该司法处置的生效是及时的，确保不被汇款人或者收款人移动。

（7）如果汇款方、收款方中任意一方提起针对该笔资金所有权的诉讼，在资金归属权未定之前，银行对资金的处理流程不受诉讼的影响（保护金融机构操作规则的严格性），一旦资金确定了归属权，银行将立即按照诉讼规则或者司法机关的要求处理该笔资金。

（8）银行有权根据具体情况判断，延长资金冻结的时间，但冻结时间最长不超过 2 个月。

（9）为防止洗钱、藏钱，若付款方要求退还资金，而收款方也同意退回，付款方必须办理退还资金确认手续。这样可以防止汇款人恶意将资金藏进银行汇款系统，对抗司法检查、查封等，然后再利用退回方式将资金转回，所以，即使是对方同意退回资金，也必须再一次检查和确认汇款人身份。这个汇款人身份的检查和确认，可以通过电子或者柜台方式进行，降低汇款人的操作难度。

3. 本方案的利弊分析

（1）保护习俗、交易平等。该方案从本质上看，既保护了汇款人权益，也保护了收款人权益。对发出资金的一方来说，发出了汇款等于同意资金转移，从法律上发出了一个支付承诺，是不能随意撤销的。在通常情况下，资金应当到达收款方，符合一直以来人们之间的资金交易习惯和社会习俗。

（2）防范了诈骗。如果汇款人发现被欺诈，可以要求撤回资金。这个时候，汇款人发出撤销申请，资金被冻结，合法的收款人只要去银行柜台提出异议，仍然可以收到资金，如果是诈骗分子，则不敢亲自到银行柜台办理拒绝撤销汇款的手续。

（3）防止资金藏匿。该方案还防止了利用银行资金沉淀时间作弊的可能性，即使退回资金，也要验明支付者身份，因为支付了资金又要求退回，就不是一种正常现象，增加一次验证是合理的要求，能防范某些特定的金融风险。

4. 方案的不足之处

（1）本方案的一个难点，在于若银行无法联系上收款人，怎样处理资金更为合理，这需要进一步研究。上面讲的方案虽然基本可行，但不够完善。

（2）本方案的另外一个问题是，若冻结期间，收款方账户出现异常，应当如何处理，这里只能说，根据具体情况具体分析。本质上来说，方案以保护收款人权益为主，只要收款人不是在诈骗，都应当将资金归属于收款人，但如果法律确定了（有相关裁决文书）收款人收取该笔资金属于欺诈行为，资金就可以退回汇款方。

（3）建议银行将汇款人提出撤销的汇款业务转交给专业第三方公司协助办理后续的相关手续。这样可以降低银行的管理和操作成本。

（三）基于该问题的立法思考

1. 动机很好，但违背历史习惯，必然可能出现问题

中国人民银行261号文从出台到执行时间很短，只是考虑了大量电信诈骗案件的防范难点，忽略了更多日常金融往来的历史习惯，这种习惯已经成为人们默认的一种规则，不仅在中国，即使在国外也是不能轻易撤销汇款的。

总的来说，立法相对简单化，缺少"蓝军思维"，也就是缺少从诈骗分子的角度看新的业务规则的漏洞。类似的例子是电信运营商的"空中换卡业务"，该业务看似方便了部分群众办理手机卡的挂失补号业务，但实际上带来了巨大的隐患，被诈骗分子利用劫持正常人的手机卡，造成了很多人的财产损失。

2. 没有充分利用信息技术解决问题

该方案带来的另外的启示，就是专家的作用问题，所有的方案，都会请行业专家进行论证，但该方案的不足，显然是专家论证时，没有找到更好、更妥当的解决方案。具体体现在下面几个方面：

第一，跨行业专家很少，既懂金融规则，又懂信息技术的专家很少。

第二，没有理解"诈骗分子的思维"，从而不能从实战角度分析方案的利弊。

第三，没有充分利用信息技术解决复杂的业务问题，停留在传统的业务流程思维中，很难有所突破。

第四，缺少深入的市场和社会调研，在重大方案出台之前，应当尽可能听取更广泛的意见和建议，并邀请在生产和业务第一线的产业专家参与设计，现在的很多专家都是学术方面、理论方面或者是业务管理机关的专家，缺少在一

线处理日常金融事务难题的实践经验。

五、POS 支付的安全问题及对策

（一）POS 支付的安全问题及对策

POS 机多年来作为卡基支付的核心设备，为电子支付的发展起到了重要作用。目前 POS 机已经发展为移动 POS 机，支持 NFC 非接支付，支持二维码扫码支付。

基于 PSAM 卡的 POS 机安全技术，已经成为行业标准，在 EMV 迁移之后，基于芯片的刷卡将更加安全。

本章不再讨论已经成熟的 POS 机技术及传统安全问题，而是重点讨论其特定的安全问题，如移动 POS 机安全问题，手机 POS 机、移动迷你 POS 机（快刷）安全问题，以及克隆卡刷卡的安全问题等。

1. 关于盗刷

盗刷主要是指偷取或者复制他人银行卡（主要是磁条卡）进行支付交易的行为，国外的主要解决方案是根据大数据进行分析，如果觉得交易可疑，将直接进行验证升级，比如打电话给刷卡人确认交易真实性。这个方案有一定的作用，但显然其安全性是不够的。另外，就信用卡交易来说，国外很多是脱机刷卡交易，这样一来，大数据实时风控很难实施，风险加大。

随着信息技术的发展，完全可以利用对高风险交易进行二次验证的办法来降低风险。我国基本上全部采用联机交易完成 POS 刷卡支付，当银行发现有大额刷卡或者其他可疑交易（通过大数据分析等方法）的时候，就可以启动二次验证，包括但不限于使用手机动态验证码、电话语音联系等方式，确认支付真实性。这样的操作将大大增加盗刷难度，因为只取得用户的银行卡和密码仍然是无法完成盗刷交易的，还需要取得用户手机，而且当某笔交易风险评分很高的时候，其还必须接受更多因素的验证。

2. 移动 POS

移动 POS 机有两种形态：一种是原有的 POS 机，增加了 SIM 卡，实现了无线连接，从而可以任意移动位置，这种设备方便了酒楼等场景的企业使用，服务员可以手持移动 POS 机进行收款操作。其基础安全性和有线 POS 机差别不大，最主要的区别是无线可能被犯罪分子利用进行非法操作。比如，利用移动 POS 机进行费率差套利，在高费率的场合，使用低费率的 POS 机刷卡。若是有线 POS 机，该设备所属场所不容易实施犯罪交易，而移动 POS 机可能被犯罪分子移动到容易实施犯罪的场所进行操作，比如抢劫他人财物、套现信用卡、非法集资刷卡、盗刷他人卡、克隆他人的卡等。因此，移动 POS 机必须增加一定的安全措施，特别是利用 SIM 卡的定位功能，使移动 POS 机只能在预设的小范围内移动，从而规避可能带来的风险。

现在 SIM 卡的定位还是有比较大的误差，希望 5G 技术能减少这样的误差，从而更好地降低移动 POS 机的风险。

移动 POS 机的另一个形态就是手机 POS，也就是将手机作为 POS 机使用，风险比较大，主要是它没有硬件安全措施，如果单靠软件及定位等信息来控制安全是远远不够的。

手机 POS 的刷卡方式有几种，其中一种是装一个刷卡头（磁条刷头），为了避免改造手机，这个刷卡头通常是通过音频线和手机连接，手机再通过移动数据或者无线局域网和后台对接，从而完成银行卡磁条信息的传递。显然，这种方式的风险点很多，一是非常容易被克隆磁条并被记录密码；二是音频接口数据容易被窃取；三是使用场所非常便于实施犯罪；四是设备身份验证很难，传统 POS 机由商家持有，可以有一定的商家信用背书，而手机 POS 机对消费者来说很难确认是不是商家正式申请的 POS 机；五是没有销售点终端安全存取模块（PSAM）之类的硬件数据加密手段，手机和后台之间的数据传输存在安全风险。

该问题很难有特别好的解决办法，笔者认为手机厂商，如华为，可针对金融支付设计类似 PSAM 卡的硬件安全机制，该机制要由中国银联控制其密钥分发（不建议空中分发），从而实现数据的安全传输和采集。笔者建议其不支持磁条卡刷卡，但支持芯片卡刷卡，这样就可以规避克隆银行卡磁条信息的风险，而芯片读取装置可以内置或者通过专用设备外挂到手机上。

总之，不能让每个手机都轻易变身为 POS 设备，这样才能够保住金融安全的底线。

目前，扫码支付非常普及，任意一家小店都支持用户扫二维码，而规模较大店家或者比较正规的商店都支持带光学扫码头的 POS 设备扫用户的支付二维码，这种设备的安全系数还是很高的，它能够规避磁条信息被窃取等方面的安全问题，它的风险问题是无卡支付和二维码支付所产生的安全问题，这在二维码应用的章节里有讨论。

（二）跨境刷卡难题及解决方案

跨境刷卡的经典案例是某个客户在国外刷卡支付10万元人民币，刷卡之后，国外商户并未收到中国金融系统的反馈，很可能是因为线路或者系统处理方面的问题，但用户已经收到了刷卡成功的短信，这时，商家拒绝交付商品，而用户担心钱到了商户之后，自己无法追回款项，要求获得商品或者商户退费，商户表示无法确认收到款项，也不能凭借客户提供的短信就确认款项支付成功，这样一来，双方就僵持不下，即使商家承诺若事后查实资金到账可以退款，客户仍然无法放心。这个情形在金融系统的交易里是典型的"未答账"，通常需要在夜间日结时进行对账处理。显然，客户和商家是无法一直等到日结交易结束的，而且由于国内外有时差，处理的时间更不能确定和同步。

通常情况下，出现"未答账"也就是交易结果不确定的情况并不多见，但跨境支付的结算环节非常多，涉及商户、发卡行、中国银联、换汇行、国外银行、VISA等对象，任何一个环节的数据处理或者信息传递出现问题，都会影响支付结果向商家的反馈，也会影响旅行者的购物支付体验。

解决该问题的第一个思路是考虑商户的业务规则，它在什么情况下，即使未收到收款信息回复，也同意交付商品。显然，如果商户对接的是VISA支付，VISA给出的结算承诺应当是可以让商户接受的。也就是说，如果我国的银行或者银联在开通国际刷卡支付的时候，是否可以和VISA签署一个未答账的支付处理协议，比如，由VISA承诺担保或者由VISA负责协调商户等。若出现"未答账"，境外商户可以和VISA联系，确认VISA是否同意为该笔支付做结算担保，就可以给付用户商品。在这种情况下，人工处理替代了机器处理，效果反而更好。关键是必须有一个途径让商户可以联系并得到确切的结论。当然，即使有了VISA的结算承诺，商户仍然应当要求用户提交更为详细的个人资料，包括商品信息、用户收到的扣费成功短信、用户个人身份信息和用户商品签收信息，可以作为事后追溯的依据。

解决该问题的第二个思路是考虑用户在什么情况下同意接受商户事后退款，而不是当场要求退款或者当场必须取得商品？比较简单的一个方式是由保险公司进行担保，担保该用户能够收到资金退还（用户可能还需要承担转账和换汇手续费，甚至要承担汇率损失）。保险公司要防止用户道德风险，即用户恶意要求退费的情况，因此，必须有更多的信息确保用户的确没有收到商品，且商户同意退还货款。

在这个场景里，用户可以打保险公司电话，由保险公司核实用户身份信息后获得商户信息，直接与商户联系，确定相关信息，然后决定是否提供退款保险。这里最难的问题是，如何防范道德风险，更特别的情况是用户串通商户进行骗保。商户的可信度是非常重要的，保险公司可以通过手机采集用户身份信息，并和国内金融机构（如银联）对接，确定订单支付信息以及发起交易的商户信息，并将从金融机构获得的信息和境外商户进行核对，这样就可以减少用户和商户串通骗保的风险。至于商户如何确认未提交商品，并承诺退款，保险公司也没有特别好的方法，只能靠对商户进行信用分析等方法降低风险。通常来说，这样小概率的事件，不会在同一个商户身上多次发生，这也可作为交易风险判断的依据。

笔者认为，建立跨境支付保险制度，中国银联对每笔跨境支付业务都收取一定的费率作为支付风险保障，也许是一个比较好的解决方案。

第三个解决思路可以看成是一种革命性的解决方案，即利用区块链技术进行跨境支付，能够实现实时清算结算。在区块链解决方案中，数据能够实时广播，支付结果能够实时确认，只要商户的计费系统能够访问互联网，就一定能够快速获得最新的、最准确的、不可撤销的处理结果。详细的基于区块链的跨境支付解决方案，本书在后面的章节中介绍。

跨境支付故障退款涉及的问题还有手续费和税务、外汇兑换和外汇额度管理等一系列财务和账务方面的问题。这些问题的处理更为复杂，因为参与的单位多、流程多、涉及的规则复杂，同时导致退费退款的原因很多，不同的原因、不同的业务中止节点对上述财务问题处理的要求都不相同。比如，交易货币还没有兑换为外币的情况下，退款就相对简单，如果已经兑换为外币，退款操作就必须进行反向兑换，这还涉及是否超过兑换外汇额度，双向兑换带来的汇兑手续费和汇兑损失等问题，所有这些问题都需要有更好的跨境支付工具来解决。基于区块链的跨境数字货币，基本上都能够解决上述问题，但跨境数字货币面临的最大问题是货币由谁管理以及各个国家的金融管理法律限制，跨境支付保险除了保障退还交易款项，还包括是否承保其中的各种费用损失。

中国银联在全球很多国家都部署了 POS 收单设备，从某种角度来看，给跨境支付纠纷处理带来了极大的便利，因为，这将支付纠纷从多边关系简化为商户—银联—用户三者之间的关系，至于外汇兑换问题，是银联背后的问题，如果出现"未答账"，商户可以直接和当地银联派出机构进行人工联系，在最短时间内就可解决矛盾，即便如此，时差、交易系统故障、汇兑损失等问题依然存在。

跨境盗刷是另一个跨境支付风险问题，很多用户在境内被克隆银行卡，之后在境外被盗刷，也有信用卡在境外盗用的情况，这些问题的解决方案，将在银行账户安全及反电信诈骗方案一章中进行讨论。

（三）高风险商户及套现问题解决方案

第一个问题是在支付过程中，商户既是支付受理方也是资金收取方，很多时候非法交易都是通过商户进行的，最简单的是盗取用户磁条卡信息以及密码信息，再出卖相关的资料给犯罪分子，犯罪分子克隆用户银行卡进行盗刷，从表面上很难判断到底是哪个商户盗取了用户信息。

如果不对流程进行更新，或者要求所有的银行卡全部进行 EMV 迁移，这个问题是比较难解决的，因为在磁条卡还普遍存在的情况下，银行卡被克隆的情况几乎无法避免。如何在磁条卡被克隆的情况下保护用户资金安全？笔者建议国家针对磁条卡设置新的安全保障，也就是要求银联（或者银行）在后台判断用户是通过芯片刷卡支付还是通过磁条卡刷卡支付，对所有刷磁条卡的支付用户，都进行交易安全二次验证，比如利用用户和银行卡捆绑的手机收到的短信进行支付再确认，这样就可以大大降低磁条卡被克隆、盗刷的风险，即使磁条信息被盗，卡被克隆，盗卡者仍然无法刷卡使用卡内资金，除非他还偷到用户捆绑在该银行卡上的手机的 SIM 卡。

第二个问题是信用卡套现，用户刷信用卡，商户在扣除"支付手续费"及"服务费"之后，将现金转给用户，甚至形成了"循环养卡"的模式，现在已经发展到只要下载一个 App 就可以获得代扣、代还信用卡的在线服务。当然，用户接受这样的服务并不是不需要付出代价，一是要支付银行利息；二是要支付第三方的手续费或者服务费；三是面临第三方可能恶意盗刷银行卡的风险；四是如果向第三方请求代垫资金，还可能陷入高利贷、套路贷的风险。该方案对银行来说，表面上收到了透支利息，实际上是加大了坏账风险。

第三个问题是洗钱风险，很多电信诈骗分子骗取了用户大量资金，如果这些资金仍然停留在银行账户上，就很可能被司法机关追查查封，因此，需要快速套现成现金，这时候，商户的 POS 机就可以帮上忙。犯罪分子会不计成本和代价，刷卡购买高价值商品，然后退货变成现金，但这样的交易必须有商户愿意配合，在这个套现流程中，商户将获得比销售商品还大的利润，而犯罪分子也轻易地将骗取（或者盗取）到的账户资金转化为可以隐匿的现金。

限制大额现金的使用，是解决这个问题较好的办法。比如，超过 1000 元的商品交易不允许使用现金，这样一来，商户可以用来套现的现金存量就大幅降低，也就减少了违法分子套现的机会。目前的电子支付发展，已经具备了限制大额现金使用的条件，当然限制现金的使用，也能够减少信用卡套现行为。2020 年底，国家已经要求超过 10 万元的大额提现及存款，需要提前预约申报，并向反洗钱系统报备，可以说是迈出了对大额现金管控的第一步。

对付磁条银行卡被复制，还有一个办法，就是由用户自己完成刷卡动作，或者不允许商户的收银员在隐秘的地方进行刷卡动作，比如说在柜台底下进行刷卡。用户自己刷卡面临的最大问题是不知道应当从哪头开始刷卡，卡面朝向哪边，建议所有的刷卡槽两面都是读头，也就是说，不管用户怎么刷卡，卡朝哪一边，也不管从上向下刷还是从下向上刷都能够完成刷卡动作，或者将刷卡槽设计为透明的，用户一看就知道刷卡读头在哪边，从而顺利完成刷卡，这样一来，用户可以便捷刷卡而不需要让商户收款员刷卡。

最后一个补救盗刷的措施就是增加一个刷卡信息通知，现在有扣费信息通知，但如果扣费不成功，用户并不会收到任何通知信息。笔者建议不管是否扣费成功，只要有刷卡动作，就给用户发送信息，这样也能够减少用户卡被盗刷的机会，减少磁条卡信息被复制的机会。

总体来看，金融机构对用户账户的保护工作还有很多可以提升的空间，本书后面将介绍保护用户账户安全标准制定方面的情况。

六、手机 P2P 转账风险分析及对策

随着移动支付的发展，个人间转账变得非常方便，以微信、支付宝为代表的个人间转账已经非常普遍，小额交易也都以个人间转账方式开展，但个人间转账的风险与日俱增，本节将做简要的分析和讨论。

手机点对点转账的确非常方便，但如果从安全角度进行系统化梳理，风险还是很大的。主要的风险点有：微信（包括支付宝）账号风险、捆绑银行卡风险、额度风险、转账操作风险、转账者身份风险、支付对象风险、交易撤回风险、无卡支付风险、电信诈骗风险、暴力犯罪风险、信息泄露风险等。

（一）转账账号风险

微信从某种意义上看并不是完全实名的，也就是说，微信号码不能作为严格的身份认证信息，而且微信不仅有手机端版本，还有 PC 端版本、网页版本，

因此，发出和接收指令的角色和手机的关联度降低了，虽然方便了很多操作电脑的人使用微信，但降低了微信"个性化"特征，带来了一定的风险隐患。另外，如果手机或者电脑里有木马病毒，它们就可以假冒用户发送相关信息。微信名字的设置也存在问题，尽管微信号是唯一的，但微信的昵称是不唯一的，如果将自己的昵称和头像修改为他人的昵称和头像，很容易有欺骗性，双方都无法确认信息是否由本人发出，而且将微信名称作为目标进行转账，也存在漏洞。因此，有必要设计更为安全的转账方式或者工具，解决微信账号可靠性的难题。

（二）捆绑银行卡风险

支付宝、微信都采用了相同的捆绑银行卡的方式进行"快捷支付"，一旦捆绑完成，支付宝、微信都直接验证用户身份，并执行用户的支付或者转账指令，但实际上，这样的捆绑本身就存在安全隐患，相当于把银行卡的卡基安全策略给废除了，风险是比较高的。无卡支付非常便捷，但可能失去控制，而且现在一个支付账号可以捆绑从信用卡到借记卡的不同银行的多张银行卡，给每张银行卡都打开了一个风险敞口，这个风险非常大。因此，很多消费者不愿意捆绑银行卡或者在捆绑的银行卡账户上只留少量资金。

手机捆绑银行卡还有一个风险就是"被恶意捆绑"，因为捆绑银行卡是在线操作，犯罪分子很可能利用数据处理漏洞，将他人的银行卡捆绑到自己的手机上，或者通过"空中换卡"方式，将用户的卡终止，控制用户的手机卡，从捆绑该手机号的银行卡上盗取资金。

笔者建议金融监管机构针对无卡支付（绑卡快捷支付）制定更为严格的风控要求和业务管理规则，降低用户的资金风险，比如，限制每个用户最多只能绑定一张或者两张卡，同时控制绑卡交易额度等。更重要的是，如果长时间未使用被绑定的银行卡，比如连续两个月未使用的银行卡，则应当自动解绑，这样用户账户的安全系数就提高很多。

（三）转账操作风险

手机 P2P 转账操作风险很高，在移动支付发展的初期笔者就已经提出，针对不同的支付（或者转账，为方便起见，后面简称支付，因为转账也是支付的一种）额度，应当采取不同的风险控制措施。现在的手机 P2P 转账，操作极其简单方便，但存在很大的安全隐患。虽然现在采取了刷脸、指纹等支付确认方式，但仍然无法避免各种资金盗窃风险。不过最大的风险还是来自恶意软件，因为只要支付过一次，恶意软件从理论上看是可以获得用户的一切认证数据的。

转账方向错误经常会发生，而且一旦转错，很难追回款项，这个方面一直也没有很好的解决方案，还有转账额度错误，转账人一点确认键，支付就已经完成，款项就很难追回。表面上看，这些都是用户自己操作失误，但实际上是操作流程设计不完善，不能很好地防止类似的错误操作发生。2020 年 10 月，微信意识到了这个方面的问题，在微信转账流程中增加了一些二次验证操作，对陌生的收款人，甚至要求输入收款人的姓名才能够完成转账。

曾经有报道，有人吃饭支付，忘记按小数点（或者是小数点按键不敏感），支付了几万元，也有报道说用户把密码当金额输入（笔者也差点犯这个错误），然后又输入了密码，这导致六位数的资金被支付成功，这些都是典型的由产品设计缺陷引发的问题。优秀的工程师会仔细设计每个流程，尽量避免因用户操作失误而产生不必要的损失。即使是像腾讯、支付宝这样大型的行业巨头公司，仍然可能出现这样的设计错误。

好的 P2P 支付产品应当能够解决支付对象的身份确认问题，防止误转账；应当能够防止用户误操作；减少用户误操作带来的损失；用户发现操作失误的时候，可撤回已经支付的资金等。这里提到的每个功能，都必须进行详细的、更为科学的流程设计，对于产品开发，本书不做更多的讨论。

手机 P2P 转账是天然的无卡支付，是电信诈骗更容易成功的原因，让暴力犯罪也更加容易。比如，电信诈骗要求用户通过手机转账，而不再需要让用户跑到银行柜台进行转账；犯罪分子持刀抢劫，要求用户用手机转账，而不再是逼问密码到银行 ATM 机取钱。金融的便利性的确让犯罪分子的犯罪操作更为简单了。关于这个方面的对策，将在后面防范电信诈骗和账户安全的章节里进行分析。

七、非接触支付面临的安全问题

（一）非接触支付的简介

近场通信（Near Field Communication，NFC）是一种近快捷电子支付技术，又称近距离无线通信，是一种短距离的高频无线通信技术，允许电子设备之间进行非接触式点对点数据传输，交换数据。这个技术由免接触式射频识别（RFID）演变而来，由飞利浦和索尼共同研制开发，其基础是 RFID 及互联技术。近场通信是一种短距高频的无线电技术，载体最早是带被动感应线圈和芯片的卡片，目前很多都是带芯片和线圈的手机，实现了电子支付、身份认证、数据交换、防伪、广告宣传等功能。

目前主流的近场通信技术标准如下：

（1）用于近距离（10 厘米以内）安全通信的无线通信技术。

（2）射频频率：13.56MHz。

（3）射频兼容：ISO 14443，ISO 15693，Felica 标准。

（4）数据传输速度：106kbit/s，212 kbit/s，424kbit/s。

2004 年 7 月，日本 NTT DoCoMo 公司推出了基于非接触式 IC 卡式手机钱包业务，希望用手机钱包逐步替代人们在钱包中放置的所有物品。

NFC 采用了双向的识别和连接技术，使 NFC 手机具有三种功能模式：NFC 手机作为识读设备（读写器），可以向芯片写入数据（充值）；NFC 手机作为被读设备（卡模拟），从芯片读取并扣减数据（支付）；NFC 手机之间的点对点通信应用。

（二）NFC 和 RF-SIM 移动支付方案的竞争

手机支付被业内看成是第一个真正意义上的物联网，2008 年起，国内形成了 NFC、SIMPASS、RF-SIM 卡三大类技术标准的竞争，采用哪种标准成为运营商面对的难题。2009 年中国移动宣布采纳频段为 2.4GHz 的 RF-SIM 方案；中国联通在 NFC 和 SIMPASS 方面均有尝试；中国电信则在 NFC 和 RF-SIM 上都有涉及。

发生标准竞争的原因是各个机构都看到了手机非接触支付未来的巨大空间。竞争的机构主要分为两大阵营：一个阵营是以中国银联为代表的，控制了受理终端的银行体系；另一个阵营是以电信运营商为代表的，控制了移动终端的电信运营商体系。之所以出现这样的标准竞争，核心原因有三点：①各自控制了移动支付两个核心要素中的一个，因此都希望自己能够掌控该项业务。②各自都希望控制用户，也就是将自己的业务与用户更加紧密地捆绑在一起。③当时的技术都不成熟，还存在重新制定规则的机会。

比如，中国银联如果采用 NFC 标准，那么它就可以利用 NFC 卡继续开展"移动支付"，如在银行卡上增加一个"NFC"线圈和芯片就可以移动了，未必一定要通过手机，而且在这个标准里，手机上的芯片支付标准都必须继续由银联控制。

　　要实现近场非接触支付，有三个基本要素——芯片、感应线圈和受理终端。芯片上装载了电子钱包，可以是离线钱包，也可以是后台账户钱包。

　　当时的手机基本不支持内置感应线圈，而且钱包芯片放置的位置也不确定，如果放在手机里，那么移动支付受手机厂商控制，不受运营商控制。中国银联曾经和手机厂商联手推出了手机内置芯片和 NFC 线圈的解决方案，不再依赖 SIM 卡，但问题是，如果手机出现故障，中国银联无法维修，手机厂商也无法对电子钱包芯片中的余额负责。更何况，这个手机一旦被盗，由于不和 SIM 卡捆绑，里面的资金也就丢失了，而且换手机成本很高。所以这个方案很快就失败了。

　　就电信运营商来说，如果希望用户不需要手机就能够实现近距离支付，那么只有两个办法。一种办法是额外增加一个线圈和芯片，让用户直接就可以使用，这个方案就是 SIMPASS 方案。在 SIM 卡上，另外贴一个很薄的电子钱包芯片，然后在手机电池上拖一个线圈尾巴，这个方案仍然是使用 13.56MHz 的 NFC 方案。其优点是用户无须更换手机，缺点是接触很不稳定，有些机型没有线圈放置的位置，线圈和芯片的连线很容易折断，有些机型后盖是金属的，线圈无法感应。后来又产生了另外一种方案，就是直接把芯片和 SIM 卡做成一体的，但也无法解决线圈问题，因此，该方案最后也没有实现规模化应用。

　　为什么不把线圈和芯片都集中到 SIM 卡上呢？是因为在 13.56MHz 的频率上，线圈的面积有最小要求，太小了线圈无法产生足够的互相感应电流，如果有了屏蔽效应，线圈面积更不能太小，因此地铁卡都比较大，虽然有一些小的异形地铁卡，但它们也不是太小，而且异形卡过闸机的时候，经常要多刷几次才能够感应。

　　后来，中国移动提出了一个新的解决方案，改造 SIM 卡，增加一个高频线圈，也就是 2.45GHz 的射频天线。在这个频率上，感应靠有源驱动，发射距离可以达到 50 米，这就解决了线圈的难题，将射频天线、SIM 卡上的电子钱包芯片、SIM 三合一，就可以实现不用换手机的移动近距离支付，只要换个新的带射频天线的 SIM 卡，就能够实现实名认证、充值、支付等一系列移动支付工作，这就是被称为 RF-SIM 的解决方案。显然，信号发射距离太长也是问题，必须控制在 10 厘米内才能够解决支付安全问题（不能被远距离感应扣款），中国移动设计了调节射频天线功率等方法，使信息控制在 10 厘米以内。但是，不同的手机后盖的电磁信号的穿透性不同，因此，每个手机都必须单独调试，这又是一个非常复杂的问题。同时，还要专门部署支持射频天线的受理终端，成本也非常高。该方案还有一个缺点就是耗能，由于 RF-SIM 是有源发射，所以其即使没有被使用，也在消耗能源，导致手机直接缩短 20% 以上的待机时间，这点让很多用户无法忍受。该项目试点了几个城市之后，效果并不理想。RF-SIM 2.4GHz 的频率与银行及一卡通等要求的 13.56MHz 不符，且市面上没有 2.4GHz 的终端 POS 机，这意味着中国移动如果坚持 RF-SIM 技术，则必须投入大量的人力和物力铺设适合 2.4GHz 的 POS 机，这对中国移动而言无疑是一项巨大的资本开支。2010 年，中国移动叫停 RF-SIM 技术，手机支付的标准之争就此告一段落。

中国移动 2009 年主推 RF-SIM 时，已经形成了规模不小的产业链，包括 RF-SIM 芯片设计制造、RF-SIM 模块封装、RF-SIM 卡片制造和手机支付业务运营，上下游涉及数十亿元的市场规模，包括国民技术、长电科技、通富微电等 10 多家相关企业。

之后，中国移动又试图推出"手机+线圈"与"钱包芯片+SIM 卡"的组合方案。目前看来，该方案难以成功，因为手机经过这几年的快速发展，几乎所有的型号都支持 NFC 线圈+钱包芯片的方案，而钱包的控制权在银联手里，中国移动几乎没有再将 SIM 卡作为电子钱包载体的机会了。

前面也说到，如果用手机解决方案，将面临着钱包安全风险，这个风险现在依然存在，因此，笔者建议用手机做钱包的用户不应当存储过多的余额在手机 NFC 芯片中。

笔者在 2008 年设计了双频天线手机，也就是说，将 RF-SIM 的优点和 NFC 的优点结合起来，一部手机既支持 NFC，也支持 RF-SIM 天线，并且 RF-SIM 仍然支持 50 米的工作距离。这样一来，一部手机既能够上地铁，又能够过高速公路实现不停车缴费，比 ETC 要方便很多。为了解决耗能及支付安全问题，笔者将 RF-SIM 功能设置成非热线待机，平时这个功能不工作也不耗电，在需要过高速公路收费站的时候，才打开进行信息沟通及支付，甚至可以自动由定位软件判断是否靠近高速路收费口，临时打开 RF-SIM 功能进行支付。此外，RF-SIM 功能和 NFC 功能可以共用一个芯片的电子钱包。

RF-SIM 有其优点，将功率调节到 10 厘米之内，实际上浪费了其固有的优势，用其进行中距离（几米、十几米范围）的支付还是很方便的。当然，其也可以用于中距离门禁、地库、高速公路等闸机的控制。

（三） 非接触支付与二维码支付方案的竞争

银联商务在 2013~2016 年花费大量的经费，实现了几乎全国上千万台 POS 机的 NFC 功能改造，可惜，该项功能最终败给了扫码支付。这也是一种战略误判，显然，非接触支付和扫码支付相比，其复杂度仍然过高。从安全性上看，非接触支付和扫码支付各有利弊。但摄像头和二维码配合，第三方支付流程简单，无须改造收款终端，只需张贴二维码就可以收款的扫码支付方式大大促进了移动支付的发展。

中国银行卡联合组织（即中国银联旗下的银联商务负责 POS 机全球支付受理网络，为了表述简单，以下简称银联）过度看重自己的受理终端，因为这个是银联最早的联机设备和业务基础，实现了一点接入，支持各个银行的银行卡，的确为电子支付的发展做出了巨大的贡献。但时代的变化、技术的变化超过了人们的想象，二维码支付巨大的便利性掩盖了其支付风险的不足，成为了目前支付的主流。即使是地铁，也已经支持二维码支付进站，很多地铁的闸机都安装了扫码摄像头，公交车也已实现二维码支付乘车。

（四） 云闪付的应用及安全分析

云闪付是一个 App，是一种非现金收付款移动交易结算工具，是在中国人民银行的指导下，由中国银联携手各商业银行、支付机构等产业各方共同开发建设、共同维护运营的移动支付 App，于 2017 年 12 月 11 日正式发布。[1]

云闪付 App 具有收付款、享优惠、卡管理三大核心功能。云闪付 App 与银联手机闪付、银联二维码支付同为银联三大移动支付产品。

云闪付实现了卡码合一，融合了非接闪付、二维码两种支付方式。

在用户侧，用户通过指纹或物理按键同时调出银行卡和付款二维码。用户可自行选择是通过非接触还是扫二维码的方式完成付款。

在受理侧，银联将给商户布放同时支持银联二维码和 NFC 标签支付的受理标识，用户可以自主选择二维码主扫或标签支付。

作为各方联手打造的全新移动端统一入口，银行业汇聚 App "云闪付"各家机构的移动支付功能与权益优惠，致力成为消费者省钱省心的移动支付管家。

---

① 参见 https：//baike. baidu. com/item/% E4% BA% 91% E9% 97% AA% E4% BB% 98/22288678？ fr = aladdin。

消费者通过"云闪付"App即可绑定和管理各类银行账户，并使用各家银行的移动支付服务及优惠权益。

根据银联介绍，云闪付的风险控制分为三个方面：首先，银联风险系统综合持卡人的实体银联卡信息、移动设备信息和其他风险评级信息，保障持卡人在申请和使用过程中的安全。其次，基于移动设备联网的特性，银联提供云闪付产品的远程管理服务，对可能存在风险的云闪付产品进行远程管理，保障持卡人权益。最后，在安全保障方面，云闪付产品应用安全技术，完善业务处理规则，引入风险赔付、先行垫付等机制，提供72小时失卡保障服务，对于个别意外风险事件，可以迅速解决用户的资金损失问题，保障用户合法权益。

作为银行业统一App，"云闪付"App拥有强大的跨行银行卡管理服务，目前云闪付App已支持国内所有银联卡的绑定，一次性可管理15张银联卡。云闪付在App的卡管理频道内打造了银行卡闭环服务，用户可在云闪付App内完成申卡、跨行银行卡交易管理、余额查询、账单查询、信用卡还款、记账等专业金融服务。

从上面的介绍看，第一，风险控制基于设备及其他风险信息，对消费者来说是不太容易理解的，实际上它的风险控制和支付宝、微信支付并无明显差异，而且如果有消费者被持有POS机的犯罪分子故意靠近刷走了芯片中的资金，这个风险信息就会被广泛传播。据传在公交车上，用户带NFC电子钱包芯片的银行卡被刷走了资金，就带来了一定的社会恐慌。从这点来看，NFC的近距离支付还是存在安全漏洞，在地铁或者公交车上，人们都挤在一起，距离很近，被无缘无故地扣费从技术上看是成立的。

第二，银联说云闪付能够远程管理用户卡，同样也可能是被黑客控制和操作，从系统论的角度看，这点也是有安全风险的。银联、银行能够远程控制，就代表了任何人都能够或者说有机会实现远程控制，这个风险也是很大的，并不能表示它降低了风险。

第三，先行赔付，这点也是双刃剑。如果足够安全，不存在先行赔付的问题，如果不安全，先行赔付也不能解决用户对安全问题的担忧。很多人认为，小额损失，没有人去追究，大额损失，未必能够真正获得赔付。

第四，云闪付能够绑定多达15张各个银行的银行卡，这也是风险极大的事情，如果出现了风险问题，用户所有的银行卡就都暴露在风险之下。用户的银行卡与移动支付的捆绑，必须谨慎再谨慎，而不是捆绑得越多越好，估计很少有用户敢将自己的各种银行卡都绑定在一部手机上。这样的宣传将给云闪付的推广带来负面影响。

这个问题在支付宝、微信上也同样存在，建议国家的金融监管机构限制一部手机或者 App 能够捆绑的银行卡的数量，从而降低账户安全风险。同时，严格限制各种操作方案下的资金可交易额度，或者说，超过一定额度，需要二次验证甚至更多的其他方式的支付确认验证。

从应用角度分析，云闪付强调优惠和补贴，实际上这不是健康的业务模式，用户如果冲着优惠去，优惠没有了用户也就离开了。

云闪付和支付宝、微信相比，优势并不明显，但不足之处很明显：①用户习惯。用户很难也觉得没有太大必要去增加一种移动支付方式。②操作习惯。微信比支付宝使用得更频繁（有统计说，支付总额超过支付宝一倍，这个仅仅是参考）是因为其具有"开门效应"。如果两个相同的柜子里都装着很多瓶一样的矿泉水，各有一个透明玻璃门，一个门开着，另一个门关着，虽然玻璃门是透明的，但所有的人几乎都会去拿开着的玻璃门里面的矿泉水，里面的水全部被拿完后，才会去打开另一个柜子的玻璃门取水喝。微信一直在线，相当于开着门的支付工具，而支付宝平时不会打开，因此，支付宝是关着门的支付工具，用户更多地使用微信支付。此外，微信在微信好友之间转账更方便，所以微信的使用频率比支付宝高就是很正常的事情了。再看云闪付，也是关着的门，甚至还是需要安装的柜子（重新下载 App 并绑卡验证），而且用户间互相转账也不如微信方便，当然就没有多大的吸引力。

云闪付并没有找到自己生存的空间，没有深入研究微信、支付宝的不足，从而利用银行合作资源进行突破，所以在短期内它没有很大的市场机会。

2018 年底，中国银联正式宣布云闪付 App 用户数突破一亿，但其持续的效果仍有待观察。

（五）苹果非接触支付安全分析

Apple Pay 是苹果公司在 2014 年苹果秋季新品发布会上发布的一种基于 NFC（近场通信）的手机支付功能，它的支付方式是通过 Touch ID/Passcode 验证方式，用户可使用事先已经储存在 iPhone 6、iPhone 6 Plus，或者更新设备上的银行卡支付证书来授权支付。

苹果支付基于 IOS 封闭式系统，通过硬件进行安全控制，具有便捷的界面，即通过 Passcode 呈现便捷的支付界面，能够便利地选用不同银行卡，未来还可与优惠券关联使用。

从用户支付终端角度看，苹果支付的安全性显著高于开放式的 Android 系统，但仍然存在多方面的支付风险问题。

（1）发生被动支付：很多苹果用户，被内置的服务 App 暗中扣款。这些 App 发出的扣款提示很隐晦，而且额度也不高，不易被用户察觉。

（2）扣费纠纷很难解决：微信、支付宝、银联支付等都可以直接联系服务机构解决扣费纠纷，而苹果支付的纠纷很难快速有效处理。金融交易是高风险业务，便捷的售后服务对减少用户潜在的金融损失是非常重要的。

（3）苹果底层平台病毒：苹果的开发者工具包曾经被黑客攻破，导致基于该被攻击的工具包开发的应用程序直接带有病毒，带来支付风险及信息安全隐患。

（4）App 自身安全漏洞带来的支付安全：虽然是使用苹果开发工具包进行应用软件的开发，但仍然不能保证这些 App 没有安全隐患，如果其自身存在漏洞，也会出现钓鱼、盗刷等金融风险。

第二节　银行账户资金的安全问题及对策

一、无卡支付分析

无卡支付起源于改变支付受理环境的需求，是为了让银行卡的使用变得更为便捷。支付本身包含三个方面的要素：一是支付方身份识别方法；二是支付意愿确认方式；三是收款人身份确认的工具。

电子支付的支付方身份确认，早期主要通过银行卡进行。实际上，银行卡并不一定能代表支付者本人，因为他人也可能使用该卡，比如持卡人的家人朋友。卡+密码是支付确认的两个基本要素。若银行卡被盗，或者银行卡被克隆，收款方是无法识别的。从金融法规的角度看，银行卡+密码就代表了使用者，如果银行卡的使用出现了问题，除非有足够的、可以被法律采信的证据，相关责任都由卡主（卡的申请人）承担。

银行卡作为身份识别依据的最大问题是受理环境建设，要受理银行卡支付，就必须利用专用的设备——POS 机。而 POS 机同样可能出现各种风险问题，假 POS 机、盗取信息的 POS 机、非法套用 POS 机等。POS 机也不可能人人持有，个人之间的转账操作很麻烦，要么在银行柜台，要么在 ATM 机。如果有别的更好的方式确认用户身份，完全可以不再将银行卡作为身份识别依据。

手机是一种个性化的工具，而且收发信息非常方便，可以作为替代银行卡的支付工具。用手机支付的第一步就是要将银行卡和手机号码绑定，从而用手机号替代银行卡号作为用户身份识别的依据。

银行卡代表用户身份是经过金融法规认可的，而手机号代表银行卡，早期并没有法规进行认可。手机很可能不是本人在使用，如借给别人使用、转让手机或者手机号、手机被盗用、手机内置木马操作等，所以以手机代表支付用户的身份存在很大的风险。因此，需要更多的"要素"来确认用户身份，而不仅仅是利用手机号码。

另外，在传统的金融交易中，输入支付密码即代表了用户意愿的确认，如果用户输入了支付密码，就表示同意支付，即使密码是盗用的，也无法追回被盗刷的资金，卡主自己承担相应的损失。

将手机号和银行卡绑定之后，或者是将微信号、支付宝账号和银行卡绑定之后，还需要在支付的时候确认用户的支付意愿，最简单的方法是输入银行卡密码。如果是银行的手机银行系统（如银行手机 App），这个问题很好解决，直接输入银行卡密码即可，银行后台进行支付密码的验证。但第三方支付公司如微信、支付宝、华为 Pay 等是不能代为处理银行卡密码的，这就存在用户账户信息安全的问题。如果第三方能够接收并转发银行卡密码，会出现两个问题：第一个问题是第三方很可能存留该用户的银行卡密码，这个行为是违法的；第二个问题是银行无法判断该密码是用户直接发出的，还是第三方平台存留之后转发的。因此，第三方不能经手和保存用户的银行卡密码。为了解决这个问题，第三方平台另外设定了一个支付密码发送给用户，用户输入该支付密码后，第三方平台验证通过，即确认了用户支付意愿，然后向银行发出支付请求，银行无条件受理该请求并完成资金划拨，支付完成。这个操作方式为安全埋下了隐患，第三方平台是否真的验证了用户的真实意愿？第三方平台是否假冒用户发出支付请求？因此，银行都要求第三方平台签署一个交易承诺，任何第三方平台发出的支付请求都由第三方平台无条件承担责任，一旦出现支付争议，或者用户投诉，第三方平台必须完全负责。

在上述情形下，支付便利性很高，用户使用手机进行支付确认（包括输入第三方平台的支付密码、刷脸等方式），第三方平台发送信息给银行，银行完成资金划账。

从银行卡和手机号码绑定，到支付信息的发送，每个环节都出现了大量的风险隐患。具体介绍如下：

（1）绑卡风险。银行卡被绑定到非本人手机上；手机号被盗用；甚至空中换卡（通过无线手段将用户手机号码迁移到另外一个移动 SIM 卡上）；非法银行卡（买、盗、偷、借、假冒身份证开卡）被绑到手机上等。绑定方式也存在漏洞（银行卡柜台绑定比较安全，但操作复杂，很多是远程办理绑定，就容易出现风险）。

（2）支付信息发送风险。手机被非法使用，SIM 卡被非法使用，手机木马发送支付请求，支付方向被改动，第三方平台内部人员作弊发送支付信息等。

（3）支付意愿确认风险。第三方平台密码被盗用，个人信息被非法留存、使用（如指纹、照片、人脸视频等），木马仿冒发送信息确认支付意愿等。

无卡支付的一个关键问题是受理环境建设，银行卡支付依赖 POS 机或者 ATM 转账。POS 机的安装、布放、安防的成本非常高，而且需要长期维护，还需要进行联网（有线网卡或者用无线 SIM 卡），并支付联网费用（装机及数据流量费用）。而使用手机替代银行卡，受理环境建设就变得非常简单，任何人都只需要出示一个二维码，就可以实现收付款，因此，大型商场、菜市场、停车场、学校、医院、政府办事大厅等，几乎所有的支付场合都可以接受手机支付。

当然，无卡支付不仅限于手机支付，任何可以替代银行卡的支付方案都可以称为无卡支付，比如 ETC 卡和银行卡绑定完成高速公路便捷支付，公交卡同样可以和银行卡绑定实现地铁和公交车支付，人脸也可以和银行卡绑定，实现刷脸支付。

无卡支付突破了传统的金融安全防线，在传统安全体系中，保管好银行卡以及银行卡密码，基本上是不会出现账户安全问题的。为了防止克隆卡，银行推出了 EMV 芯片卡，在基于芯片卡的卡基支付情况下，账户安全性是非常高的，除了被诈骗或者网银支付存在漏洞，一般不用担心账户资金被盗走。

早期国内只开通了公用事业的无卡扣款，将银行卡和计费账户绑定，公用事业单位如电力公司每月提交账单给银行，银行直接从用户账户中扣费。对其他非公用事业单位的直接银行扣费是被严格禁止的，而第三方支付可以看成是一种直接银行卡扣费，因此风险巨大。

即使是从公用事业单位账户中直接扣费也存在金融风险，主要是计费错误、账户关联错误导致的，但总体来说，风险相对很低。

可以说，无卡支付是目前数字金融安全的一个重要风险来源，有些人从来没有开通过移动支付业务，账户上的钱就丢失了，原因是被他人非法绑定手机进行了支付。开通了移动支付业务的用户，账户上的钱被盗刷的概率更高。

总而言之，无卡支付带来了巨大的支付方便性，但也带来了极大的风险，即使银行卡没有丢失，但账户内的资金也已经不安全了。

二、账户操作者的身份识别

人们在进行电子支付的时候，首先需要确认的就是操作者身份，用银行卡代表操作者身份本来就存在漏洞（上一节已经说明），所以在移动支付的情形下，确认操作者身份就更为重要。

早期的身份识别就是依靠银行卡，网银时代以 U 盾作为身份识别依据，后来由于 U 盾的安全性有问题，又推出动态口令卡代表用户身份。

移动支付时代，手机具备了采集个人信息的能力，包括密码（含口令密码、图形密码等）、指纹、图像、动态视频、声音等，这些信息加上手机自身的身份识别（设备指纹），都可以作为识别用户身份的依据，但也都存在不足。

口令密码和图形密码都容易被木马窃取。电子口令卡在其有效期内仍然可能被窃取用于盗刷支付，通常电子口令卡每个密钥的有效期是 1 分钟，而这 1 分钟就已经足够黑客攻击和盗刷了。在用户输入电子口令卡的时候，黑客首先利用木马窃取该密码并阻止该笔交易，然后迅速在另外的终端上重新发起交易请求，利用还在有效期的动态口令卡完成身份验证，最后完成盗刷工作，所有的流程都可以在 1 分钟内完成。因此，现在已经逐步取消了电子动态口令卡的使用。

指纹很容易被窃取，并易于复制和伪造。用一个双面胶就可以从他人接触过的物品上，取得他人的指纹信息，也有新闻表明，目前 80% 的指纹门锁都可以通过复制指纹的方法打开。

人脸图片、图像也可以被复制，除了用照片，还有通过 3D 模拟视频、3D 打印脸模成功骗过视频验证系统的案例；也有通过远程摄像头取得动态脸部视频图像（最远距离超过 1 千米）的报道；更有双胞胎人脸识别难题。为了解决这些问题，现在确认用户身份时会要求用户做一些指定动作，比如眨眼、微笑、张嘴、转头等，但这始终不能完全解决问题。识别失败会带来拒绝服务问题，从而无法完成操作。

通过声纹识别操作者身份，可靠性比较高，即使是双胞胎也可以很容易地区分出来。现在抗噪声、抗干扰技术已经取得很大进步，80 分贝噪声背景环境下也可以进行声纹的有效识别，多人同时讲话也不影响语音识别，录音和原声能够得到有效区分，感冒咳嗽时候的声纹识别不受影响。和视频、指纹相比，声纹识别有比较大的可靠性优势，且信息无法窃取，因为声纹很难复制，同时信息抗干扰，最重要的还能够实现"支付意愿的确认"，这点可以依据用户用语音表达的内容来完成。除了用户签字，通过语音确认支付是最为方便的方式。

其他生物特征识别技术，包括笔迹识别、虹膜识别等方式也都可以用来识别账户操作者的身份。

所有上述生物特征识别方式都有一个共同的特点，基本上是"静态"的，也就是说，这些数据是"固定的"。固定数据存在一个风险，就是后台存储的用户特征数据的安全问题，如果管理用户特征的数据库被盗用，那么验证就可能失败。

更为安全的远程身份识别应当采用"动态"特征信息，避免被窃取和复制，比如人走路的"步态特征"。显然，没有人能够完全模仿他人走路，即使是同样的身高、体重，也不可能模仿其走路的各种特征，包括步长、脚对地的压力变化、身体的晃动、手臂的摆动等，且每个人每次走路的姿态也不可能完全一样，因此，根据步态等特征进行组合分析，能很容易唯一性地确定一个人，而且该信息无法被后台窃取使用，因为重复的步态信息显然是窃取来的。

和"步态特征"识别类似的一个个人特征识别技术是"书写特征"识别技术。人们的写字特征是固定的，握笔、起笔、落笔、转折的特征每个人都不一样，而且无法仿冒。同时，这些特征也不是固定的，即使一个人写同样的字，每一遍也都是不同的。设计一个能够采集书写特征的笔，就成为该技术实施的关键工具。

在书写特征识别技术中，人的特征识别包括了两个部分：静态部分和动态部分。静态部分包括大拇指、食指及虎口的纹路，静态握笔时每个手指与笔接触点的压力，这些静态数据也是无法模仿的，但可能被后台窃取。动态特征是写字时的压力变化（来源于写字时手指及手臂的肌肉运动），包括不同接触点组合时序的压力变化数据，由此可以分析出人们的写字特征。这个动态特征就无法被窃取使用，原因是每次写字的数据都是不同的，但其特征并不变化。该技术可用于无人值守柜台、远程支付和交易、远程业务办理等场合，能实现高可靠性的个人身份识别。

该技术的另外一个特点是能够"防劫持"。人们被劫持的时候，心情紧张不安，书写动作必然会发生变化，这样的变化是书写者本人也无法控制的，后台系统很容易判断其书写状态不正常，从而拒绝其进行交易或者完成支付，达到"防劫持"的效果。从这个角度看，密码、脸部识别等方式就无法实现该功能，声纹识别如果能够通过声音识别出说话人的紧张情绪，也能够实现"防劫持"的效果。

总之，在远程交易或者自助交易的情形下，银行账户操作者的身份识别，是保障账户安全的重要途径。这样的身份识别，不能简单地依靠一张银行卡或者一部手机，不应将安全责任完全归咎于用户自身保管设备或者个人信息不力，必须采取更为可靠的、方便的账户操作者身份识别技术，从而有效实现对用户账户资金安全的保护。

三、多因子（要素）身份识别技术

个人生物特征识别作为支付者身份识别的难点之一，在于检索速度的问题。

在数亿用户中根据用户提供的某一信息检索一个用户的身份，虽然结果可能是唯一的，但也需要一定的时间，特别是在交易集中发生的时候，检索时间将更长，而金融支付场景需要在数秒内就完成身份检索和支付确认，所以单一信息检索是难以达到速度要求的。目前的身份识别往往采用组合方式，先用手机、卡号等基础信息作为检索依据，然后再检验个人特征数据，最终确定个人身份。这就提出了多因子身份识别技术。

由于单一的身份识别信息可能出现窃取和盗用，本来就不足以确保交易安全，所以需要更多的身份识别要素进一步加强交易安全。

单因子身份识别主要用于特定的场景，如定向支付公共事业费、公共交通费等小额免密快捷支付场景。这些场景下，通常使用手机号、付款二维码、NFC 芯片作为支付依据。

双因子身份识别是目前的主要支付方式，比如：微信号（或者手机号）+密码；手机号+指纹；手机号+面部图像；手机号+声纹；手机号+动态密码。三因子身份识别包括：手机号+密码+设备指纹；手机号+验证码+动态密码；手机号+声纹+面部图像等。

在很多环境下，使用多因子身份识别操作比较麻烦，以手机微信支付为例，不仅要打开微信支付界面，还需要输入密码等确认信息。如果使用刷脸支付，则需要调节光线和位置；使用指纹支付，需要确保指纹不湿水；使用密码支付，单手操作很难完成；使用动态密码，还需要从短信中读取密码。多因子支付的安全性比较高，但操作仍有一定的复杂性。

这里分析一种新的支付方式，就是声纹支付。如果直接用声纹完成支付，可靠性是很高的，难度在于如果没有手机号码作为索引，如何减少信息检索时间，确保在数秒内完成身份确认和支付确认。如果先刷二维码，再用语音（做声纹识别后）确认支付，虽然由于获得了用户初始身份（手机号码），降低了检索速度，但操作依然比较复杂。

能否只用语音就实现快速支付，一个好的方法就是复用语音通道，比如，用语音说出手机号码，再用声纹判断是否为本人，这样一来，虽然是同一个信息通道，但却实现了双因子支付（手机号+声纹）。这样的支付方式，可以彻底解放双手，而且安全性还非常高，检索速度也非常快。流程主要是：先做语音识别，识别语义内容，判断出手机号码，再识别说话者声纹，将声纹和历史档案库中该手机预存的声纹进行比对，就可以确定该用户是否是机主，然后通过手机号索引到相应的银行账户（或者相应的储值账户）进行扣费，完成支付。在支付过程中，对整个语音数据进行备份，供之后查询和证明。当然，实际操作中，还要考虑支付金额确认等问题，应在保护用户隐私的同时进一步简化操作，对检索速度影响不大。

进行语音支付，还可以利用更为安全的多因素支付技术，任何人都可以在银行内预留一个同意支付的内容指令，只要其说出这个约定的指令内容，就可以完成支付。在这个模式下，支付要素变为三要素：手机号码+声纹+约定的指令。其安全系数将更高，而且用户还可以根据交易额度设置不同的指令，比如超过1万元人民币的支付，用一个约定指令（也可以称为支付口令、支付密令）；超过50万元人民币的支付，用另外一个（或者再追加一个）约定支付指令。目前银行卡或者手机支付正在推出不同的交易金额使用不同的支付确认手段的服务。理想的支付体系，应当具有用户自主设置功能，使用户能够根据不同的交易金额设置不同的支付安全验证条件。

如何在提高支付用户身份检验准确度，保证支付安全的同时，降低用户的操作复杂度，是一个需要继续深入研究的课题。在不同的交易场合、不同的交易额度情形下，支付安全系数也是不相同的，需要综合衡量操作时效性要求、风险控制要求、操作复杂度、用户感受等因素，设计能够自适应的（根据不同的交易场景，软件自动选择合适的支付验证方式）、用户也容易理解的、高安全性的支付解决方案。

有一个特定的多因子支付模式，就是多人多重确认支付，例如，某公司规定所有单笔超过1000万元人民币的支付，需要在最后转账确认时，获得总经理、业务总监、财务总监、出纳四方的一致确认。也就是说，需要四位都回复对该笔转账的确认信息，利用手机+语音验证方式，很容易实现这样的功能，而且安全性很高。该方案对支付方便性和业务可靠性有一定的影响，因为如果这四人有一人因特殊原因无法及时回复（比如在国际航班上无法回复信息），则该笔转账无法完成，可能影响公司重要的合作。但这个缺点也不是无法解决的，可以通过针对某一个或者某几个审批人设置备份审批人的方法来解决，当主审批责任人在约定时间内无法回复信息，或者无法取得联系的时候，通知备份审批人，由备份审批人确认是否同意支付。当然，很多时候总经理是不能由备份审批人来代替他决策的——这些都取决于企业自己的管理要求并自行设置相关权限，系统将根据企业制定的规则完成该企业单笔超过 1000 万元人民币的支付确认流程。这样的多人验证机制还可以设定时序确认要求，预先规定部分或者全部人的确认时序，前续人员回复确认之后，后续人员才能够确认，这和公司的合同审批模式非常类似。

从这个案例可以看出，多因素验证充分利用移动通信技术，可以设计多样化的支付模式，也可以实现更加安全可靠的支付及转账交易，防范金融诈骗和金融犯罪。在多人核准模式下，除非犯罪分子劫持全部人员，否则无法逼迫或者诈骗出纳完成支付。

四、多通道支付技术

从某种意义上讲，支付者通过某种设备与后台联系，必然需要交换相关的支付信息，包括支出账户、支出金额、支出者身份验证信息、收款人信息，以及一些辅助信息，当然，信息传递是需要加密的。

在使用专用设备的情况下，如 POS 机，这样的信息传递是比较安全的。POS 机中有一个终端安全控制模块，这个卡实现了对收发数据的硬件加密，因此，POS 机交易是比较安全的，至少能够在交易信息传输过程中保护相关数据。

但在非专用设备的情形下，如手机、PAD 设备等，信息传递和加密手段的安全性是不够的。密码、账号等信息很容易被盗走，导致犯罪分子假冒用户盗刷资金。

解决上述问题的方案有两个，一个方案是采用硬件加密方法，手机也内置像终端安全控制模块那样的硬件设备，或者设计一个手机 U 盾，来保护手机与金融机构后台系统之间的信息通信，从而提升手机支付的安全性。这个方案的支付交易安全性是比较高的，但这个方案需要重新设计手机结构，需要所有的手机厂商提供支持，而且申请和安装 PSAM 卡的程序也非常复杂。另一个方案是采用"多通道支付"技术，将支付者（支付设备）和金融机构后台的信息传输拆分到不同的信息通道中完成，从而确保信息的安全性，防止假冒信息的支付。

随着通信技术的发展，远程信息传递的方式发生了极大的改变，最早的互联网系统，发展到现在的移动互联网；短信息（从信令通道）数据传送、GPRS 数据，发展到 5G 数据传送、语音信息数据传送等。

需要支付的基础信息，如支付账号、支付密码从不同的信息途径到达金融机构后台，再进行信息组合，这就是双通道信息传输支付。在这个场景里，信息传输是双向的，比如，手机号+支付账号利用 GPRS 或者无线网络传输到银行后台，而支付密码由短信发送到后台，银行就可以确认支付，但黑客很难同时取得不同渠道的数据。

多通道信息传递的典型表现是网络支付的电子口令卡，网络上走的是账号信息，但用户当次交易的密码是从电子口令卡里获得的，电子口令卡是与银行同步的，每分钟改变一次。黑客不可能窃取到当前电子口令卡中的密码信息，即使他从支付通道中窃取了本次交易信息，下一次仍然无法盗刷用户资金（因为密码已经改变）。这也是多通道信息传递的一个特例。

多通道信息传递的另外一个典型案例，就是量子通信。普通通道里走的是加密过后的数据文件，而"量子信息通道"里走的是加密解密密钥（因为目前的量子技术只能传输少量数据），而这个"通道"是通过量子纠缠实现的，是一个只在逻辑上存在的"通道"，实际并无任何可截取的无线信号，因此是非常安全的。信息收取端将收到的加密的数据文件和从量子信息通道获得的密钥信息进行组合，解出原文，从而确保了通信安全。

多通道信息传输可以有更多的通道参与数据和信息的传输，比如，语音通道、短信通道、无线网络通道等，可以将三方组合起来分别发送不同的内容，虽然都是用同一部手机接收和发送这些信息，但由于走的是不同的数据通路，木马和病毒很难同时从多个不同的数据通路上取得信息（很多时候是双向信息），从而保护了用户的支付信息安全。

更高安全性要求的信息传送，还需要更多的信息拆分、传递及组合方式。比如，密码可以拆为几段，每段从不同的数据通道传输，再与没有数据传输的电子口令卡、没有数据传输的量子技术等配合，就可以实现更高级别的数据保护，从而保护支付数据和交易信息的安全。

如果单一通道信息被窃取的概率为1%，那么双通道信息同时被窃取的概率可降到万分之一以下。

现在的动态密码技术，实际上也是双通道支付技术的一种应用方式。动态密码技术的本质，就是确认用户手机号码的真实性，因为每个银行账户都关联了一部手机，若无法确认账户支付交易的真实性，就需要向账户的拥有者进行确认，即向与该账户关联的手机发送短信，如果用户将收到的信息填写到操作界面上，就表示该操作界面和注册银行卡的手机使用者是关联的，是手机使用者本人在操作，至少也是得到手机使用者授权的操作。

这个方案里有好几个安全假设：①假设该手机使用者不会把短信转给非法交易者。②假设手机号码是不会被克隆的。③假设手机上没有黑客软件偷取用户的验证码。④假设该手机号还是用户本人在使用，没有换卡或者停用。

严格意义上来说，上述四个假设都是不成立的，已经有案例表明，有诈骗分子盗取了用户收到的验证码；手机号码被"空中补卡"业务绑定到诈骗分子的手机SIM卡上；手机上经常有病毒偷取短信内容并转发给黑客，或者通过电信运营商的基站窃取用户短信信息。

为了解决上述验证码难题，学者们提出了"语音验证码"技术。这个技术不是通过短信发送验证码，而是通过拨通电话，用语音方式告知用户相关的支付交易验证码，让用户在电脑或者手机App里输入，从而确认用户身份。但这样的操作方式又面临新的问题：一是用户在接到莫名其妙的电话时很紧张，很容易认为这是诈骗电话；二是语音播放会受到环境噪声的影响，有时候用户无法听清楚；三是受操作者状态的影响，密码没有被准确获知。

语音验证码技术之后又有人提出了"声纹验证身份"方式，就是用户用语音及声纹确认相关交易，通过声纹比对，确认用户身份及用户支付意愿。该技术比单纯的语音验证码技术更方便、安全、可靠，只需要验证是否是本人发出的语音操作指令，就可以完全确认该支付者的身份、支付意愿、支付金额等内容。

不管用什么方式识别用户身份，都需要从信息传输途径角度解决信息安全问题，因此，多通道信息传输已经成为目前金融行业比较常用的一种技术。

在跨境支付的情形下，支付者身份验证等安全验证手段更加重要，这也是未来设计跨境电子支付、跨境数字货币支付结算需要充分研究和思考的问题。通过多个渠道确认结算人（交易者）身份是一个很好的解决思路，也能够确保相关的跨境金融结算系统的稳定性和业务的安全性。

五、基于大数据的账户风控模型

本部分介绍的大数据风控模型，重点用于账户安全及资金风险控制，特别是个人账户安全，不涉及企业账户及企业贷款风险控制，也不涉及各类金融产品及衍生品的风险控制。

（一）账户特征，识别高风险账户

账户从开立、使用，到最后销户或者成为僵尸账户，涉及很多的基础信息，除了开户时间、开户人姓名、身份证件、开户地址、家庭住址外，还包括了开户者的手机号码、签名信息，甚至指纹信息和头像信息。从风险控制角度看，高风险账户（比如用来实施诈骗收款的账户）还是有比较明显的特征的。通常来说，新开设账户、新注册手机的账户、更改手机信息的账户、地址虚假或含糊的账户、特定地区人群的账户（农村）、特定年龄范围的账户（老年人）等，潜在的风险比较高。

高风险账户，一方面可能出现账户买卖转让的情况；另一方面可能出现借用、盗用他人身份开立账户的情况，还可能出现偷取他人账户，偷取沉睡账户使用等情形。不管如何，这些账户和一般正常的账户还是有很大的区别的，可以根据相关信息，设定账户的风险等级。

（二）账户交易行为特征，识别高风险账户及个人

首付款行为特征，也是识别高风险账户的重要依据。

被骗的账户，通常会出现异常交易。其平时的交易很稳定，突然出现异常交易很可能出现了被骗的情况。比如，老人平时交易额度很低，突然大额转出，或者连续转出，都可能是潜在的高风险交易，金融机构应当及时进行异常交易的识别，并进行风险判断和处置，如进行二次身份核准，特别情况下可阻止该笔交易，要求用户到柜台进行交易，并进行交易登记，上报反洗钱系统。

诈骗分子的账户和居民日常交易的账户的行为特征有显著的区别，比如，转账过于频繁，基本没有或者只有很少的买卖支付，金额异常（全进、全出），交易目标异常，完全不固定目标，多方向转入资金，单一或者少数方向快速转出资金，双向交易频繁（赌博资金往来），固定金额多方向转入（传销），异常大额消费（套现）等。

这些账户通常是新开户，或者突然启动沉默账户进行高频交易，然后进入

沉默，而且这些账户绑定的手机号码，也和正常的手机号码的状态不太相同。

对每笔转账交易进行风险评估，是控制风险的有效手段。但目前看来，实施有一定的困难：一是在线交易的时效性要求很高，必须有高效率的数据分析工具；二是跨行交易的时候，不能够对付款人和收款人信息进行联合分析（在后面的反电信诈骗一节中将详细介绍如何进行分析和判断）；三是高风险交易的处理策略很难落地，因为需要改变现有的流程，需要修改相关的法律法规，金融机构对改变现有流程的动力不足，他们更愿意根据用户指令进行简单的划账操作，由用户对自己发出的指令负安全责任，实际上是一种不作为。

（三）信用信息，个人信用、企业信用

从技术角度看金融风控始终存在极大的难度，不管是对保护用户隐私，还是提高交易效率，技术手段通常是治标不治本。真正解决金融安全问题，要从建立信用体系入手，建立完善的信用体系后，很多复杂的问题也就迎刃而解了。可以预计，未来的个人信用值对账户的操作权限有直接的影响，信用值低的个人，他的账户操作将受到限制，包括转账、收款、贷款等业务。从这个角度看，个人失信虽然不一定会受到司法处理，但要面临被金融机构联合起来限制提供金融服务的困境，对个人生活的影响是极大的，这样的惩罚方式在很大程度上遏制了个人金融行为失信情形的出现。

在美国或者很多西方国家，都会限制大额现金的使用，这样一来，如果没有银行电子化服务的支持，人们生活将变得十分不方便。限制现金的使用，一方面大大降低了腐败的机会，另一方面也能够遏制金融失信行为的出现。

如果中国也采取限制大额现金使用的策略，可以想象，大量的非法资金就没有出路，是解决腐败问题的一个良方。从操作层面上看，1000元以上的交易（甚至更低的额度）必须使用账户支付，可以是刷卡、手机支付等，存款超过1万元，必须说明合法来源。这样一来，所有的非法来源的"黑钱"就没有办法进入银行账户系统进行"支付"或者"洗白"，或者通过交易兑换为资产"洗白"。

（四）跨行业数据分析

大数据分析的一个难点，就是信息不够全面。以传销为例，如果转账方向汇集，金额相同，并且所有的转账人都集中到一个地点较长时间，显然就是在进行传销活动，不过这样的大数据分析，需要银行间配合，因为转账人可能来

自不同银行，也需要电信运营商配合，确认这些人的位置等。只有解决了跨行业数据采集问题，才能够更好地分析各类金融风险事件。

传销、洗钱、赌博等非法事件的特征数据，需要跨行业跨部门的数据汇总分析，应建立相关机制，协调各方在保护各方数据权益和数据隐私的前提下，进行数据联合分析，从而有效实现对非法金融交易的监控。

（五）区域大数据统计异常

针对个人账户及交易行为的风险分析，可以一个分析模型为参考，就是区域数据分析。目前，电信诈骗、传销、赌博等非法活动呈现"地域聚集"的特性，如整个村子甚至邻近几个村子，都从事"富婆生子"诈骗活动。从经济学角度来看，就近"学习诈骗知识"的成本最低，效果快，还有"师傅"现场指导，并且具有"互不举报"的安全性。从金融机构的统计数据可以看出非法活动集中的区域的高风险账户比例偏高，甚至在特定的时间段内，非法转账交易的频率很高，因此，这样的统计特征数据可以用来支持对个人转账交易的风险评估。

如果某个账户在特定的时间段（晚上2点到4点），从大城市转账给"高风险村子或者区域"的账户，再加上该账户的户主符合"容易被欺诈"的人群特征，那么其交易的风险等级极高。

六、金融机构的职责及账户安全警示

（一）金融机构保护账户安全策略概述

客户（包括企业和个人）的金融账户都是由银行负责管理的，银行应当严格按照客户的指令进行相关的操作。随着无卡支付技术的出现特别是移动支付手段的普及，黑客越来越多地利用信息技术窃取银行客户账户内的资金。就金融机构来说，防范非法、假冒客户的操作指令是其的责任和义务，而不应将账户资金安全的责任全部推卸给客户（持卡人）。

账户变动短信通知，也叫金融短信息通知，或者叫"银信通"业务，就是一个非常好的保护客户资金安全的手段。每个银行卡，都要求捆绑客户个人的手机，也就是说，不管是什么原因导致账户出现变动，金融机构都可以立即发一条点对点短信通知客户，客户就可以判断账户是否安全。比如，是否本人操作、扣款金额是否正确、是否有人恶意修改密码、转账是否成功、收款是否到账等。虽然现在微信非常普及、银行 App 也都具备了查询和通知功能，但由于短信具有及时性、定向点对点特性、不被拦截特性，所以其始终是人们账户安全的最后一道防线。即使账户被盗刷，也能及时报警冻结或者挂失银行卡，尽量追回被盗资金或者减少后续资金损失。从这一点上来看，银行应当无条件开通金融短信息服务，但实际上，很多银行要求客户"付费定制""银信通"的功能，每月缴纳一定的费用才开通该项功能，否则不会对客户开通该项服务。下面系统地介绍"银信通"业务。

（二）金融短信服务"银信通"业务模式

1998 年 5 月 1 日，世界上最早实现商业性运作的短信银行项目诞生于捷克。该项目由 Expandia Bank（2001 年更名为 e-banka）与移动通信运营商 Radiomobile 公司在布拉格地区联合提供，推出后即吸引 4000 多个客户。

目前该系统已由最初支持一项银行业务，发展成为可为客户提供包括确保账户资料和支付安全等功能的移动金融系统。短信银行的推出，是银行金融服务与无线通信服务相结合的金融创新与服务创新。

金融短信服务是指商业银行通过手机短信为客户办理账户查询、转账、汇款、捐款、缴费、消费支付、金融信息查询、动态密码验证等和客户账户相关的各种业务的信息通知方式或业务办理方式，是一种新型金融服务模式。

与传统的银行客户间的沟通方式相比，金融短信服务的优势在于任意时间、任意地点、任意话题都可以展开交流，它比电话银行和网上银行更具移动性和及时性。

根据发起的主体不同，银行短信服务可以分为客户发起类和银行发起类。客户发起类是指客户通过手机发送短信（交易指令），银行收到短信并验证客户身份后，自动根据交易类型传至银行电脑系统，由银行电脑系统自动完成交易并实时更新账户资料，再将有关交易信息发送至客户手机。客户可以随时随地通过手机短信查询账户余额和明细、银行存贷款利率、外汇牌价、债券，转账，汇款，进行消费支付，缴纳电话费和手机费，修改密码等。例如，客户刷卡消费或者提现以后，如果想查询银行卡余额，可以发送短信给银行，银行就会向客户回复有关账户余额的短信。银行发起类是指银行批量发送有关信息至客户手机，客户无须发送短信。短信银行系统向客户提供的服务包括账户余额变动提醒，账户定期账务通知，账户登录情况，密码变更情况，动态密码提示，账户其他任何变动，以及银行公告和股市、汇市、债市信息提醒，重大财经新闻推送等。例如，若客户银行卡内的资金发生变动，客户随即会收到来自银行的手机短信，告诉客户交易的时间、种类（提现或消费）、金额等信息。因此，如果银行卡被盗用（无论是提现还是消费），持卡人可以根据银行发来的短信立即采取相应的措施（如挂失银行卡等），使遗失银行卡的损失降到最小。

根据是否需要支付费用，银行短信服务可以分为付费类和免费类。付费类是指客户需要支付一定的费用才可以获得银行的短信服务，客户需要与银行签订相关的协议，通过协议来明确双方的权利义务关系。例如，中国工商银行的工行信使服务就是一种付费类服务，客户定制工行信使，先要签订《中国工商银行个人客户工银信使服务协议》，然后定制信使服务的具体内容，包括财经信息、账务信息推送重要提示，余额变动提醒，汇款通知等内容，不同内容的信息收费不同。免费类是指客户不需要支付一定的费用就可以获得银行的短信服务。银行为营销自己的金融产品，通过短信的方式将新推出的金融产品介绍给客户，这样的信息一般为免费信息。例如，当推出记账式国债或新基金时，银行会主动向客户发送免费短信推销记账式国债或新基金等金融产品。

（三）金融短信服务平台的特点

（1）服务的客户范围广阔。由于提供"短信银行"服务的商业银行已与国内主要的移动通信服务商建立了良好的业务合作关系，因而其客户范围可以覆盖移动通信服务商的全部客户，其短信服务也适用于各种不同厂商和型号的移动通信工具，只要客户持有能收发短信的移动通信工具，均可享受到银行短信服务。

（2）服务的内容和功能丰富。除极少数按规定必须到银行柜台办理的现金业务外，客户均可通过"短信银行"办理各类常见的银行业务，而且有关短信服务均使用中文进行，操作界面简单、清晰，银行在对有关产品和服务进行升级的时候，客户无须更换移动通信工具和 SIM 卡即可自动享受各种新增服务和功能。

（3）服务的私密性高、安全性好。为依法保护客户的隐私权，银行通常采用多种方式确保"短信服务"的私密性和安全性：将客户指定的移动通信号码与其银行账户绑定，并设置专用支付密码，确保短信服务对象的唯一性；有关短信传输和处理均采用国际认可的加密传输方式，实现移动通信服务商与银行之间的数据安全传输和处理，防止数据被窃取或破坏。

（4）服务的时间和地点不受限制。"短信银行"通常采取 365 天×24 小时的服务方式，无论何时或客户身在何处，只要客户可以收发短信，就可全年365 天享受银行提供的 24 小时全天候短信服务，转账、汇款等业务可以实现瞬间到账，缴费、消费等业务也可以确保实时完成，因而具有比电话银行和网上银行更为方便和灵活的特征。

（5）对象明确、传送可靠、反馈及时。短信服务为银行开辟了一条低成本、高效的客户沟通和市场营销渠道，把服务延伸到了客户的手机，极具亲和力、影响力、吸引力和竞争力。通过构建短信服务平台，向客户提供各类定制的金融信息服务，可大大提高现有客户的满意度，并且对新客户产生吸引力。金融市场瞬息万变，证券服务公司必须及时准确安全地将信息传递到客户手中，短信系统可在最短时间内将重要信息安全地传递给客户。

（四）金融短信发送技术方案简介

1. 金融短信发送系统架构图

参考联动优势公司资料，得到金融短信发送系统架构如图 6-1 所示。

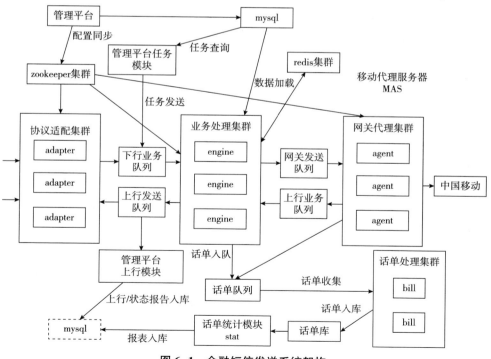

图 6-1　金融短信发送系统架构

消息收发适配器：通过协议适配器，对从企业（金融机构）取得的数据进行标准化格式转化，将消息发送给业务处理集群。将收到的各种反馈信息，转换为相应的格式（与发送信息格式匹配），返还给消息发起方。

业务处理集群：对消息按照规则进行消息过滤、打标签等动作，然后将消息发送进消息发送队列。

网关代理集群：将发送队列里的消息与电信运营商的行业信息网关对接，进行发送处理，同时接收运营商行业信息网关返回的数据，返回给业务处理集群。

辅助功能模块：包括管理监控系统、统计系统、消息暂存系统、资源调度管理系统等。

金融消息发送流程如图 6-2 所示。

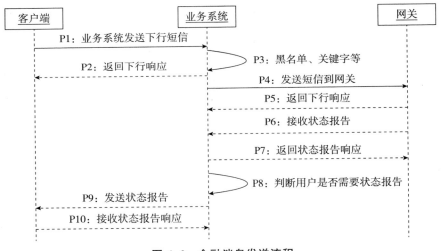

图 6-2　金融消息发送流程

金融消息发送流程具体如下：

（1）金融机构生成金融短信息。

（2）金融机构通过接口将金融短信息发送到银信通平台。

（3）银信通平台收到金融机构发送的短信息，为该短信息生成唯一标识（masMsgId）校验手机号码格式、黑名单、敏感词等内容，并对消息进行路由判断，如果无异常，则返回金融机构接收成功，并在响应中告知 masMsgId。

（4）银信通平台根据短信路由的网关进行扩展号、签名处理，如有必要，进行长短信拆分。

（5）银信通平台将短信息发送到网关，并接收网关返回的响应，响应中包含网关对消息的唯一编号 gwMsgId。

（6）银信通平台收到响应后，将 gwMsgId 与 masMsgId 的对应关系保存到缓存中。

（7）电信网关将短消息发送到用户手机后，向银信通平台返回状态报告，状态报告中携带原响应中的 gwMsgId。

（8）银信通平台收到状态报告后，将 gwMsgId 转换为 masMsgId，生成新的状态报告，发送给金融机构。

2. 金融短信息与金融安全之间的关系分析

客户的金融安全问题主要分为被骗与盗刷资金两大类，犯罪分子会利用各种手段特别是发送假冒的金融机构短信息（特别是伪基站）欺骗用户。

用户隐私保护难，很多用户信息通过互联网站或黑客攻击各种企业（包括金融企业）的系统而泄露，导致犯罪分子可以通过电子手段（无卡支付或者无 U 盾支付）盗刷用户资金。无卡（且无 U 盾）的电子支付手段方便快捷，已经成为潮流，但也使用户无法及时可靠地掌握账户资金变化的情况，甚至在完全不知情的情况下，被盗刷资金。

即使是有卡支付，也存在克隆用户银行卡再盗刷的情况。

从金融短消息的功能看，金融短信能够及时快速通知用户账户的任何变动情况，且通常不会被第三方截流，黑客盗用用户信息进行电子支付相对容易，但要截流用户短消息难度很大。另外，由于金融短信息的发送是和账户变动同步的，完全可以通过账户变动信息进行各种分析，判断用户的交易行为是否有风险，及时提醒用户。在用户手机被屏蔽、关机等情况下，金融短信息发送平台发现消息发送异常（发现信息多次无法送达客户手机，无状态报告返回或者状态报告返回"发送失败"的信息）后，需要进行客服人工干预（直接电话联系用户）或者报警处理。

3. 金融信息服务面临的问题和不足

第一，缺乏相应的金融短信服务标准。目前金融短信发送服务很随意，没有规范。例如，有的银行不需要订阅该项服务就发送账户变动通知，有的银行必须订阅了才发送通知，有些银行一段时间需要订阅，一段时间又不需要订阅，用户基本上不太清楚哪些银行需要订阅。另外，同一张卡，有的交易能收到通知，有的交易收不到通知。这些都说明该项服务比较随意。而且，银行修改信息发送规则，也没有明确、清晰的用户告知过程。

第二，金融短信发送的内容及格式不规范。信息格式不统一，内容也不统一，容易泄露用户隐私。例如，短信内容有些包含咨询电话，有些没有任何投诉或者咨询问题的联系方式；有些包含账户余额提醒，而有些没有；有些包含支付交易发生的地址或者商户等信息，有些则没有交易信息。

第三，信息不防伪。用户无法区分收到的金融短信是否是假冒信息，因为伪基站发送的信息，也都是以金融短信特服号95×××的身份发送的，且形式、格式和银行信息相同。

第四，信息不分级。即使是用户订阅的信息，对高风险交易和一般交易也不做区分，没有指引可循，降低了风控效果。比如，境外交易、极短时间内的异地交易，短信息只是说明交易金额，而不做额外的交易风险提醒，很容易被用户忽略，导致资金损失。

第五，缺少欺诈和风险信息的共享机制和规则。各银行间风险信息孤立，导致诈骗分子连续诈骗不同银行的多个用户。

第六，缺少应急处理机制和规则。用户若发现非本人交易，打电话冻结银行卡流程太长，操作非常烦琐，而且有时候用户不记得卡号还无法操作，若用户能够在短信中直接回复查询或者发出冻结指令，则会大大加快安全措施落实的速度，迅速完成可疑交易账户的冻结，立即止损。

第七，警示信息不规范，不能更好地实现保护用户账户安全的效果。短信服务对高风险交易没有明确的提示，而且提示没有针对性。比如，风险用户产生首笔境外交易，应明确提醒用户"您的交易是境外交易，请您确定是否本人或者本人授权的交易"等，而目前的短信服务仅泛泛地提示"请注意交易安全"，对用户的提醒警示力度不足。

（五）金融机构信息服务提升方案①

1. 明确金融通知短信的分类

金融机构应根据个人金融短信来源、内容及风险级别等条件，对个人金融短信进行分类管理，不同分类的个人金融短信具有不同的信息编码格式及处理优先级。

（1）警示类个人金融短信。警示类个人金融短信是金融机构向个人用户发送的、用于警示风险的个人金融短信。警示类个人金融短信有以下两种信息

---

① 参见中国软件行业协会《个人金融短信处理、传送、监控及管理技术规范》。

来源：

一是金融机构主动识别用户账户可疑的交易行为，生成警示个人金融短信发送给用户，向用户提醒风险。

二是监控管理平台通过数据分析，识别用户账户可疑行为并反馈给金融机构，金融机构根据反馈信息，采取适当的风控措施，包括发送警示个人金融短信或其他方式向用户提示风险等。

（2）验证码类个人金融短信。验证码类个人金融短信是用户在金融机构注册、登录、交易时，金融机构向用户发送的用于验证用户身份的个人金融短信。

（3）高风险交易类个人金融短信。高风险交易类个人金融短信是金融机构识别用户账户交易行为具有潜在风险，为保证金融安全，向用户发送的具有明显提示的个人金融短信。

具有潜在风险的交易行为包括但不限于以下几种：账户长时间沉默后的第一笔交易；国家反洗钱法规所规定的单笔大额交易；境内交易之后的境外第一笔交易；连续大额消费；极短时间内异地交易；短时间内大量交易；不符合用户过往交易习惯的交易；敏感时段的交易；敏感地域的交易；其他金融机构认定的异常交易。

（4）周期提醒类个人金融短信。金融机构应周期生成用户账户报告，通过个人金融短信发送给用户，保障用户账户安全，为保证用户及时了解账户情况，账户总结报告至少每月生成一次。

金融机构应针对还款、逾期等情况周期生成提醒通知。

（5）一般交易类个人金融短信。一般交易类个人金融短信是指金融机构未发现异常的用户交易，向用户发送的包括该次交易信息的个人金融短信。

（6）交互类个人金融短信。交互类个人金融短信是金融机构与用户交互而发送的个人金融短信。从交互源头区分，又可分为主动交互、被动交互两类。

主动交互类指金融机构主动向用户推送的，并与用户产生信息交互的个人金融短信。如金融机构主动向用户发送分期说明，要求用户回复，用户回复分3期，金融机构对用户分期进行处理并向用户通知分期成功以及每期还款额度等。

被动交互类指用户主动通过上行信息与银行产生交互的个人金融短信。如用户向金融机构发送上行指令，要求查询余额，金融机构收到上行指令，查询到用户的余额信息后生成个人金融短信，发送给用户。

（7）用户关怀类个人金融短信。用户关怀类个人金融短信是金融机构发送给用户的业务介绍、产品介绍、用户关怀、营销等信息。

2. 统一个人金融短信格式

（1）基本格式。

1）个人金融短信分类信息。个人金融短信格式中需包含个人金融短信分类。

2）个人金融短信编码。个人金融短信编码是个人金融短信发送处理平台为每个个人用户手机号生成的连续、唯一的编码，用户可根据个人金融短信内容中该编码的连续性判断个人金融短信来源的合法性，防范如伪基站、改号软件等假冒金融机构发送虚假短信欺诈等风险。

3）个人金融短信溯源。金融机构在生成和传送个人金融短信时，应在处理的各个环节保留日志，确保每条个人金融短信都能够溯源。

4）个人金融短信正文。个人金融短信正文中应包含个人金融短信签名和要发送给用户的正文内容。个人金融短信签名包含在个人金融短信正文内，采用"【××××】"格式标识个人金融短信发送者的身份。

5）有效期。金融机构应在个人金融短信传输报文中明确个人金融短信的有效期，超过有效期的个人金融短信不再发送给用户。

6）上下文关联字串。上下文关联字串是指个人金融短信中头部和尾部包含的各一段4~6位符号串（以下简称关联串，由数字、字母任意混合组成），每条个人金融短信中的头部的关联串，必须与该用户的上一条信息的尾部关联串相同，每条个人金融短信的尾部的关联串，与下一条该用户的个人金融信息头部的关联串相同。用户可以很方便地根据个人金融短信内容中头、尾关联串的一致性，判断个人金融短信来源的合法性，防范如伪基站、改号软件等假冒金融机构发送虚假短信欺诈等风险。该信息是金融机构生成个人金融信息时的可选项。

（2）警示类个人金融短信格式。

警示类个人金融短信正文中应添加显著的警示标识，用于提醒用户。

警示类个人金融短信正文中应添加紧急止损方式说明（如回复某个指令可即时冻结该个人账户），使用户在紧急情况（如盗刷）下避免损失继续扩大。

警示类个人金融短信正文中应添加紧急联络方式，该联络方式要求金融机构安排专职人员24小时值守，使用户在紧急情况下能迅速与金融机构取得联系。

（3）验证码类个人金融短信格式。

验证码类个人金融短信正文中应明确验证码发送方。

验证码类个人金融短信内可以包括验证码的使用方式。

验证码类个人金融短信内可以注明验证码的有效时间。

验证码类个人金融短信正文中应明确提示用户防范风险，包括但不限于提醒用户不能将验证码告知他人，应在指定的时间、渠道上使用该验证码等。

（4）高风险交易类个人金融短信格式。

参见前述的警示类个人金融短信格式。

（5）周期（定期）提醒类个人金融短信格式。

周期提醒类个人金融短信应包含用户在当前报告周期中的账户的总体变动及余额情况。

（6）一般交易类个人金融短信格式。

一般交易类个人金融短信应包含用户交易时间、交易商户、交易金额等情况。

（7）交互类个人金融短信格式。

交互类个人金融短信应包含交互标识，保证交互内容可识别。

（8）用户关怀类个人金融短信格式。

用户关怀类个人金融短信包含金融机构对用户的节假日关怀问候、金融理财产品推荐等内容。

3. 制定个人金融短信退订规则

为避免垃圾个人金融短信的骚扰，部分类别的个人金融短信应包含退订个人金融短信的方式说明，退订说明中应明确该类型个人金融短信的退订方式。用户退订时按照个人金融短信分类退订，金融机构不应向用户发送已退订分类的个人金融短信。

以下类型的个人金融短信应包含退订说明：周期提醒类；主动交互类；用户关怀类。

为保障用户账户安全，避免金融风险，以下类型的个人金融短信不应提供退订功能：警示类；高风险交易类。

其他类型的个人金融短信可由金融机构根据自身业务情况自行处理。

4. 接收与处理状态报告

金融机构应提供状态报告接收的接口，接收监控管理平台发送的状态报告，根据状态报告进行风险分析。

5. 接收与处理用户上行个人金融短信

金融机构应提供上行个人金融短信接收的接口，接收监控管理平台发送的上行个人金融短信。金融机构应正确处理用户上行的退订信息，及时处理用户上行的应急止损请求。

6. 接收与处理监控管理平台上传给银行的风险提示信息

金融机构应提供风险提示接收的接口，用来接收监控管理平台发送的风险提示。金融机构应对监控管理平台发送的风险提示进行跟踪、处理，防范可能的金融风险。

七、快速止损策略

银行账户安全的重要一环是快速止损。目前，用户挂失银行账户最快的手段是通过电话银行挂失，但操作流程非常烦琐，需要及时打电话，快速上报银行卡号，确认挂失人的身份，即使整个流程只有 1 分钟，也给电子支付盗刷者将账户里的资金全部转走提供了机会。

最快捷的账户冻结方法是用户通过短信发起对银行卡的冻结。这里有两种情况，一种情况是用户发现账户资金出现风险的时候，可以立即发送冻结指令到银行特服号码，银行收到该信息后，立即根据手机号查询到其相应的所有账户（考虑到一个用户在一个银行里可能开有多个账户），做出快速临时冻结该账户 2 小时的指令，然后发送信息给用户，要求他通过电话银行进一步确认。

另一种情况是用户收到银行发来的账户信息变动通知，觉得有风险，可以直接回复短信要求冻结银行卡，同样，银行在收到信息后，立即对该用户本行所有的银行卡进行临时冻结，然后发送信息给用户，提示其通过电话银行进行进一步的操作。如果是在深夜，临时冻结的时间可以从接收短信的时间开始一直延续到第二天上午 9 点。

这里同样要考虑到恶意冻结他人账户的问题，因此，对用户发出的指令，银行应当进行一定的鉴别分析，如果觉得可疑，则可采取先临时冻结再主动外呼用户确认的方法，以防有人恶意冻结别人账户。

即使是在接收用户指令后临时冻结用户的账户，也同样需要考虑法律风险，一是通过国家相关的行业标准进行约定，银行遵照标准执行，二是用户需要在开通银行账户的时候，同意相关条款。在无强制标准的情况下，可以由用户选择是否需要银行提供短信快速冻结这项服务功能。推行相应的标准是最好的策略。

第三节　电信诈骗安全问题及对策

电信诈骗给社会带来的损失巨大，影响极其恶劣。从本质上来说，金融的便利性为诈骗分子提供了机会。总的来说，电信诈骗分为如下两类：

（1）盗刷类。犯罪分子通过各种技术手段，利用无卡支付在用户不知晓的情况下盗刷用户的账户资金。本书在对无卡支付进行分析时提出了这类问题的解决方案，主要是：识别支付者身份，通过大数据风控模型分析支付安全，通过账户变动通知及时通知用户，并受理紧急止损指令等。严格意义上来说，盗刷类的犯罪行为应当归入银行资金盗窃类，而不应当归入电信诈骗类。

（2）诈骗类。电信诈骗的花样非常多，总结起来可能有数百种"诈骗剧本"，犯罪分子通过各种方法威胁利诱用户主动支付。

诈骗有个特定的技术诈骗手段，就是钓鱼类诈骗：在用户正常进行交易的时候，诈骗分子利用技术欺骗用户将支付的资金转入诈骗分子的账户而不是正常交易的商户的账户。这算是一种技术诈骗，这里的用户并不是主动向诈骗分子发起支付的。还有一种情况是通过诱骗验证码的方式进行诈骗。

为了更方便地引诱用户上钩，诈骗还会冒充银行发送短信诈骗，主要是利用伪基站冒充银行发送短信给用户，使用户误以为是银行发来的信息，从而上当受骗。

冒充银行发送短信是最容易诱导用户上钩的手段，危害很大，而常规的技术手段很难解决这个问题，后面单独对反伪基站的方案进行分析。

一、伪基站诈骗及对策

伪基站又称假基站、假基地台，是一种利用全球移动通信系统（GSM）单向认证缺陷的非法无线电通信设备，主要由主机和笔记本电脑组成，能够搜取以其为中心、一定半径范围内的 GSM 移动电话信息，并任意冒用他人手机号码强行向用户手机发送诈骗、推销等垃圾短信，通常安放在汽车或者一个比较隐蔽的地方发送信息。伪基站运行时，用户手机信号被强制连接到该设备上，无法连接到公用电信网络，以影响手机用户的正常使用。

伪基站利用移动信令监测系统监测移动通信过程中的各种信令过程，获得手机用户当前的位置信息。伪基站启动后就会干扰和屏蔽一定范围内的运营商信号，之后则会搜索出附近的手机号，并将短信发送到这些号码上。屏蔽运营商的信号可以持续 10 秒到 20 秒，短信推送完成后，对方手机才能重新搜索到信号。伪基站能把发送短信的号码显示为任意号码，甚至是邮箱号和特服号码。

载有伪基站的车辆可以向周边用户群发短信，因此，伪基站具有一定的流动性。一些功率大的伪基站辐射的范围很广，只要伪基站不关闭发射，就会有手机不断地被吸入。用户离基站越近，其手机被吸入的可能性越大。

一台"伪基站"的价格不足 5 万元人民币，大都是私人厂家自行组装。

伪基站的危害巨大，360 互联网安全中心发布的《全国首份伪基站短信治理报告》显示，中国大陆 70.2% 的伪基站诈骗短信冒充运营商诱导用户点击恶意网址。除中国外，美国、印度、捷克等国家均存在伪基站的安全威胁。

当伪基站冒充银行特服号给用户发送虚假短信的时候，用户出于对金融机构的信任，极易"上钩"，从而为犯罪分子开展诈骗提供了机会。因此，防范伪基站的需求尤为迫切。

从上述原理上看，要阻止伪基站的短信发送，从技术上很难做到，其操作时间短、流动性强，即使发现某个地区出现了伪基站群发现象，等执法人员到达现场，犯罪分子早已离开，而且即使犯罪分子就在附近，只要他关闭伪基站电源，执法人员也无法找到犯罪分子。

现在，"云识别"的方式解决了电话、短信的骚扰信息。电话响铃的时候，直接显示"该电话被××人标注为广告电话""骚扰电话""快递电话"等，骚扰或者广告短信被直接屏蔽，都是通信部门基于云端大数据，对用户"投诉"的电话号码进行标注，并将标注信息发送给被呼叫的用户，从而由用户进行判断并处理。伪基站是没有办法利用这个原理的，因为伪基站直接模仿的是机构的合法"服务号"，发送信息的号码本身无法进行"云端"信息汇总和判断。

既然难以阻止伪基站发送信息，那么另外一个解决思路就是能否让接收银行短信息的用户快速识别信息的真伪呢？智能手机的发展为解决这个难题提供了可能性。

智能手机能够将同一个信息来源发出的短信归并到一个信息目录中，也就是说，某个银行发出的信息将在同一个目录下逐个显示。利用"上下文相关"短信发送技术，就能够让用户快速识别"真假"短信。

简单来说，银行向某个用户发送的信息，必须和之前发送的信息有显著的关联性。比如，信息连续编号，当前信息最前面的内容和上一条信息最后面的内容一致等。为了节约信息量，通常这样的上下文关联信息要简单、清晰。

参考《个人金融短信息处理、传送、监控及管理技术规范》的要求："上下文关联字串是指个人金融短信中头部和尾部包含的各一段 4~6 位符号串（以下简称关联串，由数字、字母任意混合组成），每条个人金融短信中的头部的关联串，必须与该用户的上一条信息的尾部关联串相同，每条个人金融短信的尾部的关联串，与下一条该用户的个人金融信息的头部的关联串相同。"

用户可以根据个人金融短信内容中头、尾关联串的一致性，判断个人金融短信来源的合法性，防范如伪基站、改号软件等假冒金融机构发送虚假短信进行欺诈等风险。伪基站通常是采取群发来进行操作的，它并不知道某个银行之前发给用户的信息，因此，它就很难模仿银行的信息，用户能够轻易地做出判断。

如果只是用连号的方式进行金融短信的发送，也能够起到防范伪基站假冒信息的作用，但仍然有个问题，就是伪基站可以利用"撞库"的模式进行操作。比如，它发送 10 万条短信，统一按照 3242 这个编号发送，如果某个用户恰好收到的银行发来的上一条信息是 3241 号，该用户就可能会以为这真的是银行发来的短信息，就有被骗的风险。因此，在设计的时候，除了要编号，还需要插入更多的随机产生的"特征字"放在短信的头部和末尾。这样一来，伪基站基本上就无法假冒银行发送信息了。

总结起来，就是要利用信息不对称的方法，将伪基站变成"局外人"，而用户通过上下文相关的信息判断，很容易识别假冒信息。

以金融机构为例，银行向用户发送信息，用户如何判断是银行发来的还是伪基站发来的，依据端口号（服务号，或者叫特服号）是无法区分的，只能从内容进行区分。内容完全可以进行"上下文相关"，要求银行对发给用户的所有信息进行按照顺序编号，比如，上一条是第 1934 条，下一条就是第 1935 条，如果用户收到的是第 1935 条，那么他可以对照上一条收到的信息，如果是第 1934 条，则可以判断是银行发来的信息，对伪基站来说，它并不知道用户收到的上一条信息的编号，也就无法发出带正确编号的信息。

可以继续增加"上下文"相关信息的复杂度，在上一条信息的最后增加若干随机文字，比如增加"孔子"二字在上一条信息的最后，而下一条信息的开头必须标注"孔子，第 1935 条"，这么一来，伪基站"撞库"的概率为 $(1/7000 \times 1/7000 \times 1/10000) = 1/490$ 亿，这里的汉字字库按照 7000 字计算，大大提升了假冒的难度，如果是三个汉字，或者用不定长汉字进行关联，碰撞的难度更大，安全性更高。

智能手机有足够的能力对同一个机构的信息进行汇总，这样一来，智能手机直接就可以判断收到的信息是否为虚假信息，而银行在发送信息的时候，只要将上次发送给同一客户的信息调出，然后进行信息关联加工即可，操作也非常方便。

还有一类伪基站技术，通过"嗅探"窃取银行的下行短信，然后再给用户发送伪装信息进行欺诈，甚至通过技术将用户的3G、4G信号强制变更为2G信号连接状态，从而实现截取信息和假冒信息。通常这类手段主要用在窃取动态验证码上，是一种针对性的用户账户盗刷或者盗用身份登录各种应用软件的行为，对用户金融账户同样具有安全隐患。

5G时代，有比之前更为完善的服务器到5G终端之间的身份验证和信息安全传输机制，将大幅度降低信息被截取的风险，但由于手机都是向下兼容的模式，2G、3G、4G、5G模式均可接收信息，伪基站仍然可能向用户手机发送假冒短消息，所以银行端应当尽可能地从5G通道下发短信，从而降低信息被窃取的风险。上下文相关技术仍然是有一定效果的，即使伪基站通过嗅探有针对性地窃取下行信息，上下文相关技术也能大大降低伪基站进行"简单群发"式的欺诈的可能性。上下文相关技术自身也可以继续改进，比如，支持将当前短信和前几天银行下发的信息进行关联，伪基站需要"蹲守几天"才能够进行欺诈信息的窃取和伪造，对伪基站来说这个风险和难度是非常大的。

我们需要深入研究防范伪基站的信息发送和处理技术，需要从技术、流程、应用、用户感知等方面综合考虑和设计安全策略，单从技术角度努力，是不能解决所有问题的，需要综合考虑多种安全策略，尽最大努力降低风险。

二、反电信诈骗的方案

（一）电信诈骗产生的背景分析

随着经济的发展，网银、手机银行、电话银行等金融服务方式在为金融消费者带来更大的便利性和更高效率的同时，也成为金融诈骗的重灾区。金融诈骗已经成为当前的重大社会问题，诈骗分子通过各种手段，欺骗、窃取受害人资金，每年带来的资金损失数以百亿计，给部分家庭带来灾难性损害，典型的如清华大学教授被骗1800万元、山东徐玉玉被骗学费自杀等。另外，恶性暴力犯罪也时有发生，绑架、勒索、套路贷等恶性犯罪事件也屡见报端。

1. 金融诈骗数量金额大、涉及领域广

近几年以来，金融诈骗犯罪所涉及的金额增多、触及的领域扩大，不仅给人民群众造成了损失，也给国家造成了巨大的损失。

2. 犯罪形态团伙化

从近几年破获的金融诈骗案件可以看出，参与金融犯罪的人员越来越多，有些甚至与金融服务机构内部人员勾结，团伙作案占据主体。

3. 作案手段多变、智能化、高科技化

随着现代科技特别是互联网和移动互联网的高速发展，诈骗分子渐渐认识到网络这一虚拟空间存在着丰富的可利用的诈骗资源，网络诈骗案件呈高发态势，给社会带了巨大的危害，给互联网安全和社会稳定带来了很大的冲击，给受害者带来了严重的损失。金融诈骗手段由线下转换为线上，由原始的伪造变为利用高科技技术手段，手机、电脑都是他们的作案工具。

电话诈骗现已蔓延全国，常见的诈骗手段就多达几十种，诈骗"剧本"有数百个，如虚假中奖、短信打款、电话欠费、购车退税等。犯罪分子一般采用冒充受害者的亲戚、同学或朋友，通过套话骗取受害者的信任。例如，先拨通受害者电话，与受害者进行简单沟通，利用受害者缺乏防范意识的心理，在受害者处取得信任获得好感，进而编造谎言，向受害者借钱，让受害者汇钱到指定的账户。犯罪分子通常准备充分，会精心编制固定操作流程，充分收集受害人的资料并对诈骗过程进行编排，假借名义，寻机骗人，从而获得非法利益，使人民群众蒙受很大的财产损失，严重扰乱了正常的社会秩序，造成极其恶劣的社会影响。

电信、网络诈骗犯罪都是非接触性犯罪，犯罪嫌疑人主要通过电话、网络犯罪，诈骗手段不断翻新，特别是随着金融资金结算方式多样化、快捷化，诈骗对象选择趋于精准化。

（二）解决方案难点分析

电信诈骗危害已久，国家各部门采取了各种手段，并不能从根本上解决，之所以难以解决，有以下几个原因：

（1）信息沟通十分方便，诈骗分子很容易就能获取他人隐私进行欺骗，人们对于知道自己及家庭情况的人的防范意识较低。

（2）诈骗分子通常利用人们的贪欲或者想赚钱的心理进行诈骗，或者利用人们的危机心理进行诈骗，比如假冒公安、假冒家人出事故等，从而让人们主动支付，而在人们主动支付的时候，风控模型很难发挥作用。对于盗刷他人银行卡，风控模型可以根据支付者的行为特征进行风险识别（不像是本人操作），而电信诈骗都是被害人主动发起支付，所以风控模型很难根据支付者的行为特征判断是不是被诈骗的行为。

（3）由于支付便捷，被骗资金快速到账，犯罪分子立即进行资金转移，从而很难追踪或者追回资金。在诈骗的过程中，犯罪分子的信息都是虚构的，银行卡也可能是买来或者偷来的，因此，一旦被害人进行了支付（或者银行柜台汇款），即便马上醒悟，也难以追回被骗资金。

解决这个难题，通过教育、宣传等手段虽然能够提高人们防骗的意识，但效果有限，因为诈骗的手段与技巧层出不穷，诈骗"剧本"不断翻新，稍有不慎依然会被骗，很多高级知识分子都被骗就是实际的证明。

犯罪分子对人们心理的把控、对新技术的理解已经很深入且诈骗的操作成本极低，可以照搬其他犯罪分子的"剧本"操作，仅依靠教育和宣传并不能解决电信诈骗这个恶性的社会问题，需要综合运用多种手段。

（三）反电信诈骗的方案设计

每天 CtoC 转账的数量是巨大的，在海量转账交易的情况下，如果转账交易流程太复杂，就必然影响交易效率和交易方便性。因此，有必要对所有的转账交易进行分类，进行风险评级，只对高风险转账增加额外的风险审查机制。

既然无法从汇款方控制受害人向诈骗分子转账，解决问题的思路必然转向收款方，也就是如何让收款方无法收到诈骗的款项。常规的方法有：一是限制高风险交易，直接退回交易；二是限制到账额度，降低损失；三是提供交易冷静期，增加交易撤回机制。限制高风险交易很难做到，因为，风险判断准则可能误杀正常交易，导致正常交易被拒绝，给社会经济生活带来不利的影响，不能因为有诈骗情况出现就"因噎废食"。第二种限制转账额度的方案，显然也有同样的问题，如果某人急需汇款而系统只允许小额转账，将严重影响人们的正常生活。第三种方案也非常不方便。这样的冷静期，不仅会影响正常交易效率，而且也导致了新的诈骗手段的出现，还违背了汇款业务几百年来形成的交易习惯。

综上分析，常规的方案不太适合解决电信诈骗问题，本书提出了让诈骗分子"不敢"收钱的方案，相对来说，能够更有效地起到防范诈骗的作用，而且弥补了前述三种方案的不足。但是，在什么情况下犯罪分子不敢收钱呢？正常的收款人和犯罪分子收款人有一个本质的区别，就是"亮相"，犯罪分子是不敢亮相的，而正常的收款人是可以亮相的，利用这个差异，就可以设计一个新的防诈骗汇款流程方案。犯罪分子不敢亮相的原因也很简单，是怕司法机关能够追查到他本人，因此，如果在汇款流程中增加了要求收款人"实时实名认证"步骤，就可以有效遏制犯罪分子收款，具体的方案设计如下：

1. 利用人工智能和大数据技术判断交易风险等级

用户汇款（或者转账，以下简称转账），不管是通过柜台、ATM 现场操作，还是通过电脑网银进行操作，抑或是通过手机等工具进行远程转账操作，都存在一定的风险，都应通过人工智能和大数据技术对转账交易进行风险等级评定。

风险等级评定的核心要点是金额、转出方和收款方双方是否属于初次转账、转账发生时间（特别是网络和手机转账）、收款方的信用等级等。

2. 对高风险转账必须加入"对收款方信息取证"等步骤

对高风险转账交易，必须加入"对收款方信息取证"步骤。具体来说，对高风险交易，要求收款方通过预留在银行的和收款账户绑定的手机号，上传收款人个人信息，包括视频（和身份证预存照片比对验证）、声音（根据提示表达）、指纹等信息，系统同时采集手机定位信息和收款人开户信息。

系统在分析后，对上述信息进行存证，让汇款资金到达收款方账户。若收款方在规定的时间内（比如 24 小时）未能上传信息，则转账交易撤销，资金退回。

该方案防范犯罪的核心原理是"让犯罪嫌疑人无法以真实身份收款从而遏制犯罪"，要点包括：①各种犯罪分子不敢上传个人真实信息。②如果盗用或者购买他人账户收款，无法取得他人手机号码，也就无法实时完成个人信息上传，除非盗用者一同盗用了别人的手机号码。③通过绑架、勒索等手段威胁他人转账的，也无法通过验证"收款人真实身份"的方式收款。

对正常的汇款业务来说，即使被系统认定为是高风险转账交易，要求收款人上传个人信息，收款人也不会介意上传真实身份信息并完成收款。而且，由于智能手机普遍使用，收款人完全可以快速完成本人真实信息的实时上传处理。

在具体操作中，不仅要做好业务风险等级分析，还要注意以下几点：

第一，建立可信收款用户白名单，白名单上的用户收款一般无须再次进行个人信息上传验证，从而大大减少收款人身份验证工作，降低汇款操作难度，使汇款快速便捷。

第二，对高风险交易，也要根据风险级别，设置不同的信息验证要求，对特别大额交易或者风险等级很高的交易，要求收款人拨打电话银行进行在线视频验证身份，或者本人到银行柜台（任意银行均可）当面验证。

第三，对转账交易验证未通过，或者收款人拒绝验证的交易，将原汇款人视同高风险交易的收款人，同样要求其进行个人身份上传验证，防止诈骗的再次发生。

3. 制定并推广相关标准，建设相应的管控平台

应当制定并推广有关金融转账交易的新的国家标准，强制要求相关金融机构（包括支付宝、微信等第三方支付机构）执行。

同时，为了降低验证频率，共享风险信息，应当建立统一的金融转账验证监控平台，在一定时间内完成一次身份验证的收款人无须重复验证，对拒绝验证的收款人，同时禁止他的其他账户收款。这样统一的收款人身份验证平台可以由独立于银行之外的、安全可靠的运营方来管理和运营。

（四）结论

从法律角度看，实行上述新的汇款规则，不需要修改现有的金融法律，因为实名制一直是银行账户基本的要求。在实际执行过程中，开户基本上实现了实名，但在卡的使用过程中，只有柜台业务实现了实名，非柜台业务基本上都没有进行实名验证，犯罪分子利用上述漏洞，或者偷来，或者买来他人的银行卡进行犯罪收款和转账，但在本方案里，他无法也不敢利用"实名"办理业务。全程实名完全符合银行账户实名制要求——不但开户实名，使用时也需要实名。信息技术解决了非柜台交易"实名"认证的难题。

即使犯罪分子利用假冒的身份证件实现了开户，但在使用的时候一旦"本人露面"，执法机关就可以通过技术手段追踪到犯罪分子，因此，他是不敢"露面收款"的。

虽然犯罪分子可通过欺骗他人，让别人代他完成"露面"收款，但代理人将收到的款项向犯罪分子账户转移的时候，仍然需要犯罪分子"露面"收款。代理人配合犯罪分子提现或者进行大额交易，难度很大。对于这种交易，即使完成了"收款方验证"，仍然需要继续监控后续的资金走向，在该账户完成了高风险收款之后，仍然需要将其标记为高风险账户。这样，犯罪分子就无法实现"隐蔽收款"或者是借"马甲"收款了。

人们的金融账户安全是事关社会安定的大事，影响到所有的银行卡持有人，在电子支付环境下的电子盗刷和诈骗手段层出不穷，金融机构有必要充分利用

信息技术，实现对高风险交易的及时提醒，并根据情况增加验证手段。既不影响交易（支付）的方便性，又增强交易安全性，是需要一直研究的课题。制度创新、流程创新，往往能够事半功倍，解决之前认为难以解决的难题。

第四节　本章小结

本章的讨论重点是保护大众的金融账户安全，银行要承担起应负的责任，不能将风险责任完全推给用户承担。在法律上，要更好地保护消费者、限制过度信贷和过度超前消费，应当建立更为科学的监管体系、制度和标准，应当考虑非金融人士特别是弱势群体对金融产品的理解难度，制定有效的风险提醒政策，有效地利用大数据风控技术，监控非法金融业务和诈骗行为，要扶持普惠金融业务，制定适合普惠金融发展的路径。对创新业务，要有恰当的分析和扶持对策，既要创新，又要安全可控。此外，要建设更为科学的社会信用体系和信用应用规则，建立快速止损机制，最终实现和谐社会的目标。

第七章
数字加密货币及安全监管

第一节　数字加密货币概述

　　数字加密货币使用去中心化的支付系统，建立在无中心化、分布式的网络体系上，运用区块链技术解决了多重支付问题，并且可以提供银行服务职能。但是加密货币的匿名特点，容易被不法分子用来从事非法金融活动。

　　目前来看，数字加密货币的主流技术主要有三种：一是以比特币为代表的第一代区块链技术；二是以智能合约为主的以太坊（Ethereum）技术；三是以物联网、区块链交易为代表的 IOTA 技术。由于数字加密货币完全公开了程序源代码，一般只需技术略作改进、微调，甚至在现有基础上分支、分叉，就能开发一个新的数字加密货币，因此全球迅速出现了花样繁多的数字加密货币。

　　数字加密货币有着巨大的价格泡沫，区块链、智能合约等技术尚未成熟，并非不可攻破，且存在着价格操纵、虚假发行的金融欺诈行为。目前，加密货币被寡头机构大量持有，数字加密货币交易所的信息披露制度还不健全，使操纵成为可能。此外，首次代币发行（Initial Coin Offering，ICO）也成为金融欺诈的重灾区，其主要用于区块链项目融资，过程一般表现为：项目发起人在网络社区发布项目计划书，并且使用数字加密货币技术生成某种"代币"，项目参与者需要使用比特币（BTC）、以太坊（ETH）或莱特币（LTC）等换取这种"代币"，作为参与该项目并在将来获得回报的凭证。由于发起 ICO 项目的成本低、限制少，仅需通过远程网络操作，因此不乏专为骗取钱财的虚假项目、虚假ICO 平台、虚假代币和交易市场，给参与者带来财产损失。

　　匿名性、去中心化、全球性等特点使加密货币成为违法犯罪活动最佳的交易媒介。加密货币挑战法定货币的地位，如果被非国家行为团体加以扩大，增加其政治影响力或经济实力，可能会造成金融安全风险、国家安全风险。

虚拟数字加密货币是数字货币的一种。加密货币是一种使用密码学原理来确保交易安全及控制交易单位创造的交易介质，是数字货币和虚拟货币使用密码学及数字散列并与智能合约绑定之下的新型通证。数字加密货币的本质是分布式网络中的一组特殊的加密数据，这组加密数据依靠计算机加密算法来保障其归属权，并以区块链的分布式公共账本来记录历史交易数据。

一、数字加密货币发展态势

自 2009 年比特币诞生以来，加密数字货币市场规模迅速膨胀，出现了莱特币（Litecoin）、以太坊（Ethereum）、瑞波币（Ripple）等形形色色的数字货币。

2017 年是数字货币大爆发的一年。2017 年 12 月 17 日，比特币价格达到 19850 美元，接近 2 万美元，这是一个历史性的数据。综观整个行业，到 2017 年末，数字货币市场总值达到了 5724.8 亿美元，全年累计增长 3028%。此外，年内日交易最高点达 556.59 亿美元，相当于纽约股票交易所 2017 年的日均交易额。

CoinMarketCap 数据显示：到 2017 年底全球数字货币种类达到 1381 种，同比 2016 年增长 123.8%。2017 年新增数字货币 764 种，较 2016 年 12% 的增长率提升了 111.8%，而 Q1、Q2、Q3、Q4 的环比增长率分别为 17.67%、19.18%、22.27%、30.9%。可以看到，2017 年币种数量的增速非常高。从全球市场总值来看，2017 年数字货币市值最高达到 5724.8 亿美元，同比增长 3028%，与 2015 年 30% 以及 2016 年 157% 的增速相比，呈现出指数级增长态势。

数字货币在 2018 年 1 月 8 日市值最高时达 8138 亿美元。截至 2018 年 4 月 15 日，全球数字货币种类超过 1500 种，合并市值高达 3217 亿美元，比特币、以太坊、瑞波币、莱特币等占据着数字加密货币市场的绝大部分，前十大数字货币的总市值达到 2570 亿美元，约占数字货币总市值的 80%，市值排名第一的比特币的市值占比高达 42.5%。截至 2018 年 8 月，数字货币主要市场 CoinMarketCap 排行榜上共有 1890 种数字加密货币，市场总值达到 2170 亿美元。

2019 年 1 月，数字货币价值大幅缩水，市场总值在 1200 亿美元左右，和最高点相比，跌去 80% 以上，这也说明了数字货币的市场风险巨大。2019 年 6 月，比特币再上 1 万美元，和最低点相比，再次增长了约 4 倍，再次证明虚拟数字货币的风险巨大。

二、比特币简介及其运行安全性典型案例

比特币（BitCoin）诞生于 2009 年，其概念最初由中本聪提出，是一种 P2P 形式的数字货币，点对点的传输意味着一个去中心化的支付系统。到 2019 年 2 月 19 日 15 时止，已经开采的比特币是 17546513 个，尚未开采的比特币有 3453488 个，总市值 67796214998 美元，单价约 3960 美元。

与大多数货币不同，比特币不依靠特定货币机构发行，它依据特定算法通过大量的计算产生，比特币经济使用整个 P2P 网络中众多节点构成的分布式数据库来确认并记录所有的交易行为，使用密码学的设计来确保货币流通各个环节的安全性。P2P 的去中心化特性与算法本身可以确保人们无法通过大量制造比特币来操控币值。基于密码学的设计可以使比特币只能被真实的拥有者转移或支付，这同样确保了货币所有权与流通交易的匿名性。比特币与其他虚拟货币最大的不同是其总数量非常有限，具有极强的稀缺性。该货币系统曾在 4 年内只有 1050 万个，之后的总数量将被永久限制在 2100 万个。

比特币安全机制的核心，是公开账本、共识算法、算力竞争，在算法的控制下，任何个人或者少数人试图篡改交易或者历史数据的企图都很难成功，账本数据自身的安全性是比较高的。

但其仍然存在安全隐患，而最大的隐患来自交易平台安全和密钥安全。比特币要经过交易平台进行撮合，在这个过程中，安全漏洞就产生了，平台可能出现各种各样的风险漏洞，包括平台的数据被盗取、出现虚假钓鱼平台、平台跑路等高风险问题。比特币钱包的密钥可能出现丢失、被盗等安全问题。因此，从数字货币整体的使用环境来看，比特币的安全仍然是存在问题的。

三、中国对数字加密货币的监管政策

目前，我国不承认虚拟数字加密货币的法律地位，且制定了明确的监管措施。以比特币为代表的数字货币进入中国以后，对金融领域的影响较大，引发的投机活动造成了市场混乱。中国人民银行对比特币的态度十分谨慎，2013 年 12 月中国人民银行、工业和信息化部、中国银行业监督管理委员会、中国证券监督管理委员会、中国保险监督管理委员会联合发布《关于防范比特币风险的通知》，指出比特币不是由货币当局发行，不具有法偿性与强制性等货币属性，并不是真正意义的货币，不能且不应作为货币在市场上流通使用，比特币交易是一种互联网商品的买卖行为。2014 年 3 月，中国人民银行又下发了《关于进

一步加强比特币风险防范工作的通知》，要求各银行和第三方支付机构关闭 10 多家境内比特币平台的所有交易账户。2017 年 9 月，中国人民银行牵头的互联网金融工作组起草相关规则，禁止境内比特币和其他数字货币交易平台。2019 年初，区块链领域的第一部规范性监管文件——《区块链信息服务管理规定》落地。这意味着，监管机构正式对区块链这项技术表明了态度。这部规范性文件由国家网信办权威颁布，对于区块链行业的意义重大。

第二节　稳定币

一、基于区块链技术的稳定币发展情况

稳定币最早起源于 2014 年 Bitfinex 组建的泰德公司（Tether Limited）发行的泰达币 USDT。稳定币即一种具有相对稳定价值的加密货币。稳定币的诞生是因为普通加密货币的价格波动巨大，其作为一种交换媒介，来连接数字货币世界与法币世界。稳定币（Stable Coins）是我们能够充分使用区块链技术的保障。任何应用都要求在区块链上具有较低波动（如消费者贷款），不能每天有波动 10%~20% 的货币计价。比如比特币和以太币，如果您使用比特币将资金从一个国家汇至另一个国家，那么它在一个区块确认期间的价格变动很有可能大于 WesternUnion 或 PayPal 收取的费用。

最重要的是，稳定币允许在去中心化交易所用美元而非比特币或以太币来计算交易配对。这将方便普通用户进行加密交易，但也会引发黑客对交易所（如 Mt. Gox 和 Bitfinex）的攻击。由此来看，稳定币的应用场景是那些存在一定时间差的交易场景，比如上述提到的转账，以及在预测市场类、博彩类应用中进行下注等。稳定币可以一定程度上确保在这段时间内保持交易价格稳定。

稳定币既具有法币的稳定性，又具有数字货币的去中心化特点。目前稳定币主要有三类：以法定货币或其他硬资产抵押的稳定币；以加密货币作为抵押的稳定币；无抵押/算法式的稳定币。其他硬资产包括石油、黄金、能源、艺术品等，也有将动产作为资产背书的，甚至可以将收益权作为数字货币的背书资产，如未来的租金收益、未来税收收益等。不管以什么资产为背书，资产的真实性、权益归属、保管方式、处置方式等都会影响数字货币的安全性，特别是

会受到相关国家法律法规的影响。

最常见、最简单的一种是法定货币抵押的稳定币，其中包括 Tether（USDT）和 TrueUSD（TUSD），并与法定货币挂钩（如 1 美元）。用法定货币抵押的稳定币预期是稳定的，它们高度集中，必然与现有的金融机构和银行挂钩。

可以看出，第一种类型的稳定币借鉴了"金本位制"，即纸币需要维持与黄金的可兑换性，国家不能发行超过所拥有黄金总值的纸币。去中心化加密货币抵押的稳定币的一个突出例子是 MakerDAO 的 DAI。加密抵押的稳定币试图通过用另一种加密货币（如以太币）对稳定币进行过度担保，并利用交易机器人来维持期望的关联，从而保持它们的稳定性。第三种类型的稳定币是无抵押/算法式的。这些稳定币没有任何潜在的抵押品的明确支持，相反，它们的算法执行主动的、自动化的货币政策（即扩大和收缩供应以保持稳定的货币价格与 1 美元挂钩）。这些系统可以去中心化，然而如果整个系统的需求骤然下降，它们仍然容易受到大规模死亡螺旋的影响。比如，BASIS 就是通过算法调整货币供应量，其增加或减少货币供应使价格和价值保持稳定。

二、稳定币的演变

稳定币的发展也经历了一个被市场推动的演变过程，总体上来说，新发行的稳定币是为了解决上一个稳定币的不足。USDT 作为较早发行的稳定币，与美元挂钩。但由于发行方的中心化，大家质疑市场上流通的 USDT 并无等值美元储备，存在诸如滥发、超发的弊端。之后，TrueUSD（TUSD）稳定币出现，相比于 USDT，其透明度要高一些。TUSD 采取的方式是引入第三方托管美元资产，并且定期公布审计报告。其发行 TUSD 和销毁 TUSD 的过程也用智能合约来自动执行。TUSD 背后的团队表示，"我们的开源智能合约会确保 TrueUSD 与账户里的 USD 储备之间的汇率是 1∶1"。但其实，不管是 USDT 还是 TUSD，这类稳定币都是锚定的法币，而法币是中心化的。这也是后来 DAI 出现的主要原因。

DAI 发布于 2017 年 12 月，其诞生是为了实现去中心化，同时还要实现稳定性。DAI 用另一种加密货币以太币作为抵押物。《如何理解稳定币 DAI?》一文将 DAI 的运行机制解释为：DAI（Maker 的稳定币）由抵押品（以太币）支持。假设你是 Ether 持有者，你想拥有 DAI，第一步就是将你的 Ether 发送到一个简称为 CDP 的"担保债务头寸"智能合约中。CDP 是一种运行在以太坊区块链上的智能合约，并且存在于 Maker 生态系统中。DAI 选择将抵押物的价值始终大于 DAI 的价值。这是因为抵押物的价值会有波动，所以要确保 DAI 有足够的抵押。如果抵押物升值并没有太大影响，意味着 DAI 有更足够的抵押。但是，如果作为抵押品持有 Ether 的价值低于其应该支持的数额，那么 DAI 不值 1 美元，系统可能崩溃。Maker 会通过强制清算 CDP 并在 Ether 的价值低于其支持的 DAI 的价值之前，在内部拍卖 Ether 来对抗这一点。

由于 DAI 这类数字锚定的是加密货币，所以可以体现其去中心化的特点。但由于锚定的加密货币本身的价格具有波动性，所以即便抵押物的价值超出稳定币的价值，也会造成稳定币本身的价格不足够稳定。

为了在确保去中心化的同时增加稳定性，BASIS（以前叫 Basecoin）出现了，它通过算法调整供应量。据 BASIS 项目的白皮书介绍，BASIS 是一种多资产货币，它包含了 BASIS 代币（其稳定币）、债券币和股份币三种代币。BASIS 会通过协议算法，根据代币汇率变化（如 BASIS 兑美元汇率的变化）来计算并调整 BASIS 的代币供应量。如果 BASIS 的交易价格高于 1 美元，那么区块链就会创造并分发新的 BASIS。这些 BASIS 会按照协议决定的次序，由债券币和股份币的持有者们发出。如果 BASIS 的交易价格低于 1 美元，那么区块链就会创造并通过公开竞价的方式出售债券币，回收 BASIS，使其不再流通。

项目启动初期，1 个 BASIS 可能会挂钩兑换 1 美元。而在未来，BASIS 可能会摒弃美元，并转而挂钩 CPI（居民消费价格指数）或者一揽子商品，就像现今各国央行平息通胀使用的方法。但是这类稳定币易受到加密资产需求长期下降的影响。如果整个系统的需求下降，容易受到大规模死亡螺旋的影响，即稳定币的价格下跌→智能合约出售股份币→股份币供给增加，价格下跌→合约出售更多的股份币。而且，这类稳定币还不易操作。系统能承受多大下行压力？能承受多久？如果该系统开始衰退，投资大户或业内人士是否还会支持它？系统崩溃后，何时才能恢复？这些都难以知晓，而且市场参与者也不可能意见一致。

2018 年 9 月 10 日，纽约信托公司 Gemini、区块链创业公司 Paxos 同时获得了美国纽约金融服务局的批准，可以在受政府监管的情况下发行锚定美元的数字加密货币 GUSD 和 PAX，两者皆基于以太坊发行，与美元按 1：1 的比例挂钩。与之前锚定美元的稳定币不同的是，两者是官方首次宣布发行的稳定币，此前的稳定币并无政府提供信用背书。

纽约金融服务局批准稳定币，意味着什么？目前，国内媒体的观点主要分为三类：

第一类，美元数字化要再次统治全球。这件事真正的意义在于，美国正在利用这次机会，重塑美元，以及重新规划美元的全球性战略。美元基于区块链和数字货币技术，寻找到了新的本位。一种可能性是美元在经历了"金本位""石油本位"之后，可能要开始"数字货币本位"了。一旦美国开始使用"数字货币本位"的战略，可能会给全球信用货币体系和金融系统带来一轮降维打击。量子学派的一篇文章总结了"数字美元"的三种属性：数学化（数学是没有对手的）；全球化（区块链协议天生就是全球性的）；去中心化（很难做到真正的有效管制）。而相比较而言，"数字人民币"的前景存在以下问题：具有较强竞争力的商业公司会天然选择美元作为"数学锚定"；发行"数字人民币"之稳定币的法律风险不明确；底层的数学协议不在中国人手里，数学协议没有中国基因。量子学派认为，现在所有稳定币都是由数学在主宰，而这些强大的"数学协议"没有中国基因，在原创性方面我们缺乏思考力和创造力。也就是说，人民币最终面临的对手不是"数字美元"，而是隐藏在后面的数学，而一旦"数字美元"生态布局完成，将很难重新建立新的"数学协议"。

第二类，促进稳定币的自由竞争。与"数字美元"观点相反，还有一种观点认为此举可促进稳定币的自由竞争。即监管机构之后还会批准更多的公司发行稳定币，这样市场上就会有更多稳定币来相互竞争，由市场化行为来决定哪个稳定币胜出。总体来说，这种观点与哈耶克在《货币的非国家化》一书中的观点类似，他在该书中提出了一个革命性建议：废除中央银行制度，允许私人发行货币，并自由竞争，这个竞争过程将会发现最好的货币。

第三类，只是一个小创新。有人从监管的级别来论述，认为此次介入的监管机构并不是美联储、美国证券交易委员会这样有全美效力的机构，现在就认为"数字美元"要布局全球还为时过早。还有人认为，不是接受监管就代表跨越式进步，"全球每天都在发生金融创新，这一次纽约州金融服务部门给 GUSD 颁发牌照，在稳定币信息披露方面进行了规定，长期来看，这只是其中的一小步"[1]。

三、从发起主体看稳定币分类

目前也出现了第三种数字货币形态，是由企业发行但由国家金融机构，或者可信资产进行信用背书。例如：2018 年 9 月 10 日，纽约信托公司 Gemini、区块链创业公司 Paxos 同时获得了美国纽约金融服务局的批准，可以在受政府

---

[1] 参见 http：//m. neeqm. cn/content/2018-09-26/259764. html。

监管的情况下发行锚定美元的数字加密货币 GUSD 和 PAX，两者皆基于以太坊发行，与美元按 1∶1 的比例挂钩。这是国际首次官方为企业发行的数字货币提供信用背书。

（一）摩根大通 JPM 币的分析

显然，一家银行要发行数字货币，通常比较便利的是将法币数字化，从而确保流通的便利性和结算的高效率，其优点是信用等级比较高，大型银行的信用比很多小国家的政府信用要高，因此，它发行数字货币的接受度应当比较高，但也存在不足之处。首先，数字货币是一家银行发行的，对其他银行来说，融合性是有问题的；其次，数字货币必须同步锁定相应额度的法定货币，否则，就变成发行货币，通常货币发行权都属于政府行为；最后，该类数字货币对货币市场来说，炒作的用途并不大，不像比特币、莱特币等虚拟币有炒作空间，因此，它不太容易成为大规模流通的数字货币。在特定的供应链体系里，这样的数字货币是一个比较好的选择，如摩根大通发行基于区块链的银票，与传统的银行承兑汇票相比，它更便于处理、防伪和流通，这也给其他银行一个很好的示范。目前，即使是电子银行汇票也仍然存在各种风险和问题，基于区块链的银票是一个值得试验的解决方案。

（二）VISA 发币的分析

VISA 作为一个覆盖全球的卡组织，本身的职责就是解决跨行交易和结算，对发行数字货币有兴趣是必然的，它发行数字货币最大的长处在于，其连接大量的银行，有统一的标准，而且受理体系完备，能够扩展数字货币的交易模式，除了通过互联网进行交易，VISA 发行的数字货币可以和银行卡进行捆绑，各种银行终端都可以受理，这是其他数字货币难以实现的功能，数字货币兑换、提现、现场消费也都十分方便。

数字货币捆绑银行卡不是必然选项，也可以捆绑手机号码等，主要是为数字货币或者"数字货币钱包"提供一个"标识"，如果只是将"数字钱包地址"作为标识，不管是记忆还是操作都非常麻烦，有一个银行卡号或者 SIM 卡号，不仅给操作数字货币带来了很大的便利，还能够在一定程度上增加数字货币的安全性，因为增加了一个可靠的安全验证因子。

当然，数字货币如果捆绑了银行卡或者手机，在增加安全性、操作方便性的同时，其可能失去了匿名性，这点可以通过虚拟银行卡来解决。VISA 完全可以发行一种数字货币银行卡，该卡符合银行卡的规范，但并不是实名制银行卡，既方便用户使用和管理数字货币，又能够保护数字货币持有者的隐私。

VISA 同样不具有发行货币的权限，也必须锁定相应的法定货币来兑换发行数字货币，和 USDT 等其他数字货币一样，面临着币值波动管理的问题。

VISA 虽然和银行不一样，但由于其品牌影响力，其数字货币的可信任度还是很高的。如果是发行稳定币，同样没有很大的炒作空间。

（三）Facebook 的 Libra 数字货币分析

掌握 27 亿用户的脸书（Facebook）如果发行数字货币，那就天然具备了 27 亿用户，这些用户之间，用统一的"全球通用币"来进行不受任何政府、机构制约的转账支付，将是一种很"恐怖"的业务场景。

美国政府当然不会让一个互联网公司发行不受它控制的数字货币，于是召开了各种听证会，讨论的焦点表面上看是货币发行问题、风险控制问题，本质上仍然是对数字世界金融体系的控制权、话语权问题，如果 Libra 发行成功，全球各国都用它来进行各种交易，美国的金融霸权地位将受到严重削弱，人们不再需要用美元或者 SWIFT 系统（环球同业银行金融电信协会，是全球通用的支付系统）完成交易，并且交易还是匿名的、不可追踪的。美国表面上是讨论 Libra 被用于恐怖融资及非法贸易，实际上是怕其他国家政府利用其来进行经济活动，使美国政府丢失了一个打击其他"不听话国家"的金融大棒。

从这个角度来看，Libra 很可能"难产"，即使出生，也会按照美国的构想设计功能。首先，不太可能具备发行功能，和 USDT 一样，以锁定法定货币作为兑换发行的模式。其次，应该会采取可追踪的模式，如果采用不可追踪的模式，那就给犯罪群体提供了机会，但脸书本身就不是必须实名制的，货币也就很难实现可追踪，或者强制要求申请 Libra 的用户实名，这里的矛盾需要脸书公司仔细斟酌。

Libra 对全球很多享受不到金融服务的群体能够实现全覆盖，但本质上，贫穷国家的人民本身就没有存款，使用数字货币钱包也没有多大意义。对于有一定财产的用户，Libra 最大的好处是"储值"，将自己国家的货币兑换为（直接或者间接方式）Libra 数字货币，比储藏美元更加隐蔽和安全，而且使用和流通也比美元更加方便，能够躲避国内的金融监管，还能够防止弱势货币贬值。对弱势国家来说，大量的人民将本国货币兑换为强势货币并流通，完全碾压本国货币，未必是一件好事。

如果要收藏美元，需要兑换，并且受到国家外汇管制，限制额度；如果是现金，还需要找地方存储，且现金还不能随时随地在全球各地使用，携带不方便；如果用银行卡的多币种卡，使用每一笔卡中的资金都要受到银行的监控，还可能涉及税收等问题。

Libra 如果真的成功发行，将给全球金融体系带来很大的影响，它最大的优势是用户众多，所有脸书的用户都可以进入这个新的金融体系，如果某个弱小国家的人民都是脸书用户，那么该国民众就都具有了另外一个货币体系，完全可以替代法币在本国交易、流通，其颠覆力是非常巨大的。

截止到 2020 年 10 月，Libra 仍然没有出现在市场上，欧盟国家讨论后认为，Libra 不适合发行，将不会支持其流通。显然，如果不能被西方国家特别是美国所完全掌控，要发行这么大规模的数字货币的难度一定很大。

中国必须对这个潜在的巨鳄型国际金融产品进行深入研究，设计有效的应对策略。在经济全球化的时代，金融全球化将给国家日常经济和金融生活带来不可估量的影响，虽然中国人民银行推出了人民币数字货币，目前已经在深圳等四个城市试点，但只是替代流通中的货币，完全不能够实现国际化数字货币的目标，不管是和 VISA 比，还是和 USDT 比，抑或是和 Libra 比，都不能够算是一种真正意义上的数字货币，不具备全球化的潜力，这是国内金融机构的专家们研究数字货币必须认真面对的问题。

（四）俄罗斯数字货币分析

根据 Cointelegraph 网 2020 年 7 月 22 日消息，俄罗斯国家杜马（下议院）通过数字金融资产法案，赋予加密货币合法地位，规定俄罗斯境内组织可以发行数字货币，并将它们兑换成其他数字资产，包括在国外发行的数字货币。同时，俄罗斯中央银行将获得正式授权，以监督涉及该国发行数字货币的活动，并有权力对加密货币发行人和加密货币交易所提出额外的要求。但是，该法案禁止将类似于比特币的加密货币作为支付手段。这项法案将呈交俄罗斯联邦委员会（上议院）审议，而后呈交克里姆林宫签署。该法律允许从 2021 年起在俄进行数字金融资产交易，但禁止在俄罗斯境内将加密货币作为支付手段。

相关法律对"数字货币"和"数字金融资产"进行了定义和区分。数字金融资产可以作为抵押物、买卖对象，交换另一种数字金融资产，或者交换另一种数字金融资产的数字权利，包括货币索取权、证券权利、要求转让证券的权利、参与非上市股份公司资本的权利。但数字金融资产不是支付手段。数字货币被定义为所有可作为支付手段使用，但又不是任何国家的货币单位的电子数据（数字代码）。加密货币的流通将受到限制。

俄罗斯国家杜马金融市场委员会主席阿纳托利·阿克萨科夫向卫星通讯社解释，加密货币被确定为支付手段和储蓄手段，也可作为投资，但在俄罗斯境内被禁止用于支付商品和服务。

这个方案是一个值得借鉴的方案，它的特点非常鲜明，不同于中国的DCEP（Digital Currency Electronic Payment）数字货币。首先，它可以由国内的组织发行，央行负责监督；其次，它可以与国外的数字货币进行兑换，也就是互联互通，但拒绝与比特币一类的"空气币"互通。显然，如果是由负责任的（或者叫可信任的）机构发行的数字货币，俄罗斯政府是认可的，如Libra或者USDT等，但其在俄罗斯境内不能作为支付手段，不过可以和俄罗斯的数字货币互换交易。

显然，俄罗斯的策略是融入国际主流数字货币体系，同时区分出数字货币和数字金融资产，数字金融资产的含义更为广泛，可以包括很多非货币类数字金融资产。

从目前的趋势看，一家独大的数字货币体系是不太可能在短期内出现的，大家都希望提出效率更高的全球金融工具，并同时保护自己国家金融体系的独立性，因此，全球数字货币很可能是百花齐放的局面，在这个形势下，融合的策略比较容易被大家接受。

俄罗斯的数字货币如果是绑定卢布，也会有一定的问题。从全球来看，卢布也属于弱势货币，因此，与之绑定的数字货币的全球接受度将受到影响，要兑换为其他数字货币，和用卢布兑换为其他货币一样，是会比较困难的，除非因为贸易或者旅行必须兑换。此外，俄罗斯数字货币通常也不会被作为储值货币。

俄罗斯的数字货币与中国的DCEP相比，有一个缺点，就是发行主体可能不是央行，这样一来俄罗斯数字货币的信用将会降低，不如DCEP，当然，其也就不太会被发达国家盯住，影响其在发达国家的流通。

如果俄罗斯数字货币绑定黄金或者其他实物资产，又存在资产的真实性和可获得性问题，这个问题几乎在所有的"稳定币"的发行中都会出现。

俄罗斯的数字货币还有一个特色，就是利用国外的数字货币带动本国的数字货币的发行，因为国外数字货币无法在俄罗斯支付，只能兑换俄罗斯的数字货币才能在俄罗斯支付，这样就形成了一种互动发行的效果。

(五) 欧美日等五国银行的 USC 币分析

USC 是欧美 14 家银行联合发行的数字货币，第一个优点就是其合法性和可靠性较高，这些银行都是各国比较大型的银行，不太会出现破产风险，因此，该数字货币比摩根大通发行的数字货币更加可靠，而且受理机构多，这 14 家银行以及其合作机构都可以受理该数字货币，如果它们给数字货币钱包一个银行卡号，那么数字货币就能够有更多的受理环境。

USC 既可以用锁定法币的方式发行，也可以利用银行授信的方式发行，银行可以在国家规定的范围内给予授信额度，这样一来，其发行量可以很大，这是其他机构发行数字货币所不具备的优点。

多家银行联合发行数字货币，可以实现平衡发行。银行间协商好发行的额度，大家同步发行，这样就实现了某种对等和公平。

在币值稳定上，USC 和其他数字货币一样，没有特别的好方法，也只能采取多种主流货币的加权平均值的方法，尽量降低币值的波动率。由于货币组合比例不能够保持恒定，币值的漂移将不可避免，如果其中某个国家的货币汇率出现了巨大波动，USC 也将受到比较大的影响，各国间需要讨论应对这种情况的对策。比较简单的做法是，各银行都拿出与发行额度同样比例的黄金作为数字货币发行的背书，这样就不用担心各国法币汇率大幅波动的问题，黄金价格虽然在国际市场上也在波动，但其瞬时价格在各国之间是一致的，也就保证了数字货币价值的相对稳定。

四、价值稳定的数字货币对国家金融安全的影响分析

不管是什么机构以什么形式发行的数字货币，只要是能够全球流通的，对任何一个国家的金融安全都将带来很大的影响，总的来说，就是影响国家的货币发行制度、金融体系及犯罪防控体系。国家的货币发行涉及国家主权，金融体系影响国家的经济运行，如果金融方面不能够把关控制，很多犯罪行为特别是网络犯罪行为就可能更加难以防范。具体来说，数字货币对国家金融安全的影响主要表现在以下几方面：外汇管理、跨境支付、非法贸易、贪污腐败、法币替代。

(一) 外汇管理

外汇管制，是全球大多数国家都会采取的政策，主要防止洗钱、炒作，以

及国际金融巨头恶意通过金融工具掠夺他国财富，1992 年索罗斯的量子基金做空英镑，1997 年的东南亚金融危机，都是国家金融受到外力严重冲击的典型案例，作为金融攻击工具的，主要是国际货币市场和美元，而如果是全球性的数字货币，这样的攻击将更加容易和更加隐蔽，甚至不再需要依赖国际外汇市场，在"地下"就可以完成所有的攻击。

很多国家限制外汇进出国境，目的是确保货币流向可控，防止恶意做多或者做空，当然也可以反洗钱、反偷税漏税。如果完全不限制外汇流动，非法资金任意进出国境，将导致这些问题越来越严重。数字货币进出国境基本上不会受到任何阻碍，追踪困难，更不要说拦截，因此，一直到目前，大多数国家并不认可比特币是一种可以在本国合法使用的货币。

（二）跨境支付

跨境支付同样是法定货币的重要职能，跨境支付涉及国家间贸易往来，特别是贸易均衡。如果跨境支付不受控制，一是很难进行税收征缴，二是无法衡量进出口额度，若不能实现国家间贸易基本均衡，累积大量的顺差或者逆差，必然影响本国的经济发展。

合理的数字货币设计方案，应当支持支付留痕或者追溯，这样的设计可以实现对跨境数字货币资金流的有效追踪，保持数字货币支付便利性，对非法跨境支付可以进行事后跟踪处理，所以对非法交易有很大的制约作用，也就不太可能出现严重的洗钱、非法交易等行为，同时也便于征收与交易相关的税收。

可追溯的数字货币，要么是实名制，要么是带有独特的交易标签，这个标签可以是使用者的互联网身份证或者硬件指纹，总之，在必要的时候，可以追溯交易者身份，便于国家管理跨境资金流动。因此，完全匿名的、不可追踪的数字货币是不符合大多数国家对金融监管的需求的。

（三）非法贸易

比特币可用于非法贸易，比如枪支买卖、暗网交易等，这些交易都希望匿名、不可追溯且可以穿透国境，显然，比特币能够满足所有这些需求，因此，比特币是非法交易的常用工具。当然，也有一些合法交易的交易者希望匿名，将比特币作为支付结算工具，支付匿名是一个合理的诉求。为了能够有效防止非法交易，监管机构通常不认可匿名的支付工具。虽然现金货币是匿名的，但大多数非法交易都是通过线上完成的，因此，匿名与否（或者说是否可以追溯）是数字货币的非常重要的分类特征，Libra 及 USDT 都面临着这个两难的选择。中国人民银行推出的数字货币称为"可追踪的匿名数字货币"，对政府来说，可以追踪，而在用户之间是匿名的，互相保护身份。这是一个折中的方案，其效果如何，黑客如何利用这个工具，还有待检验。就目前来看，几乎所有的创新都被会被黑客利用。2020 年 7 月爆出新的 ETC 诈骗，诈骗分子向用户发一条短信，告知其 ETC 过期，需要核实重新开通，用户点击之后填写相关信息，这些信息就被黑客用来进行"无卡支付注册"，而一旦黑客注册成功，之后发生的银行支付就和用户的手机再无关联，黑客直接通过第三方支付平台，将用户银行卡中的钱全部花光。新技术被黑客利用的基本原理并不复杂，即用户对新产品是陌生的，但黑客却很清楚，诈骗分子利用人们对新产品不熟悉的心理，编造各种"看似合理"的理由，用户极容易上当，很多人出于对新产品、对大型机构的信任，很容易被骗。

数字货币同样如此，黑客几乎一定会利用大众对数字货币不很理解的机会，大肆编造各种故事，诱人上当。根据人民币数字货币（DCEP）公布的技术规范，人们可以在无网络的情况下，通过 NFC 完成近距离支付，这里就存在极大的漏洞，诈骗分子很容易通过各种手段进行诈骗，让人们防不胜防。通常情况下，在线交易和离线交易是不同性质的操作，如果将这两种功能混合，普通人根本无法辨别真假。诈骗分子可以在离线的时候，哄骗对方已经完成了支付，只需要装个木马 App，就可以欺骗对方钱已经到账，也可以利用在线工具，诱骗用户转账。在无数字货币的时候，第三方平台（如支付宝、微信）等可以对支付行为进行一定的风险核查，而数字货币似乎很难进行这样的核查，因为"手机互相一碰"就完成了支付，这里面存在非常大的风险隐患。

（四）贪污腐败

每个国家都需要反贪污腐败，而匿名的数字货币是贪污分子最喜欢的金融工具，转账的时候不会被发现，储藏的时候不会被追查到，使用也非常方便，对于赃款来说，价值波动的损失并不重要，重要的是隐蔽性和流动性。由于能够被普遍接受、流通性很好且具有稀缺性，匿名数字货币被很多人用来作为储值和投资的工具，不仅能够隐藏财富，还能够实现增值，因此，比特币的价值持续增长是有其内在动因的。

（五）法币替代

在中国，微信、支付宝等支付工具已经非常方便，但很多国家并没有非常便捷的电子支付工具，如果数字货币实现了普及，很可能会有更多的人使用数字货币进行支付，而不用本国法币进行支付。在很多货币弱势国家，美元、欧元等货币甚至比本国货币更受欢迎，数字货币同样如此，如果是价值稳定的数字货币，国民更愿意持有，并且在市场上属于"硬通货"。不过，这对主权国家来说，会影响国家的铸币权，也会影响法币的市场价值，不会受政府欢迎。

数字货币很容易跨越国界进行流转，而作为其背书的资产的跨境流转却会受到各国法律的严格限制，这之间的矛盾如果不能解决好，也很难实现真正意义上的资产背书，委内瑞拉发行的石油币就是典型事例。其虽然是绑定石油的稳定币，但持有这样货币的国外用户要兑现货币背后的资产将非常困难，因此，其很难受到国外用户的欢迎。即使是以黄金作为资产背书，由西方发达国家发行的数字货币，不是高政治风险国家发行的数字货币，仍然面临着实物资产兑现、出境的难题。

第三节　通证分析

通证（Token）是区块链世界的权利凭证，代币（Coin）是其表现形式之一。在区块链世界，广为人知和被热烈追捧的莫过于比特币和以太币。它们也因广泛的接受度和高度的流通性等特征被归类于实用型通证。当然，莱特币、狗币等其他代币亦层出不穷，但尚未达到界内所认可的实用型标准。而美国证监会倾向于认为，在实用型通证和证券型通证的分类下，比特币和以太币之外的所有通证都具有证券特征，是一种权益数字货币化的典型。

第四节　ICO 分析

ICO（Initial Coin Offering）是指首次代币发行，通过募集数字加密货币的方式进行项目融资，再将募集到的数字货币兑换为法币投资项目，盈利之后，按照融资比例（类同股份比例）进行分红。在项目进行过程中，参与者参与"挖矿"或者其他工作，会得到币的奖励，因此，参与者既是"股东"，又是"参与劳动者"，还是"客户或者用户"。

ICO 成为金融欺诈的重灾区，主要用于区块链项目融资，其过程一般表现为：项目发起人在网络社区发布项目计划书，并且使用数字加密货币技术生成某种"代币"，项目参与者需要使用比特币（BTC）、以太坊（ETH）或莱特币（LTC）等换取这种"代币"，作为参与该项目并在将来获得回报的凭证。由于发起 ICO 项目的成本低、限制少，仅需通过远程网络操作，因此不乏专为骗取钱财的虚假项目、虚假 ICO 平台、虚假代币和交易市场，给参与者带来财产损失。

"众筹"资产行为本身就应当受到监管，ICO 打着众筹数字加密货币的旗号，仍然是众筹的一种形式，一旦失去监管，就直接异化为非法集资。

从 ICO 的项目表现上来看，众筹的资产本应当用于项目，在项目运作实现收益之后分红，这个模式和早期的股票一样。以投资为目的的股票，由于有了流通的需求（因各种理由需要转让出去，或者是后来者想参与投资）就产生了股票买卖，买卖行为很容易导致供需矛盾，若供不应求，则价格上涨，持股者不需要等到分红就能够获利，因此，股票的获利来源，从分红演变成了股价涨跌之间的价格差，只要这个价格差存在，就一直有获利机会，即使股票下跌，通过卖空操作仍然能够获利。当更多的人以价格差为投资股票的理由的时候，投资就演变成了投机。ICO 以全新的技术再次演示了从投资变为投机的过程，而且一开始多数人就是抱着投机的目的参与的，并不在乎白皮书中描绘的项目是否能够真正产生效益和红利。

若用一本白皮书就能够获得大量的投资，那么类似的项目就会层出不穷，一个人甚至会同时发布几十种 ICO 白皮书，只要有"韭菜"，就有人愿意来收割，而投机者总认为自己不会是最后一棒，不会是最后的"韭菜"，很有点"火中取栗"的胆气。由于是新生事物，普通民众也不懂技术和项目意义，所以他们看不到风险，只看到币值一天涨多少倍，不断冲进市场，最后的结果一定是"一地鸡毛"。

国家禁止 ICO 是非常必要的，不过在叫停 ICO 之前上线的项目给投资人造成的损失是很难挽回的，因此，在这一类新生事物刚刚登场的时候，就应立即进行分析，果断采取措施，而不能等几个月甚至 1 年以后，才出台相关禁令。

ICO 后面的推手有两个，一是项目创始人，二是庄家。庄家有点像分头项目的"领投"者，后面散户见有庄家先进场，很容易跟风跑步进场，唯恐后到的收益倍数下降，因此，打击 ICO，必须同步打击发起人和起哄的庄家。

2017 年 9 月，中国人民银行、工业和信息化部等七部委联合发布《关于防范代币发行融资风险的公告》，将 ICO 定性为非法融资行为，要求各类代币发行融资活动立即停止，对已完成代币发行融资的组织和个人要求做出清退等安排。在相关管理部门对境内 ICO 行为及虚拟货币交易场所进行清理整治期间，有部分投资者转向境外开展相关活动。

中国互联网金融协会于 2018 年 1 月第三次发布 ICO 相关风险提示，在《关于防范境外 ICO 与"虚拟货币"交易风险的提示》中呼吁广大投资者认清境外 ICO 与"虚拟货币"交易平台的风险。

2018 年 8 月 24 日，银保监会、中央网络安全和信息化委员会办公室、公安部、中国人民银行、国家市场监督管理总局联合发布《关于防范以"虚拟货币""区块链"名义进行非法集资的风险提示》，列举了包括 IFO、IEO、IMO 等新型数字加密货币融资风险的信息。然而，中国并不反对数字加密货币技术本身，中国人民银行已经开始测试数字加密货币，在成为首个发行数字货币的中央银行的路上前进。

ICO 发行空气币受到限制之后，开始置入"资产"发币，它也可以看作是 STO 诞生的来源。

第五节　STO 融资

一、STO 基本定义

STO（Security Token Offering，证券化通证）是指在确定的监管框架下，按照法律法规、行政规章的要求，进行合法合规的通证公开发行。

STO 是现实中的某种金融资产或权益，比如公司股权、债权、知识产权、信托份额，以及黄金珠宝、大宗商品甚至明星等实物、有价资产或者有未来收益的权益，转变为链上加密数字权益凭证，是现实世界各种资产、权益、服务的数字货币化。在美国，加密通证（Security Token）可以在联邦法规约束下进行首次公开发售活动，持有人可以获得企业所有权或股份。加密通证是具有货币价值的可交易金融工具，和股票市场的金融证券是类同的，可以为投资者带来一系列的金融权益，其功能融合了证券、股息、利润分红、股东投票权、回购权利等。

有些投资机构认为，证券型通证在全球范围内将成为私人资产证券化以及风险资本融资的有效替代方式。

二、STO融资的特点分析

（一）资产公开发行的成本分析

资产证券化的过程包括改制与设立股份公司、尽职调查与辅导、财务审计、法律意见书准备、定价与发行等。通常，这些过程受到由政府指定的监管机构制定的各种规则的限制，监管机构对资产证券进行相关审查，批准发行，并在后续的企业运营中对其进行持续监管。因此，资产证券的审核成本、发行成本是比较高的，发行效率也比较低。在这种情况下，很多中小微企业和起步阶段的高新技术企业就很难实现市场化融资，只能通过天使类投资进行融资。按照某些经济学家的说法，股权融资特别是天使投资是最昂贵的融资。

如何降低融资成本、融资门槛是全球各个国家都需要解决的难题。这里面临的主要矛盾是低发行成本和项目可信度之间的矛盾，发行门槛低，很多"虚假包装"的项目就会堂而皇之地上市圈钱。发行成本主要分为两大方面，一是项目审查成本（包括审计、监管等），二是风险成本，每个步骤和环节，中介机构收取的费用都不仅包括服务的费用，还包括其所需要承担的风险的费用，经过严格审核的项目，可以通过交易所到公开市场向公众发行。

在美国，虽然上市相对容易，但事后的合规成本和企业作弊的代价是非常高昂的，即使如此，普通老百姓仍然面对着巨大的信息不对称问题，因此，美国大众的投资以基金投资为主，由专业的投资机构为客户代为理财。

在中国，普通大众并不那么相信基金经理，大多数民众都是自己做投资决策，中心化的、强力的监管机构就显得尤为重要。即便如此，始终无法解决两个方面的问题：第一，胆大的公司仍然作弊，而且不只是一家两家，也远不止十家八家；第二，监管机构内部有人作弊，而且屡禁不止。

区块链技术诞生之后，很多人认为区块链有可能给证券发行带来一场革命，因为区块链账本是公开的，区块链证券发行是接近"免手续费的"，小微散户是可以投资的，股权是公开的，数据是无法篡改的，分红是可以自动执行的，似乎找到了资本市场新的、完美的解决方案。他们觉得，分布式记账技术和新增的具有监管功能的通用技术得到最大程度的简化，从而降低了交易成本。资产通证消除了企业对中间商的需求，在融资效率、融资时间、融资成本、信息对称和融资地域等方面更具优势。

先讨论取消中间商、融资效率和融资时间。如果没有足够的中间商，谁对项目的可信度负责呢？时间多花费在项目审查的往复过程上，这个时间，不会因为用了区块链技术发行通证而减少。如果监管机构能够提高审查效率，中心化发行体系的效率也是可以提高的。

关于融资成本，通证发行通过简化法规和保存记录，减少对投资银行和其他中间商的依赖，降低了发行股票或债券相关的成本，但这只是降低了发行债券或者证券的直接成本，实际上，简化流程将带来项目风险成本的增加。也就是说，投资人踩到垃圾项目的概率将比有中心化审查方案的情形大幅提升，对社会来说，综合的融资成本或者说社会付出的代价未必降低。因此，发行成本的降低是有条件的，是在可信可靠项目足够多的情况下，通证发行的综合社会融资成本才能真正降低。

关于STO融资方式的信息对称，这一点也是有条件的。在项目上市前的路演阶段，信息显然是不对称的，而且由于审核流程简化，信息不对称的程度会加大。在融资后的项目监管阶段，相对来说，信息对称程度有适当提升，主要是基于区块链技术的股权分布情况非常透明。在中心化监管的背景下，有的上市公司大股东早就套现或者将股份抵押出去了，但散户还蒙在鼓里，而基于区块链分布式账本技术的STO平台将这些情况暴露在所有投资人面前，且分红透明度高，有利于投资人获得可靠的分红回报，即使公司的利润没有分红，但未分红的盈利资金的使用情况也会在区块链上向所有投资人公开。

关于融资地域问题，从经济全球化的角度来看，区块链通证发行具有一定的优势，但在实际操作中仍面临着很多的问题。首先是外汇管制问题，不管是外资进入还是人民币对外投资，都将受到国家金融制度管理的限制，而STO能够全球化发行，不受资金进出管理的限制，显然不符合很多国家的国情。其次是分红纳税问题，由于投资人分布在全球各地，而全球各地的税法不同，纳税操作非常复杂。最后是资金外流问题，在A国投资，在B国取得分红，也会有法律方面的问题（比如变相洗钱等）。

当然，由于中间商的数量大幅减少，金融机构腐败和操纵的可能性也会大幅下降，甚至可能消除。总之，STO 证券发行的"中间人的消除"模式导致交易中的风险责任转移到买方或卖方，买方或卖方在交易承销、安全保险、合规监管等方面的能力会有所欠缺。

（二）关于资产流动性分析

一般认为，跨不同证券种类的加密通证交易能够使不同资产的互操作性大幅增强，各种金融交易的创新对增加资产流动性存在一定的需求，便捷的互操作交易将给资产带来一定的潜在流动性。这些资产被 STO 之后，其融资渠道就拓宽了，并且份额化的产品进入互联网端进行销售，更多投资者能够较容易地参与，购买较小的交易单位。

传统股票市场有固定的开盘时间，但在休市期间可能发生影响股票价格的重大事件，却无法实时反馈。加密通证交易 7×24 小时连续交易、T+0 的结算方式使交易更加连续，从而使股价能实时反映市场状况。

显然，就这点来说，是符合普惠金融的政策的，一方面，能降低融资门槛，拓宽融资渠道，减少融资成本；另一方面，为小额投资者增加了理财渠道。

大型资产的交易碎片化是将相对流动性较差且价格昂贵的资产转换为易于交易、清算的加密通证单位。将现实世界中的艺术品、黄金珠宝、股权、债权、知识产权、信托份额、大宗商品、房产等实物资产转变为链上加密数字权益凭证，通过智能合约、协议等方式，加入身份认证/反洗钱、投票治理、隐私保护、股息分配、违约风险、脱链数据访问、支付、重组等功能，保证加密通证合规发行的同时也赋予了其金融创新的操作空间。这样的模式，为盘活存量大宗资产提供了一个非常好的条件，而且普通投资人也有机会投资这些有价值存储和升值潜力的大宗资产。

事物都有反面，基于区块链的交易也有其负面效果。一是持续交易和 T+0 的结算方式，大大增加了市场投机氛围，而且也增加了庄家操纵市场的机会，天津文化产权交易所就是类似的典型案例，即便是用了区块链技术，也不能阻止投机炒作情形的发生。二是 7×24 小时连续交易，可能普通人在睡觉的时候，市场已经发生了翻天覆地的变化，且庄家或者机构可以利用自动化的投资工具进行操作。而现在的国内证券市场，至少大家都是在同一时间面对市场的波动和变化。三是跨不同证券种类的加密通证的便捷交易在带来资产流动性的同时，也导致了投机性的提升和恶意炒作的增加。

（三）可编程清算网络，降低监管和清算成本

加密通证可编程性的即时性分布式清算网络实现了资产的快速清算和自主合规，监管清算成本也会大幅降低。

可编程性还与治理和合规等方面相关。加密通证将交易和清算的过程通过智能合约实现了自动化，"链上即托管，交易即清算"，实现了自动合规和快速清算。站在监管的角度，监管成本也大大降低。交易的监管从一个个割裂的平台审批变成写入程序的自动化行为。监管要素将被系统化地连接到证券的体系结构中，市场参与者的合规成本也因为规模化和自动化而大幅降低。

这个特点是区块链系统所特有的优势，根据智能合约进行基于预设规则的自动执行，如果规则是合乎国家法律规定的，那么，执行流程和效果也就是合规的。可以看出，这里的风险有三点：第一，如何保证代码的准确性，就目前的技术水平来看，完全保证代码的准确性是一件无法实现的事情。第二，如何保证在特定的情况下终止代码执行，比如，发生了与所有预设的情况不同的新情况，需要终止代码的执行。第三，万一执行了错误的代码，恢复原样（交易之前的状态）基本无法做到，因为一笔交易确定之后，清算结算也就完成了，后边无数的交易也紧接着都执行并且都完成了，不可能只将其中一笔进行"回滚"交易。在目前的银行体系中，跨行清算往往一天执行一次，如果当天有差错账或者需要撤销的交易，清算的时候可以得到有效的处理。因此，这样的二次处理模式也有其一定的优点。

区块链能够实现快速清算的原因是将交易双方的账务处理集中在一个软件"事务"中完成。比如，通常情况下，甲账户（在银行A）转账到乙账户（在银行B），从A账户扣款，在B账户写入，这两个动作是异步的，一旦中间出现问题，就会出现账务差错，因此，两家银行间需要每天定时对账，确保账务平衡（一致）。而基于区块链的清算方式是不同的，在一个区块中，扣除甲的资金和增加乙的资金是一次性封装打包的，不存在异步交易，某种意义上来说，是一种"中心化"的工作模式，扣除和增加资金在一个步骤内完成之后，打包形成一个新的区块，然后广播，所以不再有"对账"的概念存在，每个人收到广播的新的区块之后，就知道交易已经完成和结束了。随后，乙账户里的资金就可以进行第二笔、第三笔等后续交易了。

在异步交易中，甲查到了一笔交易已经成功扣除资金，但乙没有收到资金，也许需要等待一小段时间，也许需要等待一天（过了清算时间才知道结果），

也许资金就不会到账了，系统可能由于某种故障，自动将已经扣除的甲的资金直接退回（回滚）到甲的账户，相信很多人都碰到过汇款被退回的情形。而区块链不会有这个方面的问题，只要一方的资金扣减了，对方必定增加了，任何人只要能够访问网络，就可以查到最新的、可信的交易结果。

对常规的交易来说，基于区块链的清算效率是非常高的，而且不受全球国家间地理位置的限制，全球任何两个个体之间都可以实现便捷的、可信的数字资产传递。从这个角度看，即使牺牲了一些异常情况下的特殊处理的能力也是值得的，基于区块链的交易将会在未来的跨境快速交易中一直占有主导地位，但这需要时间来培育。

（四）各类资产的直接互操作性和金融创新

加密通证的互操作性使不同或同种资产之间的交易灵活度上升到了一个新的阶段。从这个角度来看，加密证券通证的重新组合和分解可以理解为资产证券化的升级版。加密通证的可编程性可实现任意资产间的价值流通和转移，使加密通证能够满足针对特定市场条件的金融产品创新。

一直以来，不同或同种资产之间的交易都需要将法币作为交易中介，先将资产兑换成法币，再用法币交易新的资产。这其中必然伴随着交易摩擦和时间成本，跨国的资产交易还涉及外汇管制等问题。而当资产加密通证化后，只要交易所中存在这一交易对，便可以直接拿资产甲的加密通证交易资产乙的加密通证，价值的流通和转移效率将大幅提升。

以股票交易为例，证券交易所并不支持 A 股票直接交换 B 股票，卖出 A 股票买入 B 股票的交易成本包括：卖出 A 股票的手续费和税收、买入 B 股票的手续费和税收，买和卖之间的时间差导致的股价波动的风险（包括个股波动和大盘波动）。手续费及税费是固定的，股价波动的风险可能是正向的，也可能是负向的，但对交易对手来说，股价波动至少有一方是"吃亏的"，如果交易切换期间 B 股票涨价了，则卖出 A 股票的人吃亏，他需要花更多的钱买入 B 股；反之，是卖出 B 股票的人吃亏，因为，他卖的时候股价下跌了。通常情况下，如果两方达成一致，是不希望再支付第三方手续费及承担波动风险的。因此，直接利用加密通证互换，就解决了这个交易手续费及价格波动风险问题，在促进资产互换交易方面有着极大的优势。

新的问题在于，如果资产交换不是刚好匹配的"对等盘"，而是多头交易，那么以上所说的互换模式就有一定的障碍。货币交易的优点，是在多对多交易的时候有中心化的价值衡量及交换工具，形成一种"中心化的星型"网络，且包括"中心"对账和清算功能等。其缺点也是来自这个"星型"的中心化结构，即"中心"将抽取费用并带来交易延时。去中心化，点对点直接交易，从分布式账本的技术上看没有任何问题，也不再需要清算和对账功能，但也会出现"配对"的难题。中心化系统中，交易所的人民币承担了一种对手盘的角色，所有的交易者都和交易所进行人民币即资产间的对手交易。而加密通证则缺少这样的通用"对手盘"，若也能够设置这样的加密通证通用交易对手，就可以解决交易匹配的难题。是否可以设计一个同时具备分布式账本的优点和"中心化"结构的优点的交易，是值得研究的问题。

总之，加密通证作为一种新型的证券载体（或者称为系统）对数字资本市场的发展将起到很大的推进作用。

（五）拓展融资渠道并降低进入门槛

在满足准入门槛后，任何用户都可以在任何时间、地点以任何规模的资金投资他认为具有价值的证券型通证产品，优质资产可以通证的形式像液体一样流通到任何有价值或需要它的地方。

即使是最昂贵的资产，只要它被标为证券型通证产品，就变成任何人都能支付得起其一部分价值的产品，因为通证不像股票市场，最小单位为1股，最小交易单位可能是1手（100股），而通证则可以买0.000001股。证券化通证对个人来说，投资的进入门槛更低、投资的对象更多元化，投资那些贵重的艺术品或大宗商品，不再是超级富豪或大型投资机构的专利；对企业来说，降低投资者门槛的同时也大幅拓展了融资渠道，在首次公开募股（IPO）之外拥有更多选择。

随之而来的问题是如何解决门槛降低后的投资风险和监管问题，下面的章节将进行分析。

三、加密通证分类及风险分析

加密通证被细分为四类：股权通证（Equity Token）、债券通证（Debt Token）、混合/可转换通证（Convertible Token）、衍生品通证（Oerivative Token）。

（一）股权通证分析

股权通证被很多机构认为是当前最具发展前景的一类证券型通证，它代表一种资产的所有权，如公司股份。股权通证使创业公司能够通过发行通证，而非传统首次公开募股募集基金，消除了普通投资者或者初创型公司进入金融市场的障碍。通过股权通证，投资者可以更便捷地接触到传统途径不易接触到的股权资产，不管是在公开或者非公开市场。

股权通证的出现解决了资产权益的归属及交易问题，通过购买企业所有权或与股份相对应的股权通证可以更便捷地行使和交易股权。如果投资者购买 A 公司 5% 的所有权，那么当 A 公司赚到利润时，股权通证的持有者便有权分享 5% 的净利润。股票所有权通证化后，可以更便捷地按照股权持有比例进行利润分配。

从这里可以看出，股权通证实际上是将由工商部门管理的企业股权，或者由证券交易所管理的上市公司股权放到了区块链上，由大家共同监管，转让、分红等都是完全透明的。

要实现这样的目标，有几个关键问题必须解决，否则这样的"上链"是没有意义的：

第一，公司股权和公司链上的股权通证的实际关联性，如果没有法律或者相关手段是无法保障的，出现纠纷的时候很难从法律层面诉讼并"兑现"股东权益。如果链上股份出现了聚集，某个人成为了大股东，对公司的管理权如何兑现？如果碰到恶意破坏公司业务情况的"链上大股东"如何处理？这些问题都没有得到解决。

美国、新加坡等国家要求所有的上链股权，遵照首次公开募股的规定进行监管，这样一来，上述的问题就得到了很好的解决。股权上链前及上链后都将受到证券法规的严格约束，从而保障了链上股权和交易所股权的性质相同，只是链上股权无须进入交易所，投资、交易、流转的过程更为方便、高效、低成本。

从某种意义上来说，去交易所化是不准确的，交易所承担了多项职能，至少包括"监管"及"交易"两大类，因此，股权通证只是在证券交易环节去中心化、去交易所化了，"监管"仍然应当是由专门的证券监管机构来进行。

第二，上链前数据的真实性，这一点也需要由独立的第三方监管，否则，就无法实现真正的公平公开，上链之后的数据虽然受到大家的共同监管，但必须保证上链之前的数据可信和真实。第三方机构有两种形式：一是法定监管机构，如证监会、交易所等；二是中介机构，类似泰坦资本这样的第三方股权投资基金。

法定监管机构仍然会出现内部舞弊的情形，而且其监管工作很容易流于形式，因为监管好坏与否，与监管者没有直接的利益关系。而第三方中介机构，往往希望在上市前参股该公司，获得高的投资回报，那么作为大股东，其首先承担了投资风险，在利益攸关的情形下，他将认真仔细地考察每一个希望开展股权融资的企业，然后成为它们的投资人，再进行公开市场的股权融资。因此，强制要求有"保荐机构"才允许上公开市场融资，这也是保护中小投资者的一种常用方法。实际操作远没有那么理想，第三方投资人的目的是上市成功后，兑现原始股权走路，而不是靠股权分红，因此，他们的最大动力是看这个企业的"故事"能否在公开市场上有吸引力，只要"故事"讲得足够好，他们投资成为股东，然后再公开募资，择机退出，是非常有利可图的事情，因此，才出现了靠"一本白皮书"就融资亿元人民币的事件。监管机构应当设计更为科学的机制，确保这些投资机构不是靠"割韭菜"实现盈利进而退出，而是寻找到好的项目，和项目共同成长获益。

设计良好的第三方机构参与模式，能够减轻监管机构的监管压力。比如，有一个大家都信任的企业，如果由它审查并决定投资某个项目，普通投资人基于对它的信任，而跟投它投资的链上通证项目，可减少信息不对称带来的投资风险，而监管机构只要对该企业进行严格的监管，确保其不在项目筛选中作弊，就可以实现对投资人的保护。这种模式实际上是一种"可信代理人"模式，就监管机构来说，它代替政府审核、筛选甚至"批准"了项目，就大众投资人来说，他也代替政府去筛选和监管项目。这种模式对发行人来说也是有利的，因为可以减少监管和审查成本，减少发行成本。这种代理人模式早已经在其他业务领域存在，比如保险经纪公司、基金销售公司等，这些公司受到监管机构严格监管，由他们负责选择好的产品推荐给投资人，这里只是将这个模式引入到通证证券的发行业务领域中。

第三，项目的经营管理风险。发行通证股票类证券，并不能减少项目的经营管理风险，业务战略、产品设计、生产、市场营销等方面都和其他企业面临同样的甚至更大的风险。在股票市场上，企业所有者通常拥有比较大的股份，承担经营管理责任，并有一个锁定期，确保企业经营者能够以主人的心态将企业做好。通证类股票的发行，需要解决经营者经营管理动力的问题。理论上来讲，可以参考普通股票的管理规则。如果没有发行者锁定机制，则极可能出现为"圈钱"而进行的通证发行。

另外，项目进行过程中的成本控制也是很难的，有一个相对较好的办法，即将项目大额开支数据"上链"，这样一来，所有的参与投资人都可以看到项目的资金用途，加强对项目的集体监督，但这种方式又面临管理学上的难题，"船老大太多易翻船"，如果对每一笔大额开支都进行公开，则必然有很多不同的声音，影响企业经营管理者的决策和操作。

第四，项目实际控制人风险。在普通的股票市场上，购买并持有更多股票的人，对公司的经营管理将拥有发言权，这对公司发展有利。在通证股票市场上，大额持股人如果没有管理权利，只有分红权，公司就可能被发起人股东无条件控制，从而出现不可控的企业发展情形。而如果将股份和管理权限相关联，则操作复杂性太高：一是管理的持续性受到影响；二是很多股权分散在全球，境外股东对公司的管理受到的法律限制太多；三是如果股权过于分散，众多的小股东无法行使管理权或者监督权；四是如果公司股份的总额不够大，很容易出现恶意收购等方面的问题。

第五，项目再融资风险。在股票市场上，项目的健康发展，或者扩大再生产，往往需要再融资，通证股票的发行同样面临着类似的需求。股票市场对再融资的监管较严格，如何在通证证券市场上进行再融资监管，是需要解决的难题。否则，大股东将以"后续资金"为理由，放弃对项目的有效经营而导致投资人损失。

总之，项目成功是通证股票成功的基础，也是所有监管政策制定的基础。在项目没有更好的监管保障的前提下，开放通证股票发行是个难题，不能要求投资人特别是中小投资人有能力或者精力去监管自己投资的通证证券。如果通证类股票市场变成更方便的"投机"市场，那么它对大量的中小投资人来说是危险的"投资陷阱"，因此，我国对该类投资模式一直在审慎研究。

（二）债券通证分析

债券通证是代表诸如房地产抵押或公司债券的通证化资产，其通常取决于两个关键特征：一是股息，债券通证的结构通常是根据相关债务工具的支付产生定期股息；二是风险，债券通证受债务人违约风险或债务估值的变化影响。

具有中等违约风险的房地产抵押货款的定价方式与上市前公司的债券价格不同，风险和股息决定了加密通证的定价。代表债券通证的智能合约应包括支付股息模型的还款条款等操作，但也包括相关债务的不同风险因素。

这里的首要风险仍然是法律规则，发行债券者如果违约是否受到法律的约束和惩罚，是投资人最关心的问题；其次就是债券发行也要受到严格监管，包括资产真实性、债券发行数量等；最后是债券投资人的合格性审查。对无法承担风险后果的投资人应当进行一定的限制，但在通证化发行机制下，这个限制很难得到落实。这些风险在通证发行的模式下，不仅没有减少，反而加大了。

智能合约并不能解决违约问题，如果债权到期违约，智能合约也不能做到将债权本息归还给投资人。比较理想的解决方案，是要求目前符合发债条件并通过核准发债的企业将债权发行上链，用链上通证的发行方式替代传统的中心化的发行方式，这样可以让债权发行过程成本降低，同时自动分红，也不改变对企业发债项目的监管。

（三）混合/可转换通证分析

混合/可转换通证是指一种金融权益由两种或两种以上金融工具组成，混合型证券可以在单一可交易金融产品中同时结合股票和债券的特征。混合型证券通常承诺在某个日期之前支付一个固定的或浮动的回报率。混合型证券将债务和股权结合在一个单一产品中，可以平衡基础金融产品的风险和回报，并对冲不同的市场条件。

在加密通证的背景下，公司可以发行混合证券通证，其行为类似于债务转股一段时间，然后作为权益通证重新发行。混合模型可以包括债务和权益通证之间的可编程转换，可以根据其清算偏好发布不同类型的权益通证。

混合通证发行的监管和审查，仍然需要遵从相关的规定，所有的风险不会因为上链发行通证而减少，加强监管的同时又利用通证技术降低成本，减少交易复杂度，扩大普通投资人群，才是可行的方向。

（四）衍生品通证分析

所谓衍生品一般指共同基金或交易所的交易基金等产品，其中证券的价格基于汇总的标的资产池的当前价格确定。例如，远期期货模型遵循金融市场中的远期或期货衍生品模型，可以设想智能合约规定了在指定的未来时间以先前约定的价格买入或卖出加密通证的标准。

期权同样是衍生品通证中的一部分，在此模型中，证券通证期权的所有者有权但无义务在指定日期以指定价格买入或卖出加密通证。掉期模型，这种衍生品通证可以交换由两种不同的加密通证产生的股息或现金流，作为对冲或保险应对未来市场的状况。

交易基金之类的产品的复杂度很高，不容易被普通投资人所了解，但将其搬到通证链上，有助于向普通投资人推广，而且其风险要低于单一品种证券，收益率相对也较低，适合稳健投资人购买。

在人工智能阶段，计算机可能通过比较复杂的组合资产设计获得想对稳定的低风险收益，因为它的对手是普通的投资人，必然具有"人性的弱点——对盈利的渴望和对风险的担忧"，而机器能够实现无情绪交易，这是未来智能投顾发展的重要领域。将上链的通证产品的理财工作交给人工智能打理，也许可以获得更为稳健的回报，但就目前来看，智能投顾还处在早期发展阶段，需要更好的模型和机器学习能力，有媒体报道机器人桥牌已经在多人混战中战胜了人类，其实就是利用了"人性的弱点——在判断形势和趋势上的弱点"。笔者猜想机器人投资面临的最大问题可能是人的"破釜沉舟"策略，做出让机器无法理解的非理性行为，从而混淆机器人的决策，相信机器与人的战争会是持久战，人们在投资领域的非理性行为是否能难倒机器还没有结论。智能投顾是未来需要进一步研究的课题。

（五）STO 案例分析

有一个比较典型的 STO 项目是"ZD××矿产科技"（以下简称 ZD 股权），其宣传资料说自身是国内寥寥无几真正做到"从 STO 合规，到落地承销"的示范性项目。ZD 股权对应其间接持有的"××有限公司"矿权及收益权，是全球首个基于区块链技术实现资产证券化的矿产项目。

从这里可以了解大概情况，拿矿权及运营收益权作为数字资产背书的资产发行数字资产（STO），实际上是一种变相上市融资，虽然打了区块链旗号，本质上仍然需要接受国家的监管，如果说，其股权第一轮融资面向机构投资者，那么机构投资者若转让该 STO，就必须获得"有价证券市场交易许可"，从这个角度来看，我国目前还没有批准这类交易许可的规则。以"天津文化产权交易所"为代表的文化艺术品交易是典型的资产证券化试点，其经过市场爆炒之后被国家叫停，文交所只要加入区块链概念就成了典型的 STO 项目。当然，不同的项目，其操作模式、金融安全控制方式不同，撇开国家政策单就这个案例来说，值得从技术操作层面分析其可行性，可以为国家以后制定 STO 政策提供参考。

该项目介绍资料显示，它经某国际权威机构勘探评估为目前发现"全球最大规模××资源矿"，总资源储量总价值超万亿元，预计一期工程建成投产后，每年可实现销售收入约 5 亿元。

资产合法性、真实性及权益的审查是资产证券化项目最大的风险点：一是如何确定资产权益的合法性和真实性。二是如何保障资产权益在项目运营过程中不被"悄悄地"修改调整。在数字资产区块链上详细显示有关该资产权益所有变化的文件实际上是很难做到的。

局部资产和全局资产的关系存在问题，很多数字化资产的权益只是总资产权益中的部分权益，比如勘探权并不代表采矿权，某个区域的采矿权限也不代表全部区域的潜在采矿权，企业为了融资都有夸大数字化资产权益的动机。从这一点上看，上链数据的"全面性、完整性、连续性"是基于区块链的资产证券化项目能够顺利进行的核心要素。

另外一个很大的风险点是，该项目权益是否会受到国家宏观政策调整的影响，比如稀土资源管控策略的调整等，国家政策调整对该项目来说，是比较大的不可预测的风险。

关于投资人合格性的问题。这个项目是否允许全球投资人购买，是否允许敏感投资人参与投资及允许的投资额度，而且投资人合格性的标准是否可能会因为政策改变而发生变化，都需要审慎判断。

还有投资分红问题，如何解决境外投资人以外汇结算收入的问题，如何解决境外投资人获利的税收问题等。

对大多数投资人来说，在证券市场投资有证券监督机构代为审核或者监督上市融资的公司，但 STO 市场缺少这样的投资监管机构，这本身就是一个巨大的风险，即使项目方承诺各种"账本公开、信息公开"，可实际上绝大多数投资人并不清楚资产的实际价值和风险所在。

资产静态价值的估计本身就是一个复杂的问题，特别是矿产资源，其真实储量、有效含量、权益、市场价值等，需要综合多种因素才能得出结论。其开采价值的测算更为复杂，涉及矿产状态、开采成本、运输成本，以及资源开采加工过程中的环境保护成本等，而这些都只能是大概的估算，如果将其作为资产进行证券化融资，只有非常专业的机构才能够判断其大致的价值，更何况，运营收益还和管理有关，好的管理运营机构能够获利，而差的管理运营机构将会亏损，这样的先例很多，因此，以动态、不确定性的资产为基础发行 STO 风险更大。上述项目年收益预计为 5 亿元人民币，是一种比较理想的估计，实际效果具有很大的不确定性，以此作为发行数字货币的资产基础，风险比较大。

另外，如果资产因各种不可抗力或者人为破坏而贬值，购买数字资产的人进行申索将非常困难，一种比较好的解决方案是引入资产保险机制，由保险公司为资产的价值提供保险。

2020 年 7 月,武汉金凰珠宝股份有限公司抵押了约 80 吨黄金给相关金融机构,融资了近 300 亿元人民币,保险公司提供了质押物的质量保险,但后来,金融机构发现抵押的黄金是铅外面包着一层黄金,去找保险公司,保险公司拒赔,理由是,"只保证真货黄金的质量和损毁",一开始就是假黄金,所以保险公司不会对假黄金保险,显然,保险公司试图免责,并对保险协议内容进行了有利于自己的解读。这个案例说明,即使有保险公司对数字资产背后的实体资产进行担保,如果资产真出了问题,也未必能够获得保险赔付,而大多数人,甚至金融机构的人,都无法真正理解数十页保险协议的内容和潜在的免责漏洞。而且,若对公司未来的经营收益进行担保,估计没有哪个保险公司愿意承保,原因很简单,如果保险公司为公司经营收益承保,那么公司管理层恶意造成的亏损也要由保险公司来承担,这显然是不符合保险业务的正常模式的。

下面对项目在通证融资过程中数据上链的流程进行安全分析。

根据对该资产证券化发行项目的介绍,得知其数据上链的措施如下:

该项目将在生产与开采设备中增添数据采集模块,将数据实时上传至云端,方便投资者实时查看产量、销售数据与运营数据,同时也会在运输过程中添加监控模块,实现全生产流程数据公开透明。

(1)将项目产供销的数据及时上链,提供会计、法律等机构审查节点,便于这些第三方机构及时检查并得出审计结果。

(2)将企业生成经营中使用消耗品(电、油、炸药)的数据及时上链,与生产的产量形成直接的对应关系,便于投资人了解生产的消耗和产出之间的合理必然关系。

(3)通过视频监控和人工智能识别等技术对生产过程的重点环节进行监控,采集相关数据,采集运矿、过磅和产品出厂这些点的操作人员、车辆的数量,这些车辆使用的频次、轨迹等数据,形成不可造假的生产经营数据,给投资人更好的信心和保证。

(4)搭建一套区块链业务数据系统,将生产业务的全部数据上链,保证资产对应的实物的有效性,确保其不可造假、不可篡改等。同时,应用人工智能、物联网、大数据等技术保证数字和实物的一致性。

从上述数据管理规则可以看出,为了确保项目运营受到全程监管,该项目利用了物联网、人工智能、大数据等技术,实现了对运营过程的全视角、全方位监管。但不管如何,经营风险始终存在,特别是潜在的重大事故的风险等,比如重大塌方风险、环境保护风险，很可能项目运行一切正常，但是受到环境保护的限制，整个生产线只能停工，在项目运营过程中各种不可抗的影响因素始终存在。另外，数据采集器（传感器）也可能被人为破坏，导致采集的数据不真实，这样的案例也并不少见。

全流程监管看起来是一个物联网监管解决方案，可实际操作中隐含的问题很多，比如传感器质量如何、关键点检测的可靠性如何、是否有人替换监控数据等。视频监控中有效的信息仍然是不够的，如果有人故意作弊，总有办法绕过监控。武汉黄金事件中，黄金通过了"随机"抽检，然后放入银行金库，封上双重封条，单个企业都无法启封，仍然出现大量假黄金，说明过程监管仍然有巨大漏洞，要么一开始抽检员被买通了，要么抽检之后有人调包了黄金，也可能银行库管和各方关键人员联手调包了黄金。不过，进库后调包黄金的可能性不大，因为这需要串通太多的人，风险极大，同时一个企业根本不可能有80吨真正的黄金。

数据上链监管虽然可靠，但仍存在的风险是针对需要明确上链数据的责任人，以及对责任人的处罚机制，企业自己作为责任人，自我监管显然不是科学、有效的监管方案。

STO项目平台和系统的自身安全性也需要考虑，比如，链被攻击、智能合约漏洞、密钥风险等，虽然这类风险和项目本身关系不大，和分布式账本本身的技术和业务安全相关，但也是投资人需要考虑的风险因素。

四、STO监管

从某种意义上看，STO类似一种经过法定批准的ICO，或者说，是将证券发行体系搬到了区块链平台上，由区块链替代了或者部分替代了证券交易所的功能。

STO募集的资金可以是加密数字货币，也可以是法币，但这里有一个难以解决的问题，就是监管属地的问题。比如，在新加坡发行STO募资项目，一切流程都受到新加坡政府监管，但投资人来自全球各地，项目也可能不在新加坡，这时候，全球其他地区的投资人受到当地法律约束，而且如果项目出了风险问题，外籍人士也很难得到当地法律方面的协助。

这个问题对中国也很重要，因为周边国家如新加坡等都可能对STO进行规范、监管和放行，欧美国家也在研究和制定STO合法化的一些法律规定，美国计划把STO等同于一种证券发行方式进行严格监管。

STO 节约了发行成本、交易和流通成本，对中小企业融资有巨大的帮助，对促进普惠金融服务有很大的意义。如果中国严格禁止 STO，会失去很多推动有潜力的中小企业发展的机会，这些有前途的中小企业只能跑到海外进行 STO 融资。

虽然目前与加密通证配套的服务机构、交易所等基础设施仍不完善，加密通证在未来一段时期内的影响力和带来的资产流动性可能并不如市场预期，但是合规一定是通证经济未来的发展方向。所以，合规的加密通证势必会在监管方、资产方、第三方服务方的联合推动下逐步成熟和完善。资产通证化的趋势一旦开启，便难以阻挡。

笔者建议我国选择某个城市（比如海南）开放 STO 沙盒监管，启动 STO 试点。沙盒监管就是在有监管的情况下，让项目的开发建设、融资、交易等环节正常展开，这个过程中遇到任何问题都能成为试错的重要经验。此举有利于监管方密切地观察并跟踪项目发展的走向，全面认识到 STO 的发展情况和存在的实质性问题，对于以后出台具体的、有针对性的监管措施具有重要的指导意义，同时也能为投资机构进入区块链行业做好前期环境准备。

在海南开放沙盒监管能够起到很好的示范作用，同时又能有效地控制风险扩散，将从中获取的相关经验引回其他城市，能推动更多的金融创新方案由设想变为现实，既不会失去区块链行业发展先机，又能掌握监管的主动权。

STO 的监管核心，一是项目真实性，有很多方法可以确定项目的真实性；二是利用区块链技术对项目募得的资金的使用情况进行严格监管，确保每笔资金的使用是透明的、可监管的，这样就能够大幅度提升 STO 融资的安全性，提升人们投资 STO 项目的信心；三是对投资人进行投资保护，包括投资者适当性审核（投资人资格审核）、单个人投资额度限制、项目投资总限制等，进一步降低投资风险，也降低中小微企业融资成本。

从监管角度看，设立统一的 STO 发行平台是很有必要的，也就是说，所有的 STO 项目应当在统一的平台上发布，并经过监管机构审核批准，这样一来，就杜绝了私下发行募资的平台的非法融资活动。同时，寻找合适的第三方公司是一个很好的变通方案，由第三方公司负责项目筛选并进行初始投资，可以减少监管和审查的复杂度，监管机构以重点监管第三方公司为主。

可以借鉴美国监管模式，把 STO 项目看成一个创业板上市，但可以放宽某些"法律、财务、审计"等要求，增加业务数据实时上传要求，增加融资经费使用实时监管要求（这一点，目前的上市公司很难做到，都是定期上报费用报表），从而为企业节约融资成本，尽量减少欺诈融资行为，如果出现项目风险，还可以快速止损。

上述矿业证券化案例是已经具体实施的案例，但并不代表该项目就没有风险，也不代表其他类似的项目都能够顺利按照该项目的模式操作，而且整个项目的设计、执行、落地的成本也是非常高昂的，并不像人们想象的那样，编制一本白皮书，在区块链上发个企业融资通证就可以完成融资。但该案例提供了一个真实的融资交易模式，对我国未来发展基于区块链的市场融资项目具有实际的借鉴意义。

STO 模式仍然在演变，但总的来说，走"受业务全程监管的众筹"模式才是健康的项目管理模式，才能够让 STO 这个金融服务创新模式得到长远发展。

我国应当尽快建立 STO 的监管政策并选择合适地区开展小规模试点，让更多的中小微企业获得便捷、低成本的金融服务，这对促进民营企业发展有着积极意义。

第六节　数字票券类产品

数字资产是指组织或个人拥有或控制的，以电子数据的形式存在的，在日常活动中持有以备出售或处在生产过程中的非货币性资产，如商业积分、电子券、预付卡、游戏装备、保险卡单、证券化资产等。随着经济的数字化发展，数字资产将越来越成为不可低估的金融产品。数字资产的优点在于方便流转，包括转让、抵押、拍卖、交换等，也可以用作数字商品或者服务的领取凭证，在实际操作中，很多数字资产背后的资产可信度及价值是比较低的。

在我国的司法实践中，多次出现游戏道具的纠纷，对被盗的游戏装备进行定价是个很困难的问题。游戏道具并不允许在市场流通交易，可在实际生活中，很多游戏玩家花了大量金钱购买游戏道具，有一定的市场买入价格参考行情，可这不符合司法定义的有价财产，如果不进行处罚，有可能形成鼓励"盗窃"数字资产的潜在驱动力。当前国家已经正式立法，明确数字空间里的个人财产，包括账号、道具等，都可以作为遗产继承，至少说明了数字空间的虚拟财产是被法律认可的财产之一，但如何认定其价值依然是个难题。认定虚拟财产是财产的一种，可以继承，并不等于认定其是"有价财产"。这里还涉及一个问题，就是财产转让或继承的税收的问题，不管是收交易税还是遗产税，都需要有个价值衡量标准。

企业发行的很多数字资产，并不需要进行申报，典型的如月饼券、大闸蟹券、旅游券、糕点券、健身卡、理发卡、美容卡等，腾讯发行的数以百亿计的Q币等各种游戏币，严格意义上也是金融产品，给社会带来的影响也是很大的。

资产数字化、票据化，使资产和金融工具间的差异消失了，作为一种"提货凭证"的票证在数字化之后，就非常容易被用来当作"货币"进行流通、交易，甚至炒作。

一、以单一商品实物券为代表的数字有价票券

数字有价票券，最典型的是以大闸蟹券、月饼券为代表的实物券。这些券是一种"提货凭证"，是企业预先销售，回笼预售资金，制定生产计划，从而提升企业经济效益，满足人们采购需求的一种商业模式。

本来这种商业模式是比较健康的，对紧俏商品进行预售，可解决购买竞争问题，和热门体育比赛门票是一样的性质；对销售品种、数量不确定性太强的商品进行预售，有助于了解市场需求，制定合理的生产计划，满足社会需求，降低浪费。

但在实际操作中，这些提货券出现了一些问题：第一个问题就是"非实名、不挂失"的制度，导致有超过20%的券成为废弃券，而这些未被使用的券的预购资金就被企业无偿获得。特别是设置了券的有效期后，有更多的提货券成为过期废券。很多人收到券后，并不留心，遗失、放弃的很多。

第二个问题是套现。很多人收到券之后，直接降价卖给黄牛，黄牛再到销售现场套现，赚取价差。比如，持券人以8折的价格将券卖给黄牛，黄牛以9折的价格将券转让给现场购买人，获得10%的收益。更有甚者，发券企业自己直接按照8折甚至更高的折扣回收提货券，转一圈之后，企业白得20%以上的资金，还根本不用生产和配送。

第三个问题是质量。使用购物券是用来送礼的，因此，商品价格虚高，质量下降，反正提货的人不是买家，往往提货券最后获得的商品价格要比直接去市场购买贵50%以上，虚假宣传、过度包装层出不穷，另外，商品还经常针对提货券设计一些特定规格的商品，这样市场上就没有直接可比较的商品品类，缺少了市场参考价，从而逃避价格监管。

第四个问题是炒作。最为典型的就是各类门票，十倍价钱的加价也经常出

现，就出现了一大批专门为炒作而购买有价票券的用户，显然，这样的操作完全背离了预售的初衷。

国家一直在打击腐败，包括节假日送礼，虽有一定的效果，但主要是限制了公费报销送礼，国家机关不能购买购物券，而对私企购买购物券送礼的监管较少，这也是数字金融带来的弊病之一。

同样，打击恶意炒作有价值的票券，也是遏制非法金融交易的重要目标。目前已有很多票券逐步采取实名制，效果非常明显，火车票之前是非常紧俏的一种票券，实名制大幅度遏制了火车票的炒作。由于需求和供给的矛盾持续存在，完全杜绝炒作是很难的，即使是实施了实名制，仍然可能出现操纵票源的行为。

二、通用的商品购物卡类数字有价票券

显然，提货券有很大的局限，商品单一，不能满足购买者灵活性的需求，通用提货券或者叫购物卡就出现了，首先是月饼券发行企业，推出了店内商品任意购买的"糕点券"，表面上是为了方便用户选购不同的商品，最终用卡者（包括很多收受购物卡礼品者）可以选择满足自己偏好的商品，实际上改变了商品提货券的初衷。商场当然更希望发行这样的购物卡，让持卡人在整个商场里购买，锁定销售、增加流量，因此，无数的商场积极发行各种购物卡，显然这些购物卡已经具备了"定向货币"的功能。

接着，为了"满足用户更加多样化、灵活性的需求"，有第三方公司提出发行"多家商场联名卡"，使用户能够在一批商场、商店中购物，购物卡进一步向通用货币功能迈进。当然，发行这种预付费卡的企业需要申请国家颁发的"支付牌照"并且注明有"预付费卡发行和受理"项目，按照国家规定，同一法人体系内，发行购物卡无须申请支付牌照，特别是支付牌照中的"预付费卡"功能。通用提货券对消费者来说，增加了选择余地，但仍然不能解决回购、送礼等问题。在手机支付非常方便的今天，通用的购物卡已经基本失去了其存在的价值，应当可以完全禁止。

有一类数字购物券的应用需要保留，就是老年人的补贴或者扶贫资金补贴，可以用通用购物卡形式方便老人或者贫困人口购买生活必需品，当然，这种充值卡只能由政府相关部门发放，不能由企业发放，并且使用范围也有一定的限制，不能用于购买烟、酒、奢侈品等。最理想的扶贫券应当是有限种类商品的实名制购物券，既能防止中间层克扣或者截留扶贫资金（实名领用和使用），

又能够限制资金用在不该使用的商品上（实名制使用、限制购买有限的日常消费商品）。

三、合法的移动充值卡被用作支付工具

按照国家的相关规定，公交卡、加油卡、电信充值卡是法律特许发行的预付费充值卡，主要目的是方便群众，比如刷卡乘公交、地铁更方便；用加油卡快捷加油，并批量开具发票而不是每次开具发票；通过充值卡预先充值使用，逐笔从充值卡中扣除，方便了用户使用电信服务。

移动充值卡，全国通用，面值通常为 10 ~ 100 元，一长串密码代表了其权益，可以看作是数字货币的雏形。起初，其只有充入相应的手机号码账户才能够作为电话费使用，后被用来作为金融支付工具。这源于游戏公司接收移动充值卡作为支付工具，购买游戏点卡。这里的法律问题相当复杂，游戏点卡作为一种"无法核定价值"的游戏使用权，用移动充值卡进行"兑换"，也很难从法律上认定这个"兑换交易"非法，这有点像境内"易货贸易"，当然，企业需要为易货贸易纳税，这个不是主要问题。通常情况下，游戏企业是不需要这么大量的充值卡的，它的下一个动作当然是卖出这张充值卡变现，因此，游戏企业以 95 折的价格出售这张充值卡，很多人愿意买来给自己的手机充值，100元便宜 5 元。

这里有很多商务模式的问题需要解决，一是为什么有人愿意用充值卡去换游戏点卡，而不是用人民币直接购买游戏点卡？二是如何保证充值卡未被使用过？三是如何找到移动充值卡的买家？

一些玩游戏的人，没有银行卡只有现金，但游戏需要线上支付，购买移动充值卡之后，就可以在线上充值玩游戏，现金转变为移动充值卡之后，就变为可以线上使用的"数字货币"了。

怎样保证移动充值卡未被使用过呢？方法很多，可与移动运营商的计费系统（业内称 BOSS 系统）对接，直接查询某张充值卡的余额；等充值成功之后，再支付游戏点卡给该充值卡的兑换人；先兑换游戏点卡给兑换人，后核查，如果核查后发现该移动充值卡是废卡，再对兑换人的游戏角色进行限制，很多游戏人的游戏角色、道具都很值钱，角色若被封代价很大，因此，基本不会有人用废移动充值卡去兑换游戏点卡。

找到移动充值卡的买家不难，支付宝、微信上都有手机充值入口，有些可以打 98 折，而且操作比在移动营业厅网站上更方便，因此，很多人都愿意直接

在线充值，这也就替游戏公司找到了卡的买家，使游戏点卡先变为移动充值卡，最后变为了现金。由于移动充值卡很容易出手，所以用移动充值卡兑换游戏点卡，再到卖出移动充值卡，整个过程一两分钟就可以完成。

最高峰的时候，一年移动充值卡转换为游戏点卡的额度高达数百亿元人民币。移动充值卡简直成了一个标准的"线上权威数字货币"或者叫"线上游戏硬通货"。

为什么公交卡、加油卡、大闸蟹券没有成为这样的"数字货币"呢？公交卡不支持线上消费充值，因此，失去了变现的可能。加油卡通常是司机才需要，没有车的人不太可能大量购买加油卡。大闸蟹券也是如此，用户群太少，也不容易线上变现。只有移动充值卡，额度不大，受众广泛，容易变现。

四、公交地铁卡试图走向多功能支付工具

公交卡也是国家特许预付费储值的工具，方便大家快捷乘坐公交，包括多种类型的优惠折扣，比如老年卡、学生卡、通勤卡等，通常采用 NFC 非接触支付形式，每次刷卡扣费时间在 500 毫秒以内。

显然，公交公司不满足于这个"电子钱包"只用在公交上，于是，很多城市推出了"城市一卡通"或者"公交一卡通"。这样的公交一卡通，除了在公交、地铁等场合使用外，还可以在便利店、超市等场所"现场"消费。电子钱包无法在线消费，需要 NFC 读卡器，在现场布放支持 NFC 的刷卡终端，就可实现现场刷卡消费。后来，支付宝、微信支付横空出世，大大方便了现场消费，同时也支持在线消费，公交卡的"突围"受到了极大的影响，没有实现预期的"市民一卡通"的效果。

受理环境受限只是公交卡难以广泛使用的其中一个原因，影响其应用场景拓展的另外一个原因是额度低。公交卡电子钱包的余额不多，若进行消费，资金量太少，而支付宝和微信捆绑了银行卡，可以说是余额"无限"，银行卡能够用多少就支付多少，绑定了信用卡的微信能够实现透支，支付宝还推出了信贷产品，鼓励用户透支消费，而公交卡额度低，也不能透支，影响了其适用范围。香港也有公交卡绑定信用卡的案例，但总的来说，允许透支的额度也很低。

公交卡携带不方便容易遗失也是其适用范围有限的一个原因。非实名的公交卡，一旦遗失，无法找回，即使实现了实名制，别人捡到后，很容易进行无密消费，而手机如果遗失，捡到者要消费的话，还需要输入开机密码或者支付密码，安全性高很多。

公交卡易损坏也是影响公交电子钱包使用的重要原因，其一旦损坏，很难修复，这几乎是所有离线电子钱包都要面临的难题，包括数字货币冷钱包，冷钱包的物理介质损坏之后，资金也就无处找回。DCEP 也支持冷钱包，可以观察其上线之后对该问题的解决方案，希望能够有更新、更好的保护冷钱包的解决方案。

五、企业发行的内部数字货币

腾讯公司发行的数以百亿计的游戏币 Q 币是典型的由企业发行的"内部数字货币"，从理论上讲，它不能够在腾讯体系外流通，但其形式已经具备了数字货币的很多特征。

人们可以使用人民币购买 Q 币，但不能反向操作，即除了腾讯公司其他人不能够卖出 Q 币换回人民币，Q 币也不允许在其他场合作为货币使用。这些限制很容易被突破，如果一个拥有 Q 币的人，将 Q 币打折出售，一定会有很多人愿意购买，所以从技术上并不能禁止反向操作，而且这样的出售操作很容易在线完成，一些人盗取他人的 Q 币在网络上卖出获利，Q 币发行公司内部员工也有盗卖 Q 币的行为。

限制 Q 币使用场景的做法很难实现，如果有人愿意接受 Q 币，交换（等同于卖出）自己的商品也很容易通过互联网成交，甚至可以通过手机微信迅速成交。所有对 Q 币的交易、支付、结算功能的限制，在互联网和移动互联网时代都难以真正实现。

国家对这些"类货币"的"代币"的监管应当更为严格，应规定其实名制持有和使用，限制单人拥有的总数量（等值人民币额度）等，从而防止这些数字代币成为地下非法交易的金融工具甚至洗钱工具，因为人民币进出境受到限制，而 Q 币进出境根本没有限制。

六、消费储值卡

消费储值卡是一类特殊的预付费卡，按照我国的支付清算管理办法，在同一法人体系内，无须申请支付牌照。最为典型的是美容美发、健身、教育等行业，要么突然跑路、要么降低服务质量、要么鼓励超高消费、要么增加限制性条款，更有甚者，原来注册资本 1000 万元，鼓励人们购买消费储值卡，为了逃避注册资本追责，申请工商变更为注册资本 10 万元，对客户宣传却仍然以 1000 万元注册资金为幌子。国家为了降低风险，规定这类消费卡的期限不得超过三个月，也只能部分解决问题。一方面，商户只需开具收据而无须开具发票，税务机关并不掌握实际的储值金额；另一方面，有各种理由提升三个月内的服务价格，比如，买三个月，送九个月，客户实际上买了一年的卡或者买三个月内多项服务，一年内可以逐个用完这些服务等。显然，这样的规定无法从根本上解决问题。

比较好的方案是根据企业注册资本、实收资本、规模及经营历史年限核定其可以销售的预付费总额，也就是控制"杠杆"，一个注册资本为10万元的新企业，圈存几千万元，风险自然很大。由于现在都实现了电子支付，企业的账户实收资金是可以监管的，高管账户也是可以监管的，超额销售储值卡是能够通过技术手段监控的，完全可以对企业进行圈钱总额限制，并要求消费者将储值资金必须打入营业执照上的同名企业账户，否则可能不受法律保护。只要控制了用户储值的总额，相对来说风险就下降很多，如果企业想多圈钱，就必须追加实收资本，或者升级自己企业的信用。

这一类的预储值风险越来越严重，需要金融监管机构制定更为科学的政策，并利用技术手段进行监管，将风险提前控制在可控范围之内。

七、数字票券类产品的安全监管

企业生产商品，商品是有价值的，企业希望提前实现这样的价值或者锁定未来的收益，就有发行数字票券的冲动，这样的冲动与市场的需求结合就产生了类金融商品，也就是产品数字化。

市场的需求可能来源于紧缺资源的抢购（如比赛门票）、便捷的零星支付（如公交卡）、礼品需求（各类礼品卡）等，为了满足这些需求，就产生了各种新的交易模式。

国家法定的数字票券如充值卡、公交卡等，一方面有"扩大应用范围"的冲动，另一方面也可能被市场利用，解决一些特定的应用场景的支付需求（如移动充值卡），甚至具有了货币支付的功能，当用户群体足够大的时候，这样的"代货币"工具的影响非常大。

互联网企业发行特定的"数字货币"有其天然的优势，所有的购买和使用均在线上进行，发行、管理、流通成本极低，但对社会的影响比其他金融产品要大。

国家对各类数字票券类产品应当建立更为科学、严格的管理制度，特别是随着支付工具的便利化和信息技术的提升，应在满足市场多样化需求的同时，防范非法金融业务的泛滥，比较理想的方法是推行实名制（绑定身份证），或者准实名制（绑定手机号、微信号、用户账号等），从而防范各类数字票券犯罪，从技术上来说，这些解决方案很容易就能实现。

第七节　数字货币相关思考

一、各类数字金融资产及数字货币的法律定位

我国必须及早针对全球各种数字货币制定科学的政策，而不是一味禁止，以比特币为代表的虚拟币事实上已经在全球蔓延，价值从几美分变为现在的上万美元，单价最高点曾经达到 3 万美元，如果按照 2100 万个比特币计算，比特币的总资产就达到 6300 亿美元。从理论上推测，如果比特币作为特定的稀缺资源，而别的数字货币不能成为像比特币这样被广泛接受的产品，其价值在未来仍然可能再创新高。

面对这样的形势，我国需要对数字货币，包括虚拟币和稳定币制定更为科学的定位和监管策略。

只要不是政府发行的货币，理论上讲都不能被看作是主权货币，任何形式的数字货币、证券、票据、积分等电子形式的记录，都只能定位为数字资产。俄罗斯对数字货币和数字金融资产进行区分，有一定的道理。当然这里也有矛盾，如果定义俄罗斯发行的数字货币是能够用于支付结算的数字货币，那么支付的范围是限于俄罗斯境内还是全球？俄罗斯定义的数字金融资产是否只能在国外进行交易，不能在俄罗斯进行交易？俄罗斯显然希望在俄罗斯境内流通的数字货币只能是俄罗斯境内机构发行的数字货币，这样就能够保护俄罗斯在数字金融领域的话语权。

借鉴俄罗斯的模式，中国可以将数字货币分为境内数字货币、境外数字货币和数字金融资产三类。境内数字货币是目前中国人民银行发行的 DCEP，境外数字货币必须与 DCEP 进行互换才能够用于境内支付，并且这样的兑换必须符合我国的外汇管理制度，本质上是将境外数字货币看成"数字外汇"，虽然数字外汇很容易通过互联网穿透国界，很难直接监管，但只要境内数字货币和传统法币可控，那么数字外汇相对来说也是可控的，一个人合法拥有的数字外

汇和获得普通外汇的途径、规则是相同的，如果非法在互联网上买卖数字外汇，等同于非法买卖外币。

境外数字货币又可分为以国家为主体发行的数字货币和其他机构发行的数字货币，可以根据其在境外是否能够"普遍性"流通，特别是欧美等主流国家对其的支付接受度来定位，如果主流国家能够接受其作为支付结算工具，则我国可以将其定位为特殊数字外汇。所有的"空气币"，包括比特币等，一律定位为境外数字金融资产，对应地，也有境内数字金融资产。

数字金融资产的范围则宽泛得多，包括虚拟币、企业币、资产数字化凭证、STO 凭证、ICO 凭证、各类数字化票据、数字化债权等。境内用户购买境外数字金融资产必须通过一些合法途径，类似深港通、沪港通一类的渠道，且购买必须符合国家相关法律要求，比如每年购买境外数字金融资产的总额、数字金融资产年度增值的申报纳税等。

有几个关于数字金融资产的典型案例，比如游戏装备和比特币被盗案件，如何界定这些案件的标的价值，是个很困难的问题。如果按照游戏装备的市场价格核定，或者按照比特币的市场价格核定，可能人们会认为法院认定比特币是合法的（人们并不太管它是合法货币还是合法资产，总之，是认可的财富）。如果认定游戏装备是有价数字凭证或者是一种数字财富，又会引起更为复杂的法律问题，比如其价值如何界定？在现实生活中，很多人愿意花钱购买这些装备，交易的价格是游戏参与者根据游戏中获得装备的难度、装备的"功能"、类似装备价格及游戏中玩家之间的供需平衡等要素共同决定的，并没有特别科学的衡量标准。如果认为其价值为 0，则偷盗者可能只属于轻微违法，不满足处罚标准，导致更多的人偷盗游戏装备。如果定义价格较高，也不符合人们通常对虚拟世界财产的认定，因为如果定义被盗的游戏道具为 10000 元，与现实生活中盗窃 10000 元财物的人惩罚相当，显然与人们的认知有悖。

不仅仅是游戏装备问题，所有禁止作为商品合法买卖的"数字物品"都面临同样的问题，比如比特币、积分、通证等都是禁止买卖的，实际处理这类纠纷的时候，必须要有合理的解决方案。可以借鉴国家对文物司法案件的审判，文物是禁止买卖的，也就不允许有"标价"，主要是根据其等级来评定处罚标准，比如一级文物、二级文物等。对游戏装备，审判的依据首先是"侵犯计算机信息系统罪"，这个罪的量刑应当有个起步标准，窃取的数字资产的价值是次要问题，这样一来，不管盗窃的数字资产的市场交易价值如何，遏制盗窃数字资产的目标基本能够达到。其次再衡量盗窃的数字资产的数量，盗窃一个普通装备和盗窃一个"高价"装备，可按同样性质定性，不需要太多考虑资产的价值，盗窃了"低价"装备，其操作危害性是相同的，而且盗窃数量（件数）比"单价"更为准确地体现了盗窃行为的严重程度，这样一来，既能够实现惩罚犯罪的目标，又不至于被"虚拟资产定价"所束缚，特别是盗窃多人的小额数字资产（或者盗窃多次）比盗窃一个人的"昂贵的"数字资产要严重得多，应当加大处罚力度。

比特币又是一个数字财产的特例，它有着明显的国际市场价格定位。处理盗窃比特币的案件更为棘手，参考上述方案定性其"侵犯计算机信息系统"是必然的，但如何界定违法额度？由于其境外市场价格高昂且波动很大，简单按照盗窃比特币的数量乘以当时的国际市场价格来计算其盗窃金额是不合理的，比较合理的做法是按照过去一段时间（比如案发前三个月），国际市场比特币的平均价格来认定其盗窃额度。当然，目前国家禁止比特币买卖，而比特币的拥有者又无法提供合法拥有比特币的证明，则被盗窃的比特币可以没收。

二、防范数字货币导致的金融体系安全问题的策略

数字货币在未来的全球经济体系中的角色将越来越重要，各国政府都在深入研究并制定相关政策，我国也必须及早制定应对全球数字货币的政策。上文讲到对全球数字化资产进行分类，是非常必要的，必须尽快建立防火墙，并建立自己的数字货币体系，使数字货币体系和境外数字金融资产、境外数字货币之间形成有机的联系，这样才能够有效发挥其作用，否则，人民币数字化的结果只能限于国内。

我国必须严格控制人民币和国内数字货币与国外各类数字货币及数字金融资产之间的流通，制定针对"数字外币"和国外数字金融资产的管理制度和技术监控体系，建立相应的司法规则和法律制度，从而确保全球的数字货币及数字金融资产对国内金融市场不会产生重大冲击。

从国家层面来看，要发行支持国际贸易的各种全球金融工具，包括在国际上流通的数字货币，并充分研究国际数字货币的安全性和可靠性，并对国际贸易支付结算工具和国内支付结算工具进行分割，使之融入国际贸易大市场。

针对数字货币的穿透性，可以采取持有实名制的做法，要求境内用户实名制持有境外数字货币，这样一来，虽然支付结算交易是不可追踪的，但可以要求用户进行实名登记，从而保障持有的合法性和交易的合法性，将不进行登记的境外数字货币认定为非法持有和非法交易，法律不再给予保护。限额范围内

的购买应当允许，对购买境外数字货币的行为，以购买"外汇"的模式进行管理，对购买"境外数字金融资产"的行为，以购买境外证券的模式进行管理。

要特别注意美国在数字货币领域的动向，应当遏制美国一家独大发行网络数字货币或者加密货币，再一次形成美国在互联网金融空间内的霸权。比较好的做法是支持多国联合发行的数字货币，而限制单一国家发行的数字货币的使用，至少在我国的对外贸易中应鼓励"多国联合数字货币"。

对企业用于国际贸易的境外数字货币，比照企业持有外币管理，但要制定针对数字货币特征的管理制度和管理体系，特别是应当允许企业在一定的贸易规模的条件下，更灵活地掌握境外数字货币参与国际经济大循环，但所有这些境外数字货币严格限制在境外使用，若要在境内贸易中使用，需要兑换为境内数字货币。

对于中国参与发行的超主权多国联合数字货币，应当有独立的政策规定，一方面推动其成为全球流通数字货币，另一方面要防止其被金融资本操纵，最后影响国内的金融体系稳定。

三、加入国际主流数字货币体系

中国应当积极参与全球未来新金融体系的构建，一方面，建设超越 SWIFT 的新的国际结算体系，努力解决美元霸权问题以及防范金融危机；另一方面，联合多国共同打造新的超主权数字货币，并对已经存在的或者其他国家和机构计划发行的数字货币，制定相应的政策。国内的数字货币 DCEP，仅限于国内使用，至少目前看来，尚不具备走出国门的基础条件，而且也很容易受到各种国际贸易战和金融战的打压。

数字货币可以根据锚定资产的背景，分为境内数字货币、境外数字货币、跨境数字货币。境内数字货币类似 DCEP，锚定人民币，以境内使用为主，当然，如果在境外流通，也不是不可以，需要制定规则，并考虑他国政策问题。境外数字货币，主要是其他国家或者机构发行的、被我国同意作为支付工具的数字货币。跨境数字货币，可以定义为我国参与的、与其他国家或者机构联合发行的数字货币。

目前我国已经有数字货币 DCEP，但还应当建设另外一种超主权数字货币，并与"一带一路"国家共同建设该数字货币——跨境数字货币，从国际贸易专用数字货币起步，逐步扩展其功能，覆盖更多的国际支付和结算领域。

同时，充分利用国际各种数字货币的优点，促进我国的国际贸易发展，融入国际各类数字货币体系，特别重视其他由主权国家、金融机构发行的数字货币，并将其作为中国数字货币的兑换目标，以使中国参与发行的数字货币在全球经济中有更高的参与度。

我国还需要建设国家级的数字货币交易互换平台，也就是类似银行的外汇交易平台，这个平台支持各种合法数字货币与本国货币及本国数字货币之间的交易，但如果国外的数字货币被定义为境外数字金融产品，而不是货币，则应当建立独立的境外资产交易平台。不同的平台，交易规则、条件和监管规则都不相同。就数字货币交易平台来说，交易必须符合买卖外汇的各种规定，个人购买境外数字货币将有额度限制，企业购买境外数字货币则必须实名，将其用于本企业的国际贸易或者国际投资。相关的税务机构、外汇管理机构需要制定相应的政策，涉及税收、外汇备案、跨境贸易中的外汇核销、国外数字货币的境内转让及境外转让等方面，并对持有境外数字货币的用户建立台账登记制度，实名制管理，从而确保这些业务符合国家金融监管规定。

四、数字货币的监管难题及分析

对数字货币的监管分为三个层面：一是产品的合法性；二是业务的合法性；三是业务的风险监控。

从产品合法性的角度来看，应当准确定义境外数字货币、境外数字金融资产、境内数字货币、境内数字金融资产等。即使同样是境外数字货币，也要根据功能进行区分，并不是所有的国家或者机构发行的数字货币都能够被认可。应当建立白名单制度，类似于银行的外币兑换清单，并不是所有国家货币都能够从银行进行兑换。对数字货币也是一样，由银行或者指定金融机构牵头建立境外数字货币的专用交易（兑换）平台，方便境内居民和企业根据需要购买，并在相应的场所使用。

业务合法性主要是监控不同的数字货币的使用规范，比如，能否在境内转卖或者交易，能否作为支付手段，是否用于支付非法业务等。

业务风险监控主要是指支付风险、交易风险以及资产风险监控，数字货币交易和法币交易不同，更为隐蔽，也更容易被用于诈骗及非法业务。需要建立专门针对数字货币的风险监控技术平台，用于追踪可疑交易，重点在各类非法交易和诈骗，比如，黄赌毒支付、传销、非法跨境洗钱、套路贷及非法高利贷、电信诈骗等。从数字货币的特点来说，利用数字货币开展这些违法行为的隐蔽性和便利性，超过法币的数字化交易（如微信、支付宝），诈骗分子用手机碰一下就能够收款，无须网络、无需中心支付平台就可以完成支付，从监控角度看无法做到实时监控，如果再经过多次手机转移，那么事后也可能无法追溯资金转移的路径。

很多犯罪分子为了防止相关机构追踪资金流向，都采用现金交易，数字货币 DCEP 是一种电子现金，既可以在线交易支付，也可以现场脱机离线支付，这样一来，现场诈骗就更容易成功，还可能增加抢劫的风险。随着电子支付的发展，人们逐渐不再携带现金，小偷和抢劫犯明显减少，但电子现金如果放在手机上，也就是人人都带着"电子现金"，则可能重新出现抢劫犯罪，只有建立了数字货币流通路径追溯机制，才能降低这一类的风险。

交易风险又是一个新的问题，淘宝得益于支付宝的托管支付，保障了卖家和买家的利益，从而成为安全的电子商务平台结算模式，而数字货币，同样需要支持"托管支付"，尤其是在线上支付的场景下，数字货币如何实现托管支付，是一个需要解决的课题，其难点在于数字货币如果可以转给第三方托管，那么手机里的木马病毒也就可能对手机里的数字货币进行非法转移，支付密码是很容易被手机里的木马病毒窃取的，因此，如何既能有效保护电子钱包里的资金安全，又能够便捷进行在线支付以及托管支付，是数字货币应用需要解决的问题。

要实现境外数字货币与境内数字货币之间的兑换，可以建立实名兑换制度，以区分人们是合法拥有境外数字货币，还是非法拥有境外数字货币。

建立境外数字货币非法在境内使用的监控体系，是比较困难的，可以通过对商家的收款情况进行检查，识别其接受非法支付产品（境外数字货币）的情况，但这仍不能完全避免这种行为，特别是非法网站可能将收款隐藏在交易的最后环节，不在页面上显示收款结算方式，这样就只有通过模拟购买才能够知道网站提供的收款方式选项，如果收款动作切换到微信号完成，就更难知道网站是否通过非法数字货币进行收款。从这个分析里可以看出，如果非法数字货币泛滥，网上将出现更多的非法商品买卖，原来可以通过控制支付结算限制其交易，但在未来数字货币的时代，这种利用支付结算限制非法交易的能力将受到极大的限制。如果非法商品交易通过"挂羊头卖狗肉"方式进行买卖和收费，从商品品种角度去审查也无法看出是非法交易，因此，数字货币的出现，对打击非法网络贸易是个极大的挑战，需要尽快研究出新的解决方案。这个情况在国外其实已经出现了，大多数暗网交易都通过比特币进行结算，国内也有用户通过比特币支付访问暗网，给国家安全和社会治理都带来了巨大的难题，或许建设全民信用体系才能从根本上解决这些问题。

五、数字货币币值稳定思考

(一)稳定币的内涵

全球新发行的数字货币，特别是政府、大型企业、金融机构发行的数字货币，都以追求币值稳定为基本目标，方法大多以绑定主流强势货币为主，或者绑定单一货币，比如 DCEP 直接与人民币对等，USDT 与 Libra 都是以一组主流货币的加权平均值作为币值参考，也有将黄金作为价值参照物的数字货币，但不管如何，都存在价值波动的问题。

真正的稳定币，不仅在币值上稳定，在币的可靠性上也相当稳定，比如，某个国家发行与黄金等值的数字货币，但并没有等额的黄金储备作为保障，那么这样的稳定币并不能够真正实现币值稳定。

稳定币首先是要确保价值存在，其次才是尽量降低价值波动。就以黄金作为资产背书的稳定币来说，和早期美元与黄金挂钩类似，等量的黄金支持等量的货币，后来美国废除了金本位制，而是基于美国政府的信用发行美元，美元的价值核心是美国强大的国力，包括军事实力和经济实力，人们意识到美国不会出现大的问题，因此美元越来越强大，成为全球超级货币。如果继续绑定美元作为稳定币，显然不符合很多国家的期望，更多的国家希望不再被美元约束，因此，推出了很多由不同资产背书的数字货币。

(二)稳定币的实物资产背书

典型的资产背书是标准化的资产，比如黄金、石油等，也有人提出用钻石、水资源、古董、艺术品等作为数字货币的背书，但非标准化资产做数字货币背书不太容易被大众接受，古董、艺术品就属于非标准化资产范畴。

将黄金这样的标准化资产作为数字货币的背书依然有问题。第一个问题是如何确保作为资产的黄金"足斤足两"？由哪个机构来担保，显然不能由发行数字货币的公司自己给自己担保，找保险公司担保也可能出问题，武汉金凰珠宝股份有限公司80吨假黄金就是由保险公司担保，最后发现是假黄金，而保险公司说只保真黄金不出现质量问题，假黄金不在保险条款之内所以不予赔偿。因此，黄金必须由能够承担责任的企业进行验证并担保其"货真价实"。第二个问题是黄金的权益的可靠性，即使黄金是真的，其权益也未必归属发行数字货币的公司，其也许被抵押给其他机构了，也许刚开始属于该公司，但后来被司法冻结或者作为资产赔偿给第三方了。因此，锁定资产是非常重要的，同样不能由发行方自行锁定，要交给可信的第三方锁定。武汉假黄金事件中，银行要求将黄金存入银行金库，认为在共管金库里封存才是安全的，可打开金库才发现黄金全部是假的，至今也还没有弄清楚黄金在入库前已经是假黄金还是入库后被调包，这个案例再一次证明了数字货币背书资产的锁定非常重要。

作为物理资产的金条放进银行金库只能看作是物理锁定，并不代表法律意义上的锁定，还需要更为周全的法律文件，证明这些黄金不会因为各种原因被查封、抵押和拍卖等，这个难度更大，涉及多种法律条款，如果发行数字货币的公司出现各种司法纠纷，很难保证这些黄金不会被作为企业资产处置。因此，有必要针对这个资产办理严格的确权和锁定法律手续。即使法律手续齐备，对持有数字货币的普通用户来说，资产依然是"不透明的"，也是看不懂的，法律合同等资料也是可以伪造的，因此，将实物资产作为数字货币背书始终存在一个信任的问题。有公司曾拿"普洱茶叶"作为数字资产的背书，虽然资产看起来是保值升值的，但在资产的确权和锁定问题上很难严格控制，也就很难让投资人信任"普洱币"。在法律上确权并锁定资产之后，还要担心资产被调包、损毁、变质等问题，因此，很多资产并不适合作为数字货币的背书。

如果是全球性的数字货币，其资产的法律归属权是由其所在国家确定的，其他国家的法律未必认可该资产的属性，这也是一个很严重的问题，全球很多国家把黄金存放在美国金库，资产归属尊重美国法律，各国都相信美国政府严格守信并且不会作弊，因此，国家之间的贸易差额用黄金结算的时候，只需要在美国金库里，从一个国家的黄金堆里搬运一部分（双方根据国家间贸易结算差额确认的数量）到另外一个国家的黄金堆里即可。然而，美国政府在打压别国的时候限制其黄金提取，导致越来越多的国家将黄金运回本国存储，虽然国家的黄金更为安全，但未来国家间的黄金结算就不那么便利了，也缺少了一个强国作为"中间人"担保黄金数量，而这个数量代表了国家的支付能力。黄金运回国之后，各国政府说明的自己的黄金数量（支付能力）很难让其他国家完全相信。更何况，即使有能力支付，也未必不赖账，如果放在美国金库，美国政府可以作为"中间担保人"确保支付（搬运黄金）的执行。

作为数字货币背书的各种资产都可能出现这样的尴尬情况，资产是真实的，权属也是真实的，但国家可能以各种理由不予交付，最终的债权人（数字货币的持有人）无法真正获得这些背书资产，那么这种情况下的资产背书是没有意义的。还有一种情况是资产的提取非该国政府可控，以委内瑞拉政府发行的石油币为例，石油币背后的石油资产是真实的，也是可以提取的，但实际上，由于受到美国制裁和封锁，石油根本运不出来，那么这样的资产背书也失去了意义。

总之，以实物资产作为数字货币的背书，风险很大，可操作性不强，必须寻找更为合适的资产保证方式。

（三）金融机构为数字货币提供资产转背书机制

总的来说，实物资产作为数字货币的背书问题很多，很难操作，比较理想的做法，是将资产托管在大型金融机构，由金融机构出具法币背书，从而实现数字货币的价值可信（数量、价值可信，结算可执行）。

在这个操作方式中，金融机构解决了资产锁定的一系列法律问题，包括资产的检验、入库、监管及权益控制等，然后以大家更为接受的法币作为数字货币的资产担保，这样的担保很容易被所有人查询和确认，也容易经过清晰的法律资料证明认证，银行只需要拿出法律文书说明银行同意为数字货币担保多少资金即可，至于这些资金锁定的资产状况如何，则是银行需要考虑的事情。

通过这样的转换，数字货币的价值可信、可锁定、可获得等问题就比较好地得到了解决。要进一步提升人们对数字货币的信任，银行可以在资金担保的同时，提供资金锁定的资产的详细情况，增加人们对数字货币的价值的信心，这个是加分项，不是必选项。

从这里可以看出，真正便利的、容易验证的数字货币的背书资产，还是法币。法币不仅有银行担保，发行法币的政府也为法币提供一重担保，因此，弱势国家的银行，或者规模比较小的银行，想通过锁定实物资产为数字货币提供本国法币背书，效果不会很好。

如果某个机构有很多黄金，希望基于黄金发行数字货币，可以与银行合作实施，将黄金交给银行锁定，由银行发出资产（资金）担保函，其根据该保函发行相应数量的数字货币，这个模式是更为妥当的，如果是国际上知名的大型银行，这样操作的效果会更好。

如果通过知名大型金融机构做资产背书转换，还将带来另外一个好处，就是资产的范畴可以大大拓展，不仅仅支持标准化资产，也完全可以支持非标准化资产，甚至是无形资产，因为只要银行认可其价值，并且觉得能够掌控锁定这些资产，出具资金担保证明，那么就可以发行相应规模的数字货币。在这种模式下，古董、艺术品、茶叶、水，甚至一些收益权、使用权等，都可以作为数字货币发行的背书，这种模式未来很可能是数字货币的重要类型。当然，银行也不可能白白为这些资产提供担保，不仅仅要收取相应的费用，还可能要求资产方提供更多的辅助担保内容（比如个人、企业、待补充资产等），在这里，银行很像一个典当行，资产方可以赎回资产，否则，银行就可能变卖处理这些资产，变现后支付给数字货币拥有者。除了控制资产，银行另外一个重要工作就是要防止资产方超发数字货币，在这种情形下，区块链能发挥其他技术无法替代的作用，如果资产方通过区块链发放数字货币，已经发出多少、总额多少都是清楚的，资产方也无法偷偷多发哪怕一个数字币，对银行来说，能够避免超量发行带来的重大风险。

（四）法币作为数字货币的背书

另外一类作为数字货币背书的资产就是法币本身，Libra 及 DCEP 等数字货币都属于这一类。DCEP 直接和人民币 1∶1 完全对应，是人民币数字化，银行向中国人民银行存入等量的人民币，换取等量的 DCEP，然后向用户发放（比如企业发工资、补贴等），这个数字货币背后的资产就是等值人民币，也和人民币同步发生价值波动（在外汇市场上），而人民币的背书是政府信用。

Libra 利用多种法币作为资产背书，各种货币存放到 Facebook 公司，然后换取 Libra，等同于发行了一个新的世界通用货币，各国货币与其兑换，兑换时会有不同的汇率，它的价格是一篮子主流货币的加权平均值，从而降低了它的币值波动。其中，美元占 50%，其他如欧元、日元、英镑等各占一定的权重比例。其价值波动有两个衡量标准：一是固定权重的多种货币的加权平均值；二是实际存放到 Facebook 中的各种货币的平均值，因为实际存放到 Facebook 兑换 Libra 数字货币的货币比例和预先设计的固定权重货币的比例并不一致，因此，这两个平均值是不一样的，可能存在操纵和套利空间。但不管怎样，绑定多种货币的加权平均值比绑定单一货币的数字货币的币值波动要小。Facebook 可以通过另外一个机制，将收到的各种外币拿到国际外汇市场上兑换，确保各币种的比例稳定，比如，将超出预设比例的欧元拿到国际市场上兑换为低于预设比例的美元，这样会损失一定的手续费。

（五）政府为数字货币的资产提供担保的情形

很多企业提供给数字货币的资产保障是由本国政府担保的，比如，某个非洲国家将矿产资源作为发行数字货币的资产保障，同时该国政府为矿产资源提供担保，担保发币的公司合法拥有这些矿产资源并能够开采和销售。问题在于，一般的用户无法验证这样的担保的真实性，而银行提供的担保却很容易进行验证。因此，金融机构进行转担保的必要性是依然存在的。

如果多个国家各自发行数字货币，并且在跨国贸易或者支付中使用，就涉及国家间贸易平衡和金融结算问题，如果出现顺差或者逆差，顺差国家就会向逆差国家索要差额资产，这个时候，国家对资产的担保就有意义了，国家间需要进行资产补差。从某种意义上说，政府对数字货币背后资产的担保是对他国政府的一种承诺，即本国政府担保本国发行的数字货币背后的资产是可用的和可获得的，确保这些资产的处置权不会受任何法律问题影响。换句话说，本国数字货币背后的资产是被锁定的，是"专物专用"的。那么，其他国家才可能将另外一个国家的数字货币作为贸易结算的支付工具使用。以中国为例，发行的 DCEP 如果需要进入国际结算体系，就必须提供贸易逆差后的资产补偿，担保资产可以是黄金，也可以是其他资产，或政府信用。当然，大国的政府信用是比较有用的，弱势国家的政府信用就不如实物资产的担保效力高，如果用存在纽约金库的黄金作为担保资产，又比将存放在本国的黄金作为担保资产更加有效。

确保全球流通数字货币价值稳定和可信的一个比较好的方案，是由多国政府联合保证，确保该数字货币背书的"实际资产"的真实性、可获得性以及交付安全性，再由该实际资产保障数字货币的价值，背书的资产按照一定比例由各国政府共同提交。从这个模式来看，欧盟是个非常好的资产背书机构，但它不直接为欧盟发行的数字货币背书，而是给数字货币背后的资产背书，再由资产给数字货币背书。这样的模式，降低了政府的压力，政府无须为数字货币可能出现的"漏洞"及风险进行赔偿，只需要在进行国家间清算的时候对背书的资产进行相应的处置即可。至于数字货币被盗、欺诈等风险问题，各国政府不需要考虑，交给数字货币的运营管理机构去解决即可。

（六）数字货币币值的相对稳定性

追求绝对恒定价值的数字货币是不现实的也是不合理的，自人类社会有货币以来，货币的购买力就从来没有恒定过，最基本的原因就是通货膨胀和通货紧缩，社会商品供应量（生产量）的不稳定和发行货币的数量的变化导致货币币值的不稳定是一种正常的情况。货币的购买力有时候缩小，有时候放大，所以追求绝对的币值稳定是不可能的，也是不必要的。如果能将币值波动控制在一定幅度之内，低于主流货币的波动幅度，就是很好的数字货币。如果将数字货币用于长期投资或者储值，则绑定像黄金这样的稀有资源的数字货币是比较好的选择对象，拥有这样数字货币的用户，不需要将黄金存放在家里，通过和黄金绑定的数字货币就可以获得和黄金升值同样的回报。黄金价格短期内可能波动甚至下跌，但长期来看，其相对价值是稳定上升的。这一点和银行销售的纸黄金非常相似，只是纸黄金不能够作为流通和支付手段，主要用于储值。

数字货币和其他商品一样，同样具有品牌价值，接受度高的数字货币需要的人多，在数量供给受到限制的情况下，其实际价值也会提高。像比特币这样的"空气币"，其价值不依托于任何实物资产，也不依托任何机构和政府信用，而是依托"大众信任"，因此，"信任"是有价值的，可以看为一种品牌价值。由于品牌好，信任不断增加，需求也会不断增加，进而使比特币价值不断提升，比其他空气币的价值高出很多。当然，如果比特币受到政府打压，导致很多人有危机感，它的价值也会迅速下降，因为信任下降了，这个信任下降的原因来自"政府打压"，这就是比特币对政策特别是大国政策很敏感的原因。

和一般商品一样，供需平衡也必然是数字货币价值变动的重要原因，供大于求，价格下跌，供过于求，价格上涨，比特币的供给数量是预先设定的，不可能多发，那么，总体来说其价格只受到需求的影响。但具体到操作层面，如果少数人控制了大量的比特币，他们就可以造成临时的、局部的供需不平衡，从而导致比特币的价格大幅波动从中获利。比如，比特币突然被大量卖出，比特币价格下跌，引起连锁反应，一天可能下跌30%以上，庄家然后再抄底买回，这种操作手段和操纵股票完全一样，只要有足够的资金或者筹码，虽然股票总量是固定的，仍能造成股价的大幅波动。要解决这个问题，商品的总数量要足够大，进而使炒作需要的资金量巨大、风险也巨大。当然，最好的做法是数字货币绑定实物资产，实物资产价值不会大幅波动，那么相应的数字货币的价格就很难大幅波动，如果出现恶意抬价，所有人都愿意高价出售，如果恶意压价，价格大幅度低于实物资产的价值，那么就有很多人愿意出手捡漏。因此，未来的数字货币炒作空间主要为无资产背书的各类数字货币，甚至包括"政府背书"的数字货币，这和有些国家炒作美元是同样的道理，虽然美元总量极大，但炒家可以在局部（一个国家或者地区内）制造供需不平衡从中获利。索罗斯炒作英镑也是如此，一夜获利十亿英镑，就是通过巨额资金造成局部的英镑供需不平衡，他自己做局，人为设计好了英镑的价格走向，从中牟利就不难了。

如果英镑是绑定黄金的，那么索罗斯就很难炒作成功，除非他能够控制全球的黄金价格走向。

从上述分析可以看出，数字货币绑定实物资产，或者绑定一篮子货币，其价值稳定性超过绑定单一国家的法定货币，更加超过空气币，如果稳定币能够实现匿名能力，估计空气币也就走到了尽头。就目前来看，空气币最大的需求仍然是非法贸易以及各种匿名交易，交易匿名的原因，除非法交易外，多是为了隐藏财富或者让财富在全球便捷地转移，这是目前各种国家货币（包括美元在内）都无法实现的功能。

六、数字货币的增信机制思考

在传统金融业务中，信用扩张是一大类基本的金融业务，很多场合会出现信贷、授信、融资等业务模式，供应链金融中间有各类融资需求，比如订单融资、产品质押融资、发货即贷、票据融资、应收款融资、企业信用贷款和各种融资贷款、企业发债、企业在资本市场融资等。

从数字货币的角度看金融业务，会有不同的情况发生。数字货币是定量发行和使用的，不会出现"数字货币授信"的现象，即使是货币的发行方也不可以授信，如果数字货币的发行方任意授信，就扩大了数字货币的发行基数，那么其币值、资产保障等都会发生改变。如果某个人拥有较多的数字货币，他可以借贷给需求方并获得利息，这并不会影响数字货币的总量，因此，在数字货币的模式下，不存在"授信额度"的概念，而是直接的借贷金额。传统金融中，银行给一个企业授信额度，企业实际"使用信用额度"的时候，才发生实际资金借贷行为并产生相应的利息。在数字货币环境下，放贷就必须立即将相应数量的数字货币拨付给借款人，否则，当对方"用信"的时候，放贷机构很可能没有数字货币了，授信就成了空头支票。

这里有个技术问题，就是数字货币能否支持"冻结"功能，如果有这个功能，那么很多情况下，交易双方可以利用冻结功能，在验货通过后完成最终支付。该功能类似支付宝的支付托管功能，可以通过"智能合约"来实现，但不如第三方平台的支付托管功能强大，第三方平台可以满足各种复杂交易场景的资金托管或者冻结需求。

数字货币与传统货币在供应链中的应用有一个本质的区别，数字货币在流转时信息是透明的，大家共享的，而传统货币就无法做到这一点，当融资是透明的时候资金就不会被挪用，只能用于支付上游供应商或者支付员工工资，不可能挪作他用，因此放贷更加安全，而传统货币放贷的最大风险之一就是贷款资金被挪用。

更为科学的数字货币，可以增加"货币属性标志"，使通用的数字货币成为在特定场景下的专用数字货币，比如用于发放养老金的数字货币，只能定向购买几种基本生活用品。此外，科学的数字货币应当可以实现货币属性的动态调整。

专用数字货币最大的应用领域，应当是供应链金融，能够将资金用途限制在上下游供应链体系内，从而确保任何一个环节上的资金都不会被挪用，并且能够实现多级信用流转，大幅度提高融资效率，特别是在多级供应链的情况下，可以极为快捷地实现放贷。如果供应链的链条中有核心企业，将订单数据上链，银行可以秒放贷款，当然，这里是秒放数字货币贷款。

如果在某个大额订单的数字货币贷款上打上"订单标志"，那么所有该笔数字货币的融资都只能用于这个订单的上下游企业，而不能用于同一企业另外的生产订单上，这也是传统货币无法实现的功能。

七、安全监管

从大局上看，全球会诞生很多种数字货币，而且各个国家迟早都会推出自己国家内的数字货币，国际上的数字货币也将会有多个发行主体。

对任何一个国家而言，都必须妥善制定好境内、境外、跨境数字货币及数字金融资产的相关规则，并实现合作与协同。未来类似SWIFT的不同数字货币之间的兑换交易中心平台会出现。国家不仅要发行自己的数字货币，更要联合其他国家发行超主权数字货币。

跨国数字货币的重点，首先是国际贸易结算，实现高效快捷的国际贸易数字货币结算体系。

解决数字货币的稳定性和安全性，以及防范数字货币的风险，是开始应用时就需要预先设计和规范的。同时制定相应的监管制度和监管技术平台。

充分利用数字货币的特点，是促进社会经济发展和国际合作的重要新动能，法币数字化不能算是革命性创新。

第八节　本章小结

数字加密货币，是一种全新的金融工具，它具备很多传统货币不具备的特点，具备多种属性且属性可以动态调整，这些特性克服了传统货币过于通用的特点，能够解决传统货币无法解决的很多难题，更好地服务市场、服务经济生活、服务人民大众、服务社会治理工作。

数字金融借力互联网能实现全球穿透，给国家金融体系带来新的机会和挑战，如何利用这个机遇，解决美元霸权，同时促进国际贸易及经济发展，促使全球金融体系更好地服务全球供应链，降低全球金融业务成本，造福全人类，是一个重要的研究课题。普惠金融、供应链金融是数字金融全球应用的两个重要方向，发挥着重要的作用。

在互联网时代，完全可能形成多种数字货币共存的格局，各国在数字金融特别是数字货币方面，需要协调合作，解决数字货币互认、数字货币价值确定、数字货币使用范围、防止金融犯罪特别是跨境犯罪、数据隐私保护、税收及监管等方面的问题。

第八章

跨境贸易B2B支付的安全问题分析及对策

第一节　跨境贸易 B2B 支付方案及问题分析

一、跨境贸易支付的途径分析

2016 年，孟加拉国被黑客冒充国家中央银行指令，通过 SWIFT 系统进行支付，成功转走 1 亿美元，黑客如果不是拼错一个英文字母，将转走 9 亿美元。显然，SWIFT 在安全验证环节上存在漏洞，黑客模仿一国中央银行发送指令，说明其中的安全验证措施失效了。黑客修改中央银行连接 SWIFT 转账支付的密码、拦截 SWIFT 方面发来的转账确认信息，并删除转账记录，同时操控了孟加拉国中央银行的账户结余显示表格，以便在失窃资金"洗白"或者"完全隐身"之前，不被中央银行发现。黑客在这次攻击中使用的软件工具、技术可能被他们用来攻击别的国家的金融账户，而 SWIFT 系统也很难进行大规模修改升级进行防范。

贸易支付结算的另外一个途径就是通过信用证完成交易，信用证的交易风险系数更高，因为犯罪分子从国内银行开始欺诈，通过各种手段欺骗国内银行开出信用证，或者伪造信用证。和 SWIFT 系统一样，全球银行间信用证的验证本身就是一个难题，要么国外银行受损失，接收到虚假信用证，要么国内银行受损失，被骗开出信用证之后要承担到期支付责任。

从贸易角度来看，不管是通过 SWIFT 转账还是信用证结算，都涉及交易效率问题，SWIFT 系统的结算周期为 2～3 天，显然不能满足现代国际贸易的需求，跟不上时代步伐。在互联网上可以跨国瞬时下订单，需要立即支付订金或者发出资金（托管）证明，卖方可以立即组织发货，时间周期非常重要，2～3

天后商品的市场形势可能发生重大变化，如果货款资金或者订金不能及时支付，就不能保障合同快速正式生效，当然生效的规则由于各国法律规定不同可能有些不同，同时也和合同内的约定有关，但总的来说，企业多是在见到有保证的资金（订金或者信用证）之后再安排发货，降低国际贸易风险。

信用证的核心和支付宝一样是一种"第三方资金托管"，它解决了两个问题：一是购买方有能力支付；二是确保收到的货物与合同相符。若商家作假或货物运输受损，则会对后续的资金结算处理产生很大的影响。

二、汇率对跨境贸易的影响分析

跨境结算的一个重要问题是汇率，汇率的波动是按秒计算的，而跨境支付的时间周期是按天计算的，超过一周也是正常的，如果是跨境贸易结算，周期更长，可能超过半年。

通过购买货币期货抵抗汇率风险是通常的解决方案。但其操作复杂，适合周期长的结算。在 2~3 天为周期的跨境支付业务中解决汇率波动问题，同样比较复杂。

汇率问题涉及支付指令的确认时间、扣款时点、换汇时点、收款时点、结算时点、对账时点和差错处理时点等问题。为了降低风险，银行给出的买入或者卖出外汇的报价往往在 10 秒钟内有效，然后更新价格，和股票价格报价方式类似，但股票是通过单笔撮合定价，而外汇价格是国际波动牌价，是在全球大批量交易下的定价，一般的散户的小额交易不会影响当时的汇率定价。

就弱势国家货币来说，由于汇率波动大，汇率风险更大，短期内的汇率差异可能超过商品利润比例，因此，大家都愿意储存强势货币，造成强者恒强。美国在负债高企的情况下，于 2020 年 5 月启动无限量宽松政策，大印美元，但美元汇率依然比较坚挺，就是典型的实例。当美元具有极大的存储价值的时候，新印发的美元很多成为了别国的存储货币，因此，在市场储存的需求没有满足的情况下，美元的价值和世界上商品的价值或者和美国的 GDP 产值之间就没有太大的关联性。美元能够产生这样的储存需求，一是依靠国家实力，特别是军事实力，确保国家不会崩溃；二是其使用方便性，在全球成为硬通货；三是靠经济实力，能够通过经济手段和金融手段制裁其他国家，这样一来，全球其他国家的资产都被美国印刷的美元"割羊毛"。

在国际贸易中，国家间贸易不平衡是正常现象，但这样的不平衡由于受到货币汇率的影响进一步加重了，而建立脱离货币机制的国际贸易能够降低由货币价值地位不同而带来的贸易不公平性，易货贸易或者币值相对稳定的数字货币结算模式就成为未来国际贸易的可选项。

三、跨境支付工具创新及法律问题

跨境支付具有法律风险，各国需要加强监管，保证资金进出国境的合法性。

由于跨境支付结算的环节非常多，资金支付之后差错争议非常难处理，所以需要更为安全便捷的支付手段。从支付角度来看，数字货币是理想的支付工具，一是只要能够接入互联网就能够实现全球范围内的支付；二是支付结算清算一次性完成，不需要等待清算过程，交易结束就代表支付流程全部完成，能够确保资金即时到账；三是交易手续费极低甚至可以降低到0。

就政府来说，如果新型的跨境支付结算工具影响了税收或法币的稳定性，或者助力非法交易，其是不会支持这样的支付工具的，但从促进国际贸易的角度来说，或者从抵抗强势货币及金融霸权主义的角度看，新型的跨境支付结算工具又是值得推崇的。

排除政治因素从其他角度看，一个能够支持全球贸易的、受控的、便于跨境结算的数字货币体系应当是符合全球各国共同的经济利益的。

第二节　跨境贸易 B2B 支付新的解决方案

一、基于区块链的货币互换交易体系

在讨论数字货币之前，先分析一下国际汇兑的本质，即一个国家的账户上扣除一笔资金，另外一个国家的账户上增加一笔资金，SWIFT 作为这个业务的星型转接网络平台，与全球 200 余个国家的上万家银行直接对接，形成一个星型网络，中心系统接受其中任意一个汇出行的指令，再将指令发给汇入行，汇出行执行扣费操作，汇入行实现入账操作，中心平台作为双方数据交换转接的通道，和国内的银联转接体系非常类似。这样的架构有很大的优势，各银行之间汇款有统一的格式，并且有全球统一的银行代码，只要用代码就可以确定汇款方向，中心平台负责审核各发送信息方的身份的"真实性"，从而确保了全球银行间结算的安全顺利进行。

前文曾提到，这个模式有不少问题，一是各个国家之间的划账、入账是"异步操作"，由于各国国情不同、法律规则不同、系统能力不同、时区不同、工作时间不同，交易最终完成往往需要好几天（要等到清算完成之后才最终完成），而且如果出现差错账，纠错时间也很长；二是存在欺诈风险，犯罪分子假冒银行发出指令跨国盗窃资金；三是平台如果出现风险，对全球金融业务将有灾难性的影响，缺少备用结算通道；四是政治风险很大，美国多次将它"不喜欢"的企业、银行或者国家踢出 SWIFT 会员体系，并滥用长臂管辖惩罚业务关联企业，堵住他人结算的通道，显然，从长远角度看，其必须被更先进、更科学、更公平的平台所替代。

SWIFT 是典型的中心化模式，而区块链恰恰是以去中心化为核心的模式，建设一个全球银行间区块链联盟链，替代 SWIFT 作为信息交互处理的平台，从理论上来看是可行的。

所有的银行都在区块链上有自己独立的身份，这个身份谁也无法篡改，也就意味着很可信、可靠，而且可以借助现有的全球银行编码。在交易过程中，汇出行发出扣款记录，收款行发出入账记录，双方都在区块链上登记，在同一个区块中完成扣款和入账记录，可信、快捷、可查，无须二次清算，结算工作一次性完成。这样的体系当然也需要一个机构进行管理，但管理不会干涉具体业务，只是明确区块链记账、入账的数据格式及流程规范，这样各国、各银行间就可以进行自由便捷的汇兑处理，并且所有的行为记录在链上，对欺诈者来说，也大大增加了诈骗难度，因为每笔交易记账，都是双方同步确认的，而不是异步记账，而且这个同步工作机制使交易即时完成。另外，交易的确认可以不只是一对一进行，可以设计多人共同确认机制，以防范黑客欺诈操作。比如，汇出行可以由多人共同验证授权，而入账行同样由多人验证授权之后才能够计入区块，其安全性要远远大于中心化系统，同时区块链系统的可用性也比中心化系统要高很多，只要有网络业务就可以开展，而不必担心中心化系统出现故障，影响业务开展的持续性和稳定性。

这样的系统可以实现分钟级别的交易，但同样会受到不同国家的跨境金融结算政策的影响，因此，实际运行中，也可以设计为异步操作，即使是异步操作，其效率也比中心化系统要高。

比特币系统的交易处理速度不高，平均每秒钟只能支持数笔交易，但联盟链完全可以采取另外的技术实现较高的交易处理速度。从跨境结算来看，一天的处理数约为万亿美元，新的区块链技术完全能够支持这样的交易规模。基于区块链的跨境结算方案的实施，需要国家间的配合，落地很难，是未来的一种发展趋势。

基于区块链的跨境支付模式，只是采用区块链方式来记录跨境转账，并没有使用数字货币作为结算手段，是对当前 SWIFT 系统的改进，它仍然可能受到金融霸权国家的影响，而更为高效、可靠的方案是基于区块链的数字货币跨境直接结算方案。

二、基于区块链的国际稳定币贸易结算体系

比特币缺乏国家背书，也缺乏可信资产背书，是建立在参与者的信任及市场供需关系的基础上的，一旦市场失去对比特币的需求，其将一文不值，信任也就同时失去价值，其很像一个建筑在沙堆上的城堡，非常不稳定，若要作为国际贸易的结算工具，其显然是不合适的。目前所有的空气币基本上都不适合作为国际贸易结算使用。

比特币适合的应用场景更多的是不惜牺牲大额收益也要开展的业务，比如，时间特别紧急的汇款、非法贸易汇款、出于洗钱目的的汇款，对这些业务来说，价值波动是第二位的，能够隐蔽地或者快速地完成交易才是最重要的。有些用户希望将资金转出国外，但汇款受到额度、用途等方面的限制，而通过网络购买比特币，就可以直接在全球其他国家（能够合法进行比特币兑换的国家）进行交易转成国外货币，虽然一买一卖两次交易可能损失了差价，但能够绕过监管机构快速在海外变现，用户还是非常愿意采用这种方式的。如果运气好，转账过程中比特币升值了，还能多出一笔意外的收益。

全球的金融机构及互联网巨头都已经看到了基于区块链的数字货币的巨大潜力，也意识到"币值稳定"是其中的关键问题，因此，发达国家的银行联合推出 USDT，Facebook 也推出了 Libra，一系列稳定币开始出现在市场上，目的是在数字金融里面再一次建立西方的数字货币体系，并利用强势货币、资本、资源和全球用户群体形成新的金融垄断。美国显然不会错过这个大局，在这些数字稳定币中不断提高占有份额，同时美国运通银行，甚至麦当劳都希望建立自己的数字货币体系。

我国也开始由中国人民银行牵头，建立自己的 DCEP 数字货币体系，这个体系的重点是人民币数字化，和国际上发行的数字货币有一定的差异。第一，可追踪与不可追踪，如果可追踪，就不是真正意义上的匿名；第二，其采用二级发行机制，中国人民银行发行数字货币，银行操作数字货币，而不是直接的

在线生成和流通系统；第三，其和人民币是 1∶1 的固定关系，就是人民币的代币，而国外的数字货币，要么绑定各国主权货币，要么锚定石油、黄金等标准化资产，要么由市场供需双方根据交易配对定价决定其币值。

人民币数字货币对用户的影响不大，原因是国内的支付宝、微信作为电子支付工具已经十分方便，再加上一个数字货币交易，没有什么实质性改变。但对腐败官员来说，数字货币的影响可能很大，因为所有的资金流向都是可以追踪的。

上述所有数字货币目前看来都以面向个人应用为主，也就是个人在互联网上进行支付与计算，当然 DCEP 也可能支持现场电子钱包支付。但国外主要是以在线支付及交易为主的数字货币，支持全球贸易服务的数字货币体系目前还没有出现，究其原因：一是跨境贸易往往是大额交易；二是贸易支付结算和贸易订单密切挂钩，甚至连物流、仓储对结算都有影响，跨境贸易支付不是简单的资金结算，且数字货币和法币不同，数字货币只支持简单结算，而法币可以由发行该法定货币的银行根据具体的贸易背景提供各种与结算相关的辅助服务，比如订金管理、预付款管理、资产监管和交割、物流及仓储服务等，资金划扣是整个体系中的一环，这一环必须与其他部分紧密配合，数字货币很难完成这样的配合，它只在支付及资金转移这个环节的效率很高，与跨境贸易其他环节的关联性很差，要支持其他环节也很困难。

因此，从全球贸易角度看，专用于企业的数字货币还是值得考虑的，当然，西方现有的数字货币也能够支持企业间付款，企业间也可用 Libra 进行交易支付和结算，但缺乏风险管理、流程控制、法律规范等方面的配合，是不完备的，不足以在短时间内成为非常可靠的、高效的跨境贸易结算工具。

用于跨境贸易的数字稳定货币首要条件是价值稳定，虽然 USDT、Libra 都宣传绑定一篮子货币（当然美国更希望只绑定美元，实际上做不到），但本质上，这样的绑定并不能保证其价值稳定，如果一篮子货币的组成比例固定，那么必须限制兑换数字货币的实际货币比例不能突破该比例，否则，数字货币的币值与其背后的实际货币的加权价格不一致。理论上讲，只要各种主权货币汇率在波动，按照固定比例计算的数字货币的加权平均币值也就在变动；只要数字货币背后的"实际货币比例"（根据各种法币兑换数字货币的数量计算）在变动，数字货币的实际价值也将跟随变动。如果数字货币绑定黄金，回归到金本位模式，那么数字货币的价值就随着黄金市场价格的改变而改变。

只要数字货币有币值变动，与其相对应的各种主权货币和数字货币之间的兑换关系就必然是波动的。从贸易结算角度看，一篮子货币的波动还是能够接受的，因为这样的加权平均值的波动通常小于单一货币的币值波动幅度。数字货币作为贸易结算工具，需要解决的问题大致如下：

（一）价值稳定问题

数字货币用于贸易结算是没有技术问题的，但其价值的稳定程度必须超过主流贸易货币，就目前来看，数字货币的稳定度应当超过美元才能被大家所接受。在 Libra 的一篮子货币中，美元的比例被提升到 50%，也就是说，其价值波动幅度和美元越来越接近。美国实行量化宽松政策，特别是 2020 年为了降低新冠肺炎疫情对经济的影响，实施大规模补贴政策，增发了大量美元，若不是全球对美元储值的需求，美元将会大幅度下跌（到 2020 年 10 月中旬，跌幅已经超过了 10%），如果新冠肺炎疫情持续，或者出现其他突发因素影响美国经济，估计美国仍然会印发美元，继续扩大美国负债。从长期来看，美元存在着巨大的系统性贬值风险，而且这个风险一旦爆发，将波及全球经济和金融体系。数字货币如果主要锚定美元，那么其风险也就和美元同步了，在这种情况下，该数字货币结算与通过美元结算相比只是提升了效率，并不能降低国际金融的系统性风险。

如果数字货币绑定黄金，恢复金本位制，从短期来看其波动率可能比黄金大，这主要是因为美元投资机构可以操纵黄金市场，在美元与黄金的挂钩机制取消之后，美元投资机构为了巩固美元地位，必须打压黄金，使黄金价值因受到机构操纵而频繁波动，黄金也就逐步失去了国际结算工具的地位。而且通过黄金进行结算，其价值总量与国际贸易总额的体量相比，体量是不足的，全球每天结算的美元数以万亿计（含贸易和其他支付），而黄金的总额受到矿产储量及开采、工业及民用消耗的限制，远远不能满足国际贸易结算需要。2019年，全球黄金储备约 3.5 万吨，中国约为 1326 吨，中国全年新增加黄金产量约380 吨，而消费量约 1003 吨，产量没有消费量大，按照 1300 吨官方储备、每克约 400 元计算，黄金总额折算为人民币约为 5200 亿元，用于中国全球贸易结算显然是不够的。世界贸易组织发布的《全球贸易数据与展望》报告显示，2018年全球贸易总额约为 39.342 万亿美元，其中中国贸易进出口总额为 4.62 万亿美元（约合 30.51 万亿元人民币），因此，如果没有足够的数字货币总量，就无法支持全球进出口贸易额的结算。而美元从理论上说可以根据国际贸易结算的需要"无限增发"，美元已经成为实际上的超主权世界货，这本来应当是全球数字货币承担的角色。

除黄金之外，数字货币绑定其他资产则更为困难。委内瑞拉发行了石油币，石油币对应资产的实现是取得石油，而要取得实物石油非常困难，受到政府更迭、国际禁运等一系列国情形势变化的影响。还有人考虑将数字货币绑定钻石、艺术品等资产，可这些资产要么总量不够，要么不是标准化产品，要么获取困难或变现困难。相对而言，黄金是比较理想的用于数字货币绑定的实物资产，自 2018 年开始全球各国都加大了黄金储备，国际市场的黄金价格也从 2019 年每盎司 1200 美元增长到 2020 年 9 月每盎司 2000 美元。

捆绑一篮子货币的数字货币，与严格绑定黄金的数字货币相比，各有利弊，黄金价格短期波动相对较大，但长期来看还是比较稳定、向上的，而一篮子货币的总量可以无上限，只要有人愿意拿出主权货币兑换数字货币，数字货币的总额就会加大。而黄金数量不可能无限量放大，虽然绑定黄金的数字货币发生通货膨胀的可能性不大，但总的体量不大仍是一个缺点。

与主权货币绑定的数字货币只能绑定强势主权货币，否则，数字货币的币值将很不稳定，影响国际贸易结算。数字货币绑定美元，实际是绑定美国的强势地位，国家地位的强势和稳定性替代了可信资产作为背书的效果。

（二）政府认可

很多国家担心国际数字货币影响自己的主权货币的发行和流通，担心其用于非法贸易、洗钱等犯罪行为，而追踪很难，且如果出现交易纠纷，处理难度很大。

（三）外汇及税务管理

从外汇管理角度来看，若无法对数字货币的往来进行监管，就可能涉及偷逃外汇问题。

从税务角度来看，如何纳税、纳税计算的基数以及纳税支付工具还不明确，所以很多国家不同意使用数字货币进行纳税支付。如果涉及退税，更为复杂，还可能出现新的退税诈骗手段，通过虚假贸易骗取退税，数字货币支付后背地里还可以转回去，从而制造正常贸易往来的假象，达到不可告人的目的。

如果出现大量的贸易顺差，用数字货币结算，国家还可能不会收到外汇，甚至表面上获得的数字货币回到国内之后又很快流出。

第三节　跨境贸易数字金融解决方案分析

一、跨境贸易的稳定币工具需求

由前文的分析可以看出，跨境贸易结算，不管是用美元还是用 Libra、US-DT 等数字货币都存在不同的问题，即使是用绑定黄金的数字货币交易，依然存在黄金价值波动的问题，如果有国际金融集团操纵黄金价格，还可能加大国际贸易数字货币结算的风险。

二、货币贸易不公平性分析

国际贸易的不公平性来源于作为一般等价物的货币，同样的货物在不同的地区会有一定的价格差异，若在不同的国家价格差异更大。这里的价格差来源于以下几个方面：

第一，供需关系。供需关系决定了商品的市场价格。现代世界上，全球物流的发展提供了商品快速流动的机制，因此，跨国商品的价格差异应当趋于缩小，商品价格应当由全球整体供需平衡来决定，但实际上商品流通受到很多非物流因素的干扰，比如海关、税收、运输及仓储成本等问题，人为改变了全球货物供需平衡，导致商品价格不再是由全球整体供需平衡所决定，这些贸易壁垒给商品带来了较大的价格影响。

第二，生产成本。生产成本除原材料、固定资产的成本外，还包括劳动力成本。全球生产成本中，劳动力的价格存在差异，而弱势货币国家的劳动力成本按照强势货币国家的劳动力成本计算显然是非常低的，这主要是因为货币化的劳动力价格导致弱势国家的商品生产成本"显得很低"。弱势国家将自身生产的商品卖到其他国家，要么卖不上价格，要么被认为是低价倾销，因为从货币上看，成本低于其他国家，显然，这个错误是由"货币"的不公平引起的。

这里就要考虑汇率差异的来源，发达国家工业品包含的"知识、技术累积"值很高，即所谓的知识（高技术）密集型商品，而不发达国家产品的"知识技术含量"低，往往是农产品或者手工业品，因此，发达国家的工业品能够卖很高的价格。当然价格也受成本因素（人的工资很高、社会资产价格很高）

和垄断因素的（包括技术垄断的因素）影响，垄断导致的价格差异甚至比成本的影响还要大很多。20 世纪八九十年代，在中国国产路由器出现之前，国外生产的路由器（以及当时的电话交换机）的价格非常昂贵，这就是垄断造成的结果。

不发达国家和发达国家进行贸易的时候，低技术商品和高技术商品价格差异巨大，这就必然导致贸易逆差，不发达国家需要支付更多的货币去购买发达国家的商品，导致发达国家的货币汇率坚挺，由此来看，生产成本并不是"产品中包含的一般人类劳动"，而是发达国家的人类劳动价值远远高于不发达国家的人类劳动价值。因此，即使是普通的、技术含量不高的商品，不同国家的生产成本也有很大区别，从而导致价格差异很大。

第三，比价差异。在不同的国家，两类商品之间的比价差异巨大，这个问题的产生同样和货币的一般等价物属性密切相关。原本，在每个国家内部统一的货币体系下，不同商品之间的价格差异是由供需关系、生产成本等因素决定的，形成了一个内部平衡体系。比如，在 A 国，一辆家用普通轿车的价格与 1 吨牛肉的价格、10 吨大米的价格之间有一个平衡的价值比较体系，这个体系是相对稳定的。但 B 国的价值比较体系可能和 A 国的差异极大，而货币能够在全球流通，必然对存在比价差异的国家的市场和产业带来不同的冲击，这样的冲击对保护弱势货币国家的产业往往是非常不利的，形成弱者恒弱、强者恒强的产业结构差异，因此，弱势国家的产业均衡很难保持，强势国家通过高技术含量产品掠夺弱势国家的财富，这种财富又能够推动强势国家进一步提升商品技术含量，导致国家间贫富差异持续扩大，甚至两极分化。

即使是农产品，也存在技术含量的差异，如机械化作业系统、种养科技等，因此，弱势国家在农产品领域也没有竞争优势，某种意义上来说，除了手工业品和原材料，弱势国家几乎无法与具有高技术储备的国家竞争，强势货币加剧了这样的贫富差异。

因此，从宏观上来说，跨境贸易推进了全球范围内的资源优化配置，实现了分工协作的优化，互通有无，节约了全球资源，提高了全球的劳动生产率和社会福利，也加剧了贫富差异，并没有实现预想的目标。

三、易货贸易的特点

易货贸易是跨境贸易的一种形式，牟其中利用罐头换俄罗斯的飞机就是易货贸易，与货币贸易相比，易货贸易的优点非常明显。按照货币贸易的处理流程，牟其中需要准备大量人民币（借款），兑换为外汇（卢布），购买俄罗斯的飞机，这里需要的资金量巨大，飞机销售出去或者租赁出去之后，再归还人民币借款。同样，俄罗斯方需要将卢布再次兑换为人民币，购买中国的罐头，支付汇兑成本。

易货贸易模式下，双方的商品价格协商可以按照成本价而不是市场价格计算，对双方均有利，能够减少海关的纳税计税额，还减少了两次汇兑损失。从贸易公平性角度看，易货贸易更为公平，贸易双方不再将各自商品的市场价格作为衡量交换意愿的唯一因素，而会综合考虑相对利益。如果商人在市场上销售商品后购买某种标的物，最后得到的标的物数量比进行易货贸易得到的商品数量少，那他就会选择易货贸易。同样，如果商人在国外销售商品后再购买国外某种标的物，与跨境易货贸易相比，由于耗费了更多的汇兑成本且缴纳了更多的税收，最后获得的商品数量更少，他也会选择跨境易货贸易。

货币贸易的成本还包含销售成本和采购成本，但易货贸易大幅度减少了销售成本和采购成本。如果双方觉得易货交易更为有利可图，寻找直接买家的成本就基本消失了。易货双方会各自替对方在本国寻找潜在的交易对手，然后各自在国内完成内贸交易，这要比跨境寻找贸易对象容易很多。牟其中就是看到当时国内的日用品产能过剩，组织了大批商品，到俄罗斯换回我国需要的民航飞机，如果俄罗斯人到中国来，找到并采购这些商品，难度可想而知。也就是说，俄罗斯节约了采购成本，而对牟其中来说，采购成本相当低。俄罗斯人取得罐头之后，在俄罗斯国内实现了内贸交易，将这些罐头卖出获利。而牟其中在国内卖飞机（或者出租飞机），在中国国内实现了内贸交易并获得收入。

货币采购贸易有个资金筹措的难题，任何一个先行采购方都需要预备采购资金，即使自己有货物要销售，也需要等货物销售完成并回款之后才能使用获得的销售款。易货贸易无须准备资金，只要准备好货物即可实现贸易。

通常，易货回来的商品，要么是自己所需要的，要么是在本国容易实现销售的商品，因此，易货贸易通常要经过二次境内（内贸）销售。由于存在比价差，易货后二次商品（换回的商品）销售的利润很可能超过其跨境直接销售商品的销售收入，比如，牟其中卖飞机的收入可能超过向俄罗斯直接卖罐头的收入（如果他不是换飞机，而是直接卖罐头给俄罗斯获得的收益）。因此，易货方通常愿意降低易货对价，再通过二次销售，将利润补回。

易货贸易中，本国的二次销售几乎总是存在的，也就会出现专门做易货销售代理的企业，因此，实际的易货贸易往往是贸易商在做，贸易商根据国内的需求和本国在境外有优势的商品，寻找合适的易货贸易对手，如果双方都是贸易商在操作，这样的贸易是比较容易实现的，因为他们非常了解自己国家的商品供需情况，很容易寻找匹配商品进行跨境易货，而且商品的质量控制和采购在境内操作比跨境操作容易很多。

从交易成本角度看，跨境贸易商可以向境外卖家赊账，易货之后，完成二次销售再归还欠款，如果不能实现赊账，就必须准备采购资金。在易贷双方都是货主的情况下，双方均无须准备采购资金，也无须融资，即使是赊账，也是境内赊账，比如，牟其中买罐头的钱，要么赊账，要么融资，但都是境内完成，不涉及国际借贷或者赊账。

在信息化时代，商品信息的流通已经没有障碍，易货贸易的难度已经大幅度降低，因此不一定非要通过货币才能够完成跨境贸易，在全球不正当竞争和一些国家利用金融工具遏制其他国家发展、影响全球自由贸易的大背景下，发展易货贸易有着非常重要的意义。

四、易货贸易面临的问题

易货贸易依然存在结算问题：一是时间差问题，供需双方的产品不一定能够同时交付，货币贸易可以通过分期支付解决分段或者延时交付问题，也可以通过信用证解决发货信用和支付信用问题，但易货贸易缺少这样的机制。二是交付风险控制问题，如果没有信用证，易货产品的质量、发货时间或者到货时间就不能保证，缺少控制风险的手段。

易货贸易的纳税、退税难题，也是需要重点考虑解决的问题，涉及货物定价，以及各国对易货贸易的税收规定，不管如何易货，最终都要报出一个合理的易货价格作为征收税款的计量依据，才可能获得税务机构的认可，否则，就存在偷逃税款的嫌疑。如果双方约定都报一个很低的价格，显然就可以少交税，有逃税嫌疑。当然，如果未来实现所有货物免税，这个问题就不存在了。即使是国内贸易，依然存在贸易税收问题，比如国内的增值税，如果企业进行了易货贸易，如何计算合理的交易价值从而缴纳增值税，也是需要得到税务机关认可的（通常依据市场参考价）。因此，即使是易货贸易，也会是需要价值衡量工具的，不仅仅用在纳税上，还可能用于货物保险、交易纠纷处理等方面。货物保险的额度和货值相关，当交易出现法律纠纷的时候，司法仲裁或者审判需要根据货值认定相关的责任或者赔偿。

易货贸易的另外一个问题就是价值对等难，很多时候，进行交换的商品未必是同等价值的。为了在更大范围内实现易货贸易，降低易货贸易匹配难度，国内推出了易货大市场，但在这个易货市场内，仍然很难实现精准的互相匹配，最后又可能回到货币贸易的老路上去，而货币贸易的确是有效进行货物供需匹配的工具。

在国际上进行易货贸易匹配，仍是一个难题，罐头换飞机只是个案，不能成为普遍性适用的商业模式，如果又不想走外汇贸易的老路，采用专用于易货贸易的非货币结算工具（特定用途专用数字货币）就是一个很好的选项，经过特别设计的数字货币，完全可以满足跨境易货贸易的各种需求。该结算工具一方面可用于易货贸易结算，另一方面也可作为税收和风险控制的工具。

五、跨境易货贸易专用结算工具分析

用于易货贸易的专用结算工具，可以作为价值衡量的标准，便于进行信息化处理，还能够快速完成跨境清算，和传统意义上的数字货币有以下的不同：

（1）该数字货币是专用于易货贸易的数字货币，不能够用于其他场合。由于是专用结算工具，它不存在影响国家主权货币的问题，也不存在市场恶意炒作的问题。

（2）只能在约定的国家间使用。它可以只在两个国家间进行易货贸易时使用，也可以在若干个国家间互通使用，大大增加了结算的灵活性和适用性。只要两个国家间进行了约定，就可以推出一个两国间专用的结算数字货币，也可以称作是贸易联盟内成员之间的易货贸易结算专用数字货币。

（3）币值的稳定性问题相对容易解决。由于是在联盟内使用，联盟成员很容易约定该专用数字货币的币值，只要锚定相对独立的资产都可以，比如约定以黄金、石油、钻石为计价单位。也可以锚定美元或者欧元等为计价单位，这里说的数字货币币值虽然锚定了美元，但并不是用美元结算，只将美元作为"价值准星"，美元本身没有出现在流程中的任何一处，数字货币完全不受美元流动的限制。

（4）背后的资产不同。跨境贸易专用数字货币背后的资产可以是实物资产，如黄金、石油、外汇等，可以是艺术品，也可以是联盟成员互相认可的其他非实物资产，比如，政府担保、国家未来的税收，甚至土地、港口的未来使用权等。而传统的数字货币，很难接受非标资产，更无法接受非实物资产。

（5）与本国货币之间关系的处理方式不同。跨境贸易专用数字货币只有在特定情况下，才能够和本国货币进行兑换，既可以是直接按照一定的市场价格兑换，也可以是抵押兑换，最后按照原数量赎回，当然抵押的时候要进行一定的折扣处理，从而降低货币贬值风险。通过后者兑换到的专用数字货币只限于在跨境贸易中使用，不能挪作他用，不能进行炒作，如果反向兑换为本国法币，也只支持原路返回，并且不支持超额反向兑换，防止洗钱套利等行为。

总之，由于用途不同，用于易货贸易的数字货币和传统数字货币在发行、使用、流通、兑换等方面差别很大，只是借用了数字货币的概念和技术模型而已。

六、基于专用数字货币的跨境易货贸易交易流程

（一）受严格限制的专用数字货币结算工具

专用数字货币在跨境易货贸易中的使用方法和普通货币是不同的，可以有不同的功能限制，最严格的功能限制是限制买卖参与方只能用专用数字货币进行商品结算，不得使用其他方式结算，并且专用数字货币不得转让给他人。因此，如果 A 公司进行跨境销售，获得了专用数字货币，A 公司只能用它再去购买国外的商品，在国内实现销售之后，获得本国货币。在这个严格限定的条件下，数字货币除了用于购买对方商品，没有任何其他用途，也不能转让（不管是否收取费用）给他人。初始数字货币可以通过质押资产方式获得，也可以通过信用授信获得。如果采用质押资产方式获得数字货币，质押的资产需要获得数字货币管理机构的认可，如动产、不动产、金融资产（包括货币资产、黄金、证券）等。如果通过授信方式获得初始数字货币，那么就要有专门的授信机构负责，并且要支付授信成本，该授信机构要获得数字货币管理机构的认可。这样能够完全杜绝对数字货币的炒作，保证数字货币是真正意义上的跨境贸易专用数字货币，易于管理，减少金融风险和贸易纠纷。

如果通过质押资产获得数字货币，在归还数字货币之后将解除对资产的质押，需要支付一定的服务费用。归还数字货币，意味着这一笔数字货币归 0，没有产生任何额外的货币增量。因此，这个模式不存在数字货币的发行，数字货币只是一个用来进行跨境易货贸易的记账工具，交易结束，其使命就结束了，数字货币也就消失了。

从一个境内的卖家交易的流程看，他销售一单商品到境外，获得专用易货的数字货币，之后再用获得的专用数字货币采购国外商品，在国内销售这些国外的商品获得本国货币，流程结束。

从一个境内的买家交易的流程看，它用本国货币向境内卖家（已经用专用

数字货币买到了国外商品）直接购买国外商品即可，而不需要自己进行跨境贸易。卖家已经完成了跨境易货贸易和结算工作。

如果境内买家希望主导跨境业务流程，他可以先用本国货币，向境内商家采购商品（通常是国外畅销品），然后卖给境外买家，获得专用数字货币，然后再利用该专用数字货币到境外采购他所需要的商品，完成交易流程。这种交易流程比他直接将本国货币兑换为外币购买他需要的境外商品，要节约很多。

显然，卖家交易流程比买家交易流程要更为简洁，原因是卖家有货就可以直接销售获得数字货币，而买家无法用货币直接获得数字货币，需要先进行一次内贸采购交易，用商品去进行易货贸易（先卖到境外获得数字货币，再采购国外商品）。

实际的操作中，很可能出现一些纯粹的贸易商，他同时代表本国的卖家和买家做跨境易货贸易，然后分别做买和卖的内贸交易。当然，他可能需要初始周转资金，或者需要一定的抵押资产，获取完成最初交易的专用数字货币。如果双向交易顺利周转，只要不是特别大的顺差或者逆差，需要的周转资金的额度就很小了。

（二）可以在国内转让的专用数字货币结算工具

上面介绍的模式的优点是严格限制了专用数字货币的用途，只能用于易货贸易，缺点是必须有个销售代理存在，由代理商完成进出口的易货贸易，然后进行内贸，交易才能够完成，同时商品质量是由境外卖家负责，不是由代理商负责，追责纠纷的处理比较复杂，且需要防范内贸买家毁约的问题，如果有任何一方毁约，易货贸易链条上就可能有货积压。

解决这些问题的一个方案是放宽专用数字货币的功能，使专用数字货币能够做贸易代币使用，实现类货币贸易，但又不完全是货币的交易模式。在这个模式下，境内境外的买卖双方都可以直接进行"货币买卖"贸易，前面介绍的"货物内贸的流程"改变为"专用数字货币的境内交易"。

在这个贸易模式里，任何一国的买方如果需要进口货物，就必须取得专用贸易数字货币，有三种方式：第一种是销售出口商品获得；第二种是通过质押资产（可以是物资、本国货币、股票等）获得；第三种是通过数字货币交易平台用本国货币购买获得。

交易过程中，用数字货币购买境外商品，需要获得海关、税务及外汇管理部门的认可，数字货币可以作为外汇核销、保税、估价的工具。

用本国货币购买贸易专用数字货币，就可能出现洗钱等违法行为，为了降低金融风险，必须进行一定的限制：①专用数字货币不能私下转让，采用实名登记制度，实名使用，私下转让无效。②只能在统一的平台上购买贸易专用数字货币。③专用数字货币只能用于购买进口商品，防止洗钱等行为。④购买价格统一由数字货币的汇率决定，而不是由供需平衡决定，防止炒作数字货币的行为。⑤不允许对境外人员销售和转让数字货币，跨境流通只能基于贸易结算，防止影响其他国家的货币发行、防止资本非法流出、防止跨境洗钱。⑥对数字货币设定有效期。总之，功能丰富的数字货币给跨境贸易带来更大的便利，同时也增加了一定的金融风险。

专用贸易数字货币和通用数字货币有本质的区别，不能跨国界任意流通。单凭这一点，就解决了很大的金融管理难题，可防止数字货币被国际金融资本恶意操控及炒作，影响贸易公平性，影响其他国家的货币体系稳定性和安全性。专用数字货币也不能被用来进行非法贸易，应实名制使用，使交易更为安全。

比较复杂的问题在于如何确定数字货币的标定价格（以什么价值作为价值标尺），以及价值波动的时候如何处理。如果本国货币剧烈波动，而数字货币价值相对稳定，兑换率同样会发生巨大的变化。

另外一个需要解决的是贸易逆差问题。贸易顺差国家积累了过多的专用数字货币，它们会强行消费到对手国家购买相应的商品，或者要求贸易对手国拿相关资产抵扣，将顺差抹平。

就货币弱势国家来说，它们更愿意对出售商品获得的专用数字货币进行储存，而不是换回本国货币，下次再购买国外商品的时候，数字货币价值不会贬值，这和很多人愿意长久持有美元是同样的道理。有些国家对持有外国货币进行限制，但对持有贸易专用数字货币的限制，应当低于对持有外币的限制。

（三）两种易货贸易专用数字货币规则的比较

上述两种数字货币各有利弊，严格限制功能的数字货币易货贸易对贸易的对等性要求高，贸易风险也高，操作也复杂，但金融风险低；功能比较多的数字货币易货贸易，表面上看是特种货币贸易，本质上还是易货贸易，兼具了易货贸易和货币贸易的优点，但金融风险将显著升高，如何控制这样的金融风险也是一个难题。

两种方式都需要相关的法律法规配合，包括税收、外汇管理等方面的法规。两种方式也都可以增加新的金融服务功能，比如临时借入数字货币、数字货币质押贷款、数字货币的期货功能等。第三方机构也可以进入该领域，如保险公司、小贷公司、银行等，通过各种方式为基于专用数字货币的国际易货贸易提供服务。

七、基于专用数字货币的易货贸易和直接数字货币贸易的区别

虽然都是用数字货币进行跨境贸易，但基于专用数字货币的易货贸易的核心目标是易货，由于专用数字货币的功能受到严格限制，所以其不会影响国内的金融体系，不会出现新增货币发行的情况，也不会改变国内货币流通平衡，更不会增加货币乘数。

利用数字货币直接进行跨境贸易，将本国货币转换为数字货币进行交易，如果是跨境通用的数字货币，就减少了外汇处理的麻烦，无须进行外汇兑换，但多了本国货币与数字货币之间的兑换流程。

通用数字货币虽然使用方便，但必然会影响国内货币的流通，很可能成为变相流通的"法币"，也很容易成为跨境洗钱的工具。

从贸易本身来看，专用数字货币是实名的，不会被挪用，更容易控制交易风险（拒付等情形），但通用数字货币可能出现被盗、被挪用等情形，影响贸易结算。

在贸易金融上，专用数字货币可以很方便地以货物质押获得授信，而用货物质押获得通用数字货币授信就比较困难，因为质押融资获得的通用数字货币的用途很广，未必用于采购对方的商品，也就容易出现融资欺诈的风险。

利用数字货币进行跨境贸易，虽然比使用法币做跨境贸易更方便，但带来的问题也很难解决，因此，专用跨境贸易数字货币，是一个很好的选项。

第四节　本章小结

本章总结了跨境贸易支付涉及的问题，包括外汇管理、结算风险等，提出了跨境贸易的数字货币解决方案，分析了跨境贸易专用数字货币的不同形式，以及其与跨境贸易通用数字货币的差异。总之，基于数字货币的跨境贸易，特别是易货贸易，是未来的发展趋势，能够实现更为公平、更为高效的国际贸易，降低对美元结算过度依赖的风险以及货币市场波动带来的风险。

第九章

全球主要经济体对数字金融监管的政策体系

第一节 中国的政策

中国人民银行等五部委2013年12月5日发布的《关于防范比特币风险的通知》指出，比特币是一种虚拟商品，不是一种可流通的货币，不能代替法币使用。

自2017年以来，基于"区块链3.0、人工智能、大数据"发行的空气币、山寨币层出不穷。2017年9月4日，中国人民银行联手七部委发布《关于防范代币发行融资风险的公告》（以下简称"9·4监管政策"）明确指出，任何组织和个人不得非法从事代币发行融资活动，作为区块链的项目方，明令禁止在国内进行首次代币发行。这一监管政策的出现有力地打击了互联网上的垃圾融资圈钱项目，肃清了币圈不正之风。

该文件明确指出："不得提供法币与数字货币兑换服务，不得提供数字货币之间的兑换服务。"这里有三个关键点：①主要针对平台/公司进行监管，也就是说在国内设立数字货币交易平台的公司是违法的。②指出具体违规业务——法币与数字货币之间的兑换。如果国内公司提供人民币购买比特币的服务，那么它就违规了，国内所有做支付的公司，除金融机构外，都必须申请"非银行金融机构支付业务许可证"，即所谓的"支付牌照"，因此，国家重点审查第三方支付公司，不得向该类平台提供支付，银行更不敢违规。但实际上，很多公司打着其他业务的旗号，变相利用支付公司的通道，而支付公司很难完全了解其交易的实质，所以很难杜绝这种行为。③指出具体违规业务——数字货币之间的兑换。如果国内公司提供比特币与以太坊或者其他数字货币之间的兑换服务，那就是违规的。

"9·4监管政策"出台之后，国内老牌的交易所纷纷关门，火币、OKex、币安三大交易所以及Coinbase等美国交易所的注册地均在海外。

2018 年 8 月 24 日，国家再次出手，银保监会等五部委联合发布《关于防范以"虚拟货币""区块链"名义进行非法集资的风险提示》，称近期一些不法分子打着"区块链金融创新的旗号"，通过发行所谓"虚拟货币""虚拟资产""数字资产"等方式吸收资金，侵害公众合法权益。此类活动并非真正基于区块链技术，而是炒作区块链概念行非法集资、传销、诈骗之实，主要有以下特征：

一是网络化、跨境化明显。依托互联网、聊天工具进行交易，利用网上支付工具收支资金，风险波及范围广、扩散速度快。一些不法分子通过租用境外服务器搭建网站，实质面向境内居民开展活动，并远程控制实施违法活动。一些个人在聊天工具群组中声称获得了境外优质区块链项目投资额度，可以代为投资，极可能是诈骗活动。这些不法活动的资金多流向境外，监管和追踪难度很大。

二是欺骗性、诱惑性、隐蔽性较强。利用热点概念进行炒作，编造名目繁多的"高大上"理论，有的还利用名人大 V 站台宣传，以空投"糖果"等为诱惑，宣称"币值只涨不跌""投资周期短、收益高、风险低"，具有较强的蛊惑性。实际操作中，不法分子通过幕后操纵所谓虚拟货币价格走势、设置获利和提现门槛等手段非法牟取暴利。此外，一些不法分子还以 ICO、IFO、IEO 等花样翻新的名目发行代币，或打着共享经济的旗号以 IMO 方式进行虚拟货币炒作，具有较强的隐蔽性和迷惑性。

三是存在多种违法风险。不法分子通过公开宣传，以"静态收益"（炒币升值获利）和"动态收益"（发展下线获利）为诱饵吸引公众投入资金，并利诱投资人发展人员加入，不断扩充资金池，具有非法集资、传销、诈骗等违法行为特征。

此类活动以"金融创新"为噱头，实质是"借新还旧"的庞氏骗局，资金运转难以长期维系。请广大公众理性看待区块链，不要盲目相信天花乱坠的承诺，树立正确的货币观念和投资理念，切实增强风险意识；对发现的违法犯罪线索，可积极向有关部门举报反映。

2018 年 8 月 21 日，一批涉区块链内容微信大号，如金色财经网、币世界快讯服务、大炮评级、TokenClub、比特吴、火币资讯、深链财经等被责令屏蔽所有内容并停止使用。腾讯将一些涉嫌发布首次代币发行和虚拟货币交易等信息的公众号，认定为违反了《即时通讯工具公众信息服务发展管理暂行规定》，被责令屏蔽所有内容，账号被永久封停。

明面上，全球的交易所平台都在境外，国内的首次代币发行看似被清理干净。但中国人民银行等部门非常清楚币圈的交易模式：两头在外、中间在内，即交易所服务器设在海外，关键人员和资金流在外；吸引散户的营销团队和办公场所设在国内。

2018 年 8 月 23 日起，国家相关部门对虚拟数字货币的发行炒作进一步采取针对性的清理整顿措施：

一是对 124 家服务器设在境外，但实质面向境内居民提供交易服务的虚拟货币交易平台网站采取必要管控措施，下一步将加强监测，实时封堵。

二是加强对新摸排的境内首次代币发行及虚拟货币交易相关网站、公众号等的处置。对于定期摸排发现的境内首次代币发行及虚拟货币交易场所网站、公众号，以及为上述活动提供支持和服务的公众号、自媒体及网站，及时予以关闭和查封。金色财经、币世界快讯服务等公众号因涉嫌发布首次代币发行和虚拟货币交易炒作信息，被责令屏蔽所有内容，账号被永久封停。

三是从支付结算端入手持续加强清理整顿力度。多次约谈第三方支付机构，要求其严格落实不得开展与比特币等虚拟货币相关业务的要求。指导相关支付机构加强支付渠道管理、客户识别和风险提示，建立监测排查机制，停止为可疑交易提供支付服务。

总之，国家对各种境外数字货币及数字金融资产采取阻断策略，以从比较容易监控和管理的支付机构端切入为主，同时严查各种交易平台、传播渠道，目前来看有一定效果，但完全封堵新的全球数字货币特别是稳定币的出现，显然不符合国际潮流，也不利于融入国际经济体系。对于国外的一些主流稳定数字货币，特别是由国家发行的数字货币的管理，则应当等同于对外币的管理。

第二节 美国的政策

2018 年 5 月，美国和加拿大的监管机构联合开展了大约 70 项针对数字货币首次公开发行通证欺诈和诈骗的调查，该行动也被称为"数字货币净化行动"。

2018 年 7 月，美国国家税务局（IRS）宣布，已与澳大利亚、加拿大、荷兰和英国成立了应对数字货币相关犯罪行为的国际工作组。

2018 年 8 月，美国财政部下属的金融犯罪执法局（FinCEN）局长 Kenneth Blanco 指出，无论可兑换数字货币的货币转移机构位于美国还是境外，即使境外实体并未在美国设实体机构，只要其业务完全或部分涉及美国，都应同样遵循《银行保密法》（BSA）的要求。

2020年7月25日，美国联邦法院表示，根据华盛顿特区法律，比特币被定义为"货币"。美国联邦法院表示，虚拟货币比特币是华盛顿特区《货币传输者法》所涵盖的一种"货币"。华盛顿特区首席法官表示，"货币通常是一种交换手段、付款方式或价值储存方式。比特币就是这些东西"。联邦法院称，即使没有严格定义"货币"，华盛顿特区法律也采用了这种含义。

美国货币监理署（OCC）在2020年7月22日发布的一封信函中阐述了这项将比特币作为货币的新政策。这封写给一家未具名银行的信函指出，全国性银行和储蓄协会可以为客户提供所谓的托管服务。

这条消息意义重大，因为迄今为止，监管层面的不确定性导致各大银行一直回避比特币业务。更重要的是，包括养老基金在内，许多大型投资基金的章程规定，它们只能将客户的资金存放在联邦特许银行。正如研究机构 Coin Center 所指出的那样，这实际上相当于禁止银行持有比特币。

这项新政的一大结果是，大银行现在获准开设加密货币业务。这样做的话，它们很可能会从专注于托管服务开始。在加密货币领域，托管的重要性不言而喻，因为像比特币这种完全数字化的货币很容易被盗。托管人需要存储所谓的私钥来访问特定数字钱包。

正如美国货币监理署在信中指出的那样，银行已经可以代表客户保护其他数字物品，其中包括"提供安全的网络文件存储、检索，以及包含个人信息的文档和文件的协作服务"。

但实际上，美国的布局远远不止这些，对 Libra 的听证会的审查、对 USDT 货币权重的要求，以及大通银行直接发行数字货币，这些都表明了美国很希望在全球的数字货币领域拥有主导权。

第三节　其他一些国家和地区的情况

一、积极推动、规范监管的国家

（一）日本：虚拟货币定义为加密资产

2019年3月，日本数字货币商业协会发布关于 ICO 新监管的建议。日本数字货币商业协会（JCBA）表示，为促进日本区块链业务的健全成长，同时根据日本金融厅公布的《关于数字货币交易业研究会报告书》中关于应对首次代币发行的内容提出关于首次代币发行新监管的建议，主要包括：①关于日本国内交易所处理虚拟货币扩张的问题，其中包括稳定币。②关于金融商品交易法的限制对象中代币与结算相关规定，包括控制代币区分和限制级别的调整。③关于安全代币的限制，包括安全代币作为有价证券情况的明确化。④关于实用代币的限制，需排除对商业法规的某些限制，对虚拟货币交易所施加过度的义务是不妥当的，以及会计准则明确化等。

2019 年 5 月，日本通过《资金决算法案》和《金融商品交易法》修正案，将"虚拟货币"更名为"加密资产"，包括加强虚拟货币兑换和交易规则的措施，于 5 月 31 日上午在上议院全体会议上获得批准和通过。修订内容创建了没有明确限制的虚拟货币交易规则，并禁止市场操纵和普及等行为。修订案于 2020 年 4 月实施。虚拟货币被重命名为"加密资产"，可防止使用诸如日元和美元等合法货币进行错误识别。《金融商品交易法》添加对虚拟货币的规定，将限制投机交易。

（二）委内瑞拉：发行石油币，并支持 ATM 取现，接受度不高

2018 年 2 月，委内瑞拉官方发行了加密货币"石油币"。委内瑞拉总统马杜罗宣布，石油币今后将作为该国的国际记账单位。同年 11 月，石油币正式公开出售，并将在六家主流国际虚拟货币兑换所交易和流通。委内瑞拉议会通过了一项加密资产监管法案，赋予石油币法律效力，允许其被用于国内所有商业交易，包括商品和服务的买卖。2019 年 1 月，据委内瑞拉当地新闻媒体报道，委内瑞拉将开通首个比特币 ATM，方便人们更便捷地使用加密货币。

经过重重波折，石油币还是在委内瑞拉国内推行开来，其甚至在 2019 年 12 月作为政府的圣诞节福利向委内瑞拉的公务员、军人和合格公民空投。不过，委内瑞拉的民众似乎对于石油币一直都不怎么感兴趣，甚至有不少人将委内瑞拉的最低工资下调视为石油币的罪过。而且马杜罗将本应以法币发放的养老金强行转换成以石油币来发放，也引起了人们的不满。虽说人们可以通过官网将石油币转换为法币，但是标示不明显和转换流程复杂让人们非常抵触。同时，系统的不稳定也使其使用起来有诸多不变。因此，在委内瑞拉，人们更倾向于使用已经被全球认可的比特币。伊朗吸取了石油币的教训，选择使用比特币来绕开美元结算，而并不是再自行发行数字货币。

（三）澳大利亚：虚拟货币交易场所必须本地化管理，实名化交易

2018 年 4 月，澳大利亚政府通过澳大利亚交易报告和分析中心（AUSTRAC）宣布了实施虚拟货币交易新规则的计划，强调位于澳大利亚的虚拟货币交易平台必须在澳大利亚注册，符合政府反洗钱（AML）/反恐融资（CTF）的规则和报告义务。虚拟货币交易所必须履行新义务，包括：在该机构进行注册，采用并维护 AML/CTF 程序，确定并核实用户，以及举报涉及 1 万澳元及以上法币的可疑行为和交易，且必须保存 7 年内的交易记录。AUSTRAC 表示，如果交易所在未经注册的情况下提供交易服务，将面临刑事指控和处罚。这些措施表明了澳大利亚政府从虚拟货币的匿名性和全球性角度出发，希望通过监管防止不法分子借助虚拟货币洗钱或进行恐怖主义融资。

（四）瑞士：制定政策，监管加密货币交易平台

2017 年，瑞士金融市场监督管理局（FINMA）曾发文称，已联动瑞士联邦国际金融事务司（SIF）、联邦司法局、瑞士金融市场监管局（FINMA）一同成立区块链/首次代币发行工作组，以专项调研如何合理监管区块链技术及首次代币发行，以确定其是否有违监管规定。FINMA 指出，如在调查过程中发现首次代币发行程序有违监管法规或者打法律的擦边球，则将启动执法程序整治，首次代币发行涉及的代币价格因波动幅度等问题难以排除不存在欺诈性质。

2019 年 3 月，据 Cointelegraph 消息，瑞士政府的立法机构——联邦议会已经批准了一项决议，意在指示联邦委员会修改有关司法和行政当局的现有规定，以便这些规定也适用于加密货币。该议案旨在确定如何遏制加密货币相关风险，以及运营加密交易平台的实体是否应等同于金融中介机构，从而接受金融市场监管。

二、较为宽松、采用监管沙盒模式的国家和地区

（一）英国：授权审批与监管审查，重在防范数字货币金融犯罪

2018 年 5 月，英国金融行动局（FCA）表示，正在调查 24 家涉足加密数字货币业务的未获授权企业，以此判断它们是否可能在开展需要 FCA 授权的受监管经营活动。FCA 并不监管数字货币，但监管数字货币的衍生品，并表示将视首次代币发行结构组成方式逐个进行监管。

2018 年 6 月，英国金融行动局（FCA）向其监管的银行 CEO 致信，警告处理加密数字货币业务可能面临的风险，指出如果涉及被 FCA 视为"加密资产"的活动，就要加大对客户活动的审查力度，应采取一些降低金融犯罪风险的举措，比如开展对关键个人的尽职调查，保证现有金融犯罪框架充分反映加密货币相关活动。

（二）新加坡：监管犯罪为主

2016 年 11 月，新加坡金融管理局（MAS）提出了金融科技产品的"监管沙盒"，使新加坡成为继英国之后，全球第二个推出监管沙盒的国家。

2018 年 5 月，新加坡金管局出台两大法令，将非证券和证券性质的代币均纳入监管框架，对于加密货币，新加坡金管局正在规划新的监管文件。正拟定"认可市场操作者"，把证券类加密货币的交易平台纳入监管框架，以迎合新的交易平台经营模式的出现。拟定"支付服务法令"，把其他非证券类加密货币的交易平台纳入监管范围，要求平台做好 KYC 和 AML、CFT 防范措施等。

2018 年 5 月，基于区块链技术及点对点技术的新兴交易市场出现，新加坡金融管理局采用三级结构监管，放宽准入门槛，并开始了为期一个月的公众咨询。同月新加坡金融管理局发布《简化规则以提高市场运营商的业务灵活性》公告，旨在保护投资者利益的同时通过识别新兴商业模式来促进金融服务的创新。

（三）中国香港：发放牌照

2018 年 11 月，中国香港证券及期货事务监察委员会（以下简称证监会）发布了《有关针对虚拟资产投资组合的管理公司、基金分销商及交易平台营运者的监管框架的声明》，要求超过 10% 资产规模属虚拟资产的基金，只可向专业投资者销售，任何投资虚拟资产的基金和经纪都须向证监会注册等。

2019 年 3 月，据香港经济日报消息，香港金融管理局将发放第一批虚拟银行牌照。香港金融管理局在大约 20 份申请中筛选了 8 家公司做最后尽职审查，并计划发放 5~6 张牌照。阿里巴巴旗下的蚂蚁金服和腾讯的财付通入选最后名单。

（四）韩国：禁止 ICO，对虚拟资产的交易征税

2018 年 7 月，韩国金融监管机构计划根据 G20 国家制定的"统一监管"政

策，放宽基于加密资产的规定，指导金融监管局（FSS）的金融服务委员会（FCS）修订与加密货币交易所活动有关的指导方针。

2018 年 9 月，韩国政府禁止初始代币发行（ICO），认为通过发行加密代币募集资金的做法和"赌博"无异。

2019 年 1 月，韩国科学技术信息通信部和产业通商资源部开始实行信息通信技术产业监管沙盒制度，《信息通信融合法》和《产业融合促进法》也正式生效，以尽快帮助企业推出新技术和新服务。企业可以获得"实证特例"和"临时许可"。在 ICT 融合领域，政府已受理"以区块链为基础的海外汇款服务"等许可申请。

2020 年 7 月 22 日，韩国企划财政部公开包含加密货币征税方案的"2020年税法修正案"。2020 年 6 月，韩国经济副总理兼企划财政部部长洪南基表示，"将把虚拟资产征税方案写入 7 月份公布的税收修正案"。公开的资料显示，对于 2021 年 10 月 1 日以后交易的虚拟资产，政府将按照 20%（含 2% 地税，共计 22%）的税率征缴转让所得税。关于此前行业争论不休的"收入类型"，政府计划将加密货币转让所得视为"其他收入"进行征税。

企划财政部表示，这一标准主要考虑到大部分需要单独征税的其他所得和股票转让所得的基本税率都是 20%。不过，一年通过虚拟资产获利不超过 250 万韩元的部分可以免于征税。相关征税方案将在 2021 年 3 月特定金融信息法修正案正式生效 6 个月后，于 2021 年 10 月 1 日开始实施。

显然，韩国是将境外虚拟货币视为虚拟资产对待，征收资产收益税。

三、谨慎监管部分开放的国家

（一）俄罗斯：区分数字货币、数字金融资产

2018 年 3 月 11 日，俄罗斯已经完成了数字金融资产（On Digital Financial Assets）联邦法案的初稿，草案规定了数字金融资产创建、发行、存储及流通过程中产生的关系，以及智能合约下各方的权利和需要履行的义务，同时对加密货币、数字代币和挖矿进行了明确定义，合法化了挖矿行为。

2018 年 3 月 20 日，俄罗斯总统普京提交了有关虚拟货币和 ICO 监管的联邦法案，涉及数字金融资产和筹集资金的代替手段。法案将加密货币和代币定义为数字金融资产，而非法定货币，不能用于俄罗斯商品和服务的费用支付，只允许通过已被授权的加密货币交换运营商进行交易，并为首次代币发行建立了

Know-Your-Customer（KYC）规则。

2019 年 4 月，根据俄罗斯政府拟议的监管规定，政府希望将俄罗斯交易员限制在本地加密交易所，只允许"合格"投资者交易比特币及其他加密货币。若政府有能力限制交易员境外的交易流量，执行此类规定的能力将会显著增强。

（二）泰国：发放牌照，允许电子资产交易及 ICO

2018 年 5 月，泰国政府颁布关于电子资产的法规，这一举措也被行业内人士解读为泰国政府对虚拟货币持积极乐观的态度。泰国的数字资产法规为泰国境内合法从事虚拟货币交易提供了顶层设计。

2019 年 1 月，泰国证券交易委员会的一份声明表明，泰国财政部门已批准四家数字资产业务的运营牌照，并拒绝批准两家寻求成为授权交易所的企业。其中，比特币公司、Bitkub 在线有限公司和 Satang Corporation 有限公司被批准为授权数字资产交易所，Coins TH 有限公司被批准为加密货币特许经纪人和交易商。Cash2Coins 有限公司和东南亚数字交易有限公司被拒绝。

2019 年 3 月，泰国证券交易所（SET）计划在 2020 年推出其数字资产平台。泰国证券交易所在声明中称，泰国资本市场将在两个领域向数字时代转型。第一个领域是资本市场基础设施的全面数字化，以便提供无纸化操作。第二个领域是建立一个新的支持数字资产的生态系统，以创造新的机会，改变投资格局。

2019 年 3 月，泰国证券交易委员会（SEC）已批准该国第一个首次代币发行门户网站。据悉，该网站由外国公司运营，将为客户提供首次代币发行筛选、背景调查、智能合约源代码确认、顾客了解等方面的服务。

四、监管严格、明令禁止的国家

（一）印度：禁止虚拟货币交易

2018 年 4 月，印度中央银行宣布禁止印度各银行销售或购买虚拟货币，并给各银行三个月的缓冲期，处理已有的虚拟货币业务，这是亚洲监管机构对高波动性虚拟货币的投机行为实施打击的一例。禁令实施后，印度的个人就将无法通过银行账户向加密货币交易钱包中转款。印度政府不会将数字货币视为通货，不会允许数字货币进入该国支付系统，将采取措施来终结数字资产的非法使用。

2019 年 1 月，印度政府提供了该国加密货币监管框架的最新进展，在国家加密货币和加密货币业务许可等领域提供了最新立场。据报道，该国正在"适当谨慎"地推行加密货币法规。

（二）越南：禁止交易数字货币及挖矿

2018 年 4 月，越南总理签署关于加强对比特币和其他数字货币管理的法律框架的指示，内容包括：国家银行（SBV）应指示信贷机构和中介支付服务机构不要进行数字货币的非法交易；SBV 将与公安部门合作，处理使用数字货币作为支付手段的行为；财政部门将引导上市公司、证券公司、基金管理公司和证券投资基金，不进行涉及数字货币的非法发行、交易和经纪活动；用于挖掘虚拟货币的硬件进口应受到限制；公安、工贸、信息、通信、司法等部门应加大与数字货币有关的营销诈骗活动的调查、预防和处理。

2018 年 8 月，越南国家银行（SBV）警告民众，数字货币在越南不是法定货币，并且禁止发行、使用和供应数字货币，违反此规定的人将会被罚款 150 万~200 万卢比（合 6500~11000 美元）。根据越南新版刑法规定，提供和使用非法的付款方式也可能是犯罪行为。①

第四节　各国央行发行数字货币现状

全球 70% 的国家的央行正在研究数字货币，而中国人民银行数字货币研究所已有相关研究成果落地试点。国际货币基金组织（IMF）2019 年发布的一份报告表示，其与世界银行展开了一项调查，收集 189 个成员国对金融科技领域各主题的见解并收到 96 份答复。

IMF 认为，各国央行未来都可能发行央行数字货币。据报告，一些国家央行（如乌拉圭）已经在有限规模内试点发行了央行数字货币，其他国家也正在尝试与探索（如巴哈马、中国、瑞典和乌克兰等）。一些国家央行则在监管沙盒制度下，支持私营部门发行数字基金货币（DFC），比如巴巴多斯和菲律宾。

相关报告显示，各个国家推出央行数字货币的动机各不相同。发达国家主

---

① 参见 https://www.bitcoin86.com/news/41354.html。

要是希望通过 CBDC 在现金使用频率下降的情况下提供现金的替代方案。而就发展中国家等新兴经济体而言，发行 CBDC 主要目的是降低银行成本。但各国央行对发行完全匿名的 CBDC 并不感兴趣。

IMF 研究表明，数字货币的受欢迎程度和影响力在很大程度上取决于其设计特征，虽然存在风险，但可以引入政策来降低成本并增加收益。

随着无现金、数字化社会的加速到来，央行数字货币似乎成为世界各国必须考虑的问题。国际清算银行（BIS）总经理表示，全球中央银行可能不得不早于预期发行自己的数字货币，而且 BIS 也支持世界各国央行努力创建数字版本的国家货币。

通用型 CBDC 主要针对零售交易，将广泛向公众发行；批发型 CBDC 仅限于特定银行间的结算服务。[①]

第五节　中国人民银行分布式金融规范

一、《金融分布式账本技术安全规范》

2020 年 2 月 5 日，《金融分布式账本技术安全规范》（JR/T 0184—2020）这一金融行业标准由中国人民银行正式发布，规定了金融分布式账本技术的安全体系，包括基础硬件、基础软件、密码算法、节点通信、账本数据、共识协议、智能合约、身份管理、隐私保护、监管支撑、运维要求和治理机制等方面。该标准适用于在金融领域从事分布式账本系统建设或服务运营的机构。

分布式账本技术是密码算法、共识机制、点对点通信协议、分布式存储等多种核心技术高度融合形成的一种分布式基础架构与计算范式。发布并实施该标准有助于金融机构按照合适的安全要求进行系统部署和维护，避免出现安全短板，为分布式账本技术大规模应用提供业务保障能力和信息安全风险约束能力，对产业应用形成良性的促进作用。

据悉，该标准由全国金融标准化技术委员会归口管理，由中国人民银行数字货币研究所提出并负责起草，中国人民银行科技司、中国工商银行、中国农

---

① 参见 http：//finance. sina. com. cn/blockchain/roll/2019-07-02/doc-ihytcitk9105105. shtml。

业银行、中国银行、中国建设银行、国家开发银行等单位共同参与起草。

在中国人民银行看来，分布式账本是一种新型的数据库，应用的是区块链技术，所以《金融分布式账本技术安全规范》被业内认为是"国内金融行业首个区块链标准"。

这一标准的发布有助于金融机构按照规范进行系统部署和维护，避免出现安全问题。金融行业正引导区块链技术的应用走向规范，积极地服务实体经济，同时也将大大提速区块链供应链金融的发展。目前，国内发布的区块链标准已有 10 项左右，在研究的也有 20 多项，这些标准都将引导且推动我国区块链技术和产业发展。只不过目前这些标准主要偏技术层面，落地到产品应用层面还需要一段时间。

二、《区块链技术金融应用　评估规则》

2020 年 7 月，中国人民银行编号为 JR/T 0193—2020 的《区块链技术金融应用　评估规则》（以下简称《评估规则》）发布，规定了区块链技术金融应用的具体实现要求、评估方法、判定标准。《评估规则》中说明："本标准适用于金融机构开展区块链技术金融应用的产品设计、软件开发、系统评估。"《评估规则》的发布应当引起我们足够的关注：

一是相比同年 2 月中国人民银行发布的《金融分布式账本技术安全规范》（JR/T 0184—2020），其明确地采用"区块链技术"作为研究和评估主体，几乎包含了现阶段区块链领域讨论的主要技术方向和课题，其明确的主体核心与最高规格的起草单位（金融标准化技术委员会），决定其无疑是区块链技术领域一份非常重要的参考规范。

本标准由全国金融标准化技术委员会归口管理，由中国人民银行科技司提出并负责起草，中国人民银行数字货币研究所、中国金融电子化公司、中国银联股份有限公司、中钞区块链技术研究院、国家开发银行、中国工商银行股份有限公司、中国农业银行股份有限公司、中国银行股份有限公司、中国建设银行股份有限公司、中国平安保险（集团）股份有限公司、华泰证券股份有限公司、深圳市腾讯计算机系统有限公司、京东数字科技控股股份有限公司、百度在线网络技术（北京）有限公司、浙江蚂蚁小微金融服务集团股份有限公司、华为技术有限公司等单位共同参与起草。其经过广泛征求意见和论证，并通过了全国金融标准化技术委员会审查。

二是 2019 年 10 月中央明确区块链技术发展战略，2020 年 4 月中国农业银行基本明确 DCEP 内测，其后腾讯与蚂蚁集团公开与央行数字货币有关的专利，2020 年 7 月滴滴、美团、哔哩哔哩和其他一些互联网公司确认已经与银行合作测试 DCEP，央行数字货币的开发应用逐步深入。《评估规则》将对逐步推进基于区块链技术的央行数字货币的应用发挥指导意义。

三是从内容上看，《评估规则》是目前发布的唯一一份从"功能、性能、安全"三方面全面讨论区块链技术应用评估与评测的标准性文件，虽然其定位为金融行业指导文件，但就内容本身而言，对各个行业的区块链技术应用都有充足的参考价值。规范内容主体是在"功能、性能、安全"三方面对区块链技术的要求。

从区块链系统功能上讲，主要包含以下几方面关注点：

——账本技术包含了存储方式、账本结构、数据可追溯性、数据同步、数据归档、数据扩容、数据跨链、数据分片等方面的评估规范。

——共识协议包含了共识算法、一致性、节点数量、共识容错、可靠性、可扩展性等方面的评估。

——智能合约包含了虚拟机、编程语言、智能合约一致性、智能合约正确性、智能合约可靠性（智能合约执行的原子性）、业务隔离性（不同合约间隔离）、生命周期管理、版本控制。

——节点通信包含了组网方式、消息转发、节点加入与退出、事件分发（智能合约执行结果）等方面的评估。

——秘钥管理包含了秘钥生成、存储、更新、使用、撤销、销毁、归档等方面的评估。

——状态管理包含了查询区块链高度、区块详情、交易、账本状态。

——成员管理包含了用户注册、身份识别、权限变更、角色授权、冻结解冻、注销、查询、交易等方面的评估。

——交易系统包含了合约部署、方法调用、原生交易、原子性等方面的评估。

——接口管理包含了外部接口、用户接口、管理接口、系统间接口。

从区块链性能上讲，主要包含以下方面的关注点：

——交易吞吐率。

——查询吞吐率。

——交易同步性能。

——部署效率。

——账本增长速度。

从安全性上讲，主要包含以下方面的关注点：

——基础硬件包含了物理安全、网络安全。

——基础软件包含了账本结构、数据存储、共识、组网、智能合约、数据传输、时间同步、操作系统等方面的评估。

——密码算法包含了非对称加密算法、杂凑算法、随机数、保密性、完整性、真实性等方面的评估。

——节点通信包含了身份验证、完整性、保密性等方面的评估。

——账本数据包含了完整性、一致性、保密性、有效性、可监管性、健壮性等方面的评估。

——监管支撑包含了交易信息，应急事件、节点、智能合约等方面。

——其余话题包含隐私保护、安全运维等。①

三、标准讨论

中国人民银行从分布式账本开始建立规范，从技术角度看，仍然是基于目前区块链技术的解决方案的标准化和规范化，没有突破区块链自身固有的问题，在数据结构、密钥保护、算力问题、空间资源消耗、有害信息治理等方面都没有新的思路出现，只是针对现有区块链中的常见技术问题明确了技术要求，"尽量"降低基础性风险和差错，实现相对统一的技术标准和接口。这样的思路可能对目前的区块链技术在金融行业的应用有一定的指导价值，但在区块链技术作为一种创新的技术尚未成形的时候推出这样的标准，很容易形成一种遏制创新的阻力。如果按照这个标准以及将来可能推出的其他标准，我国基于分布式账本"原理"而设计的金融产品是无法超越国外金融科技的发展水平的。

比较合理的做法应当是推出指导意见，在整体安全性方面，提出一些原则性要求，在具体技术路线选择方面，留出足够的空间和余地。在一些安全关键点上，应提出强制性要求，比如在密钥的选用及管理安全性要求、存储安全要求、系统安全防护、应用安全、代码安全、隐私保护、纠错机制等方面，可以提出比较明确的指标性要求，这样能够使所有的新金融科技产品符合最为基础的安全指标要求，有利于技术创新和应用创新。

① 参见 https://new.qq.com/omn/20200810/20200810A07AML00.html? pc。

第六节　全球结算体系发展

2020 年 7 月，欧洲—伊朗结算机制 INSTEX 宣布扩容！以绕开美元结算系统避免制裁。一场没有硝烟的关于金融话语权的战争打响了。英法德三国在一份声明中说：作为 INSTEX 的创始股东，法国、德国和英国热切欢迎比利时、丹麦、芬兰、荷兰、挪威、瑞典政府做出这个决策，加入 INSTEX。INSTEX 的股东从原先的英法德三国扩张成了九个国家。[①]

INSTEX 是英法德三国于 2020 年初创立的结算系统，目的是另起炉灶，帮助欧洲企业绕过美元结算，在美国主导的全球金融体系之外与伊朗进行正常贸易。毕竟欧盟需要伊朗的石油，欧盟还在伊朗投了很多企业，但是美国一声令下，就要让欧盟停止和伊朗贸易，这让这些国家非常气愤。但是靠生气是不能解决问题的，美国用来制裁伊朗的工具，一个是美元，另一个是它的全球货币结算系统 SWIFT，这两个工具的主动权都掌握在美国人手里，你要绕过它，就得另起炉灶。

为了制裁伊朗，美国先是禁止伊朗用美元做贸易结算。伊朗是石油销售大国，石油都是用美元定价的，美国不让用美元结算，石油贸易就无法做下去。于是伊朗又开始用欧元或日元结算，走 SWIFT 的国际结算系统，没想到美国继续下手，把伊朗的 SWIFT 通道也给切断了。SWIFT 系统是一个覆盖全世界 200 多个国家和地区、连接超过 1.1 万家金融机构的银行间跨境相互通信与结算系统。美国切断伊朗的 SWIFT 通道，等于把伊朗变成了一座金融孤岛，失去了与国际金融市场的联系，导致伊朗彻底做不成石油生意了。

美国有美国的利益，但欧洲也有欧洲的生意，美国想置伊朗于死地，欧洲人却不想与伊朗翻脸。欧洲人要想和伊朗继续开展贸易合作，就必须绕过美国人主导的全球货币结算系统 SWIFT，自己搞一个结算系统，这个结算系统就是 INSTEX。可以说，INSTEX 是欧洲被逼用于替代 SWIFT 和美元的结算系统，最无奈也是最具杀伤力的撒手锏。它很可能就是引起美国得克萨斯州龙卷风的那只亚马逊热带雨林、扇动"翅膀"的"蝴蝶"。设想一下，先是英法德，然后

---

① 参见 http：//m. kdnet. net/share-13824795. html。

欧洲其他国家加入；非洲是法国的原殖民地，非洲如果跟进，INSTEX 就覆盖了欧、非两大洲；绕开美国，伊朗必然举双手赞成；如果中俄再宣布跟进，其影响力将是巨大的！

所以，现在 INSTEX 扩容，如同鱼刺刺进美元体系的喉咙，这个看似小小变动，可能意味着是一个新的时代开始，一个去美元化、去美国化的时代。一场没有硝烟的战争打响了，美元霸权的末日，或正逐渐到来。大家可以不买美国货，但却不能不买石油，只要买，就需要使用美元结算。同时，美国还掌控了 SWIFT 这个全球结算系统，它相当于全球金融的神经系统，全球主要国家的主要货币都要通过这个系统进行结算，如果这个断了，就基本等于断了粮，断了财路。现在去银行做境外汇款，也必须填一个收款方的 SWIFT 代码，没有这个全球统一的银行代码，根本没法转账。利用美元和 SWIFT 构建的金融大网，美国号令全球，谁要不听它，就会用这个结算系统和美元威胁制裁它国。

2000 年欧元诞生时，美国看到即将出现一个威胁美元的币种，立马发动科索沃战争。科索沃战争之初，欧洲国家并没有认清美国的真正目的，等到战争造成欧洲资本外逃，严重影响欧洲经济和金融稳定时，为时已晚。原来美国轰炸南联盟，其实是为了"轰炸欧元"，这一行为直接把欧元搞成了弱势货币。2000 年 10 月，萨达姆政权宣布，伊拉克的石油出口将"不用敌国货币——美元"而改用欧元，11 月又宣布使用欧元替代美元作为贸易结算货币。这下美国就无法容忍萨达姆了，因为一旦有了先例，那么石油美元结算就可能动摇。所以虽然萨达姆并没有搞什么"大规模杀伤性武器"，但 2003 年 3 月 20 日美英联军仍然大举进攻推翻了萨达姆政权，萨达姆倒台后，美国做的第一件事就是恢复石油美元结算。

美国为什么这么在乎维持美元霸权呢？因为有了美元这一工具，美国就可以不断举全世界之债度日，并在美元加息和降息之间来回剪全世界的"羊毛"。如果美元霸权丧失，美国就等于瘸掉了一条腿。然而，由于美国过度推广"美国优先"战略，逼得自己最老牌的盟友——法国、英国、德国开始搞 INSTEX 结算系统，挖美元霸权的根基。美国近年来对外十分强势霸道，傲慢粗暴，其欧洲盟友们都忍无可忍，开始想办法抵制美元霸权。不仅是欧洲，世界上很多国家，其实都有摆脱美元霸权的想法，首当其冲的是俄罗斯，在 2019 年 10 月召开的俄罗斯能源周大会上，普京直截了当地指出："全世界过去都很信任美元，但现在被用作政治武器，对别国施加限制，许多国家正在放弃美元作为储备货币，美元很快将会崩溃！"

欧洲已经表示，欢迎俄罗斯等国也加入 INSTEX，扩大这个系统的影响力，俄罗斯也明确表态，愿意与欧盟在 INSTEX 上更紧密合作。

金砖国家也有强烈的"去美元化"的动机。当年，美联储加息后，阿根廷货币一夜腰斩和巴西外债压顶，所以现在金砖国家也正在打造名为"金砖支付"的统一支付体系，今后消费者有望借助专门的手机客户端，在金砖国家内实现跨国跨币种支付，简化跨国支付程序，减少对美元的依赖。

如此这般，一旦全世界去美元化的趋势形成，那么美国的石油美元的制度设计就会受到重创，而这对美国来说，绝对是灾难性的。放眼更远的未来，如果美国继续将美元视为政治斗争的工具，打压其他国家，那么必将"自己动手摧毁美元"，将有越来越多的国家去美元化，美元霸权最终将动摇、崩塌。

从另一个角度看，建立跨结算体系并不复杂，SWIFT 诞生的年代，是互联网还不够发达、信息通信不够顺畅的时代，因此，建立一个星型转接网络是高效率的、非常有效的工具。如果这个工具出现了问题，在现代互联网通信的基础上，可以任意构建 N 个类似 SWIFT 的网络，甚至可以三三两两构建若干个小型结算网络，而不一定需要一个全球统一的网络，道理很简单，互联网就是点对点传输信息的，路由可以随意调整，无须一个中心系统负责数据交换。全球 1 万家银行，就算完全是点对点交易，其拓扑结构也只有 1 亿条通路（1 万×1 万），互联网完全可以应对。如果按照国家级建设点对点通路，那更少，按照 220 个国家和地区粗略计算只有 220×220＝48400 条线路，对计算机处理能力来说，非常容易。金融结算通常都是一笔对一笔，基本上没有一对多的转账，因此，网络型或者二层结构网络型的结算系统将会越来越多地出现。

以最简单的两个国家间的结算体系来说，将两个国家现有的本地结算网络对接在一起，就可以立即开展两国间任意银行间的跨国结算，完全无须第三方干预，再增加一个国家就会变成两层机构，上层是三个国家间的互联（类似跨国通信电缆），下层是三个国家各自的境内结算网络，这两层结合之后，三个国家间的银行互联就实现了。以此类推，利用网状跨国结算体系替代 SWIFT 有着很多的优点，一是不用担心被 SWIFT 限制，二是可以任意途径路由，更加有利于各国金融安全和贸易安全，而这恰恰是 SWIFT 最大的不足。全球从分离到合作，出现了 SWIFT，但当合作基础被破坏之后，只有网络化系统能够替代掉这个中心化的 SWIFT 系统。这也是区块链技术的一个特点。

要进一步提高跨境结算效率，提升交易可靠性和安全性，区块链技术可以提供很好的帮助，利用区块链做跨境结算的记账工具能够更好地实现点对点的结算工作，因为双方操作数据都写入双方共管的账本，单方面无法篡改，这就彻底提升了点对点结算的可信度，解决了差错账处理的难题，双方都只需要根据区块链里的记录完成各自的操作，甚至对账，而无须纠结和对方的数据操作是否同步，区块链的记账机制保证了记录的数据都是可信的这个最基本的结算工作要求。如果更多的国家加入这个区块链体系，那么这个体系的两两结算都是可信的。这里的区块链记账记录的是跨国结算的工作记录，而不是数字货币交易，仍然是传统法币的交易。如果没有区块链系统，两两之间的结算交易对账工作还是非常复杂的。

数字货币当然也是基于区块链的，因此，数字货币能够穿越任何国家直接摆脱美元控制，更无需专用的结算网络的支持，只是数字货币还没有成为大家都接受的一种工具，并且数字货币穿透力太强可能被不法分子利用，因此，还没有成为国际结算的主流。相信未来在解决了数字货币的不足之后，数字货币的跨境结算将成为国际结算的重要组成部分。

第七节　本章小结

当前，全球各国政府对数字货币的监管政策有所差异，对数字货币产业链上的重要环节——交易所的态度也各不相同。除了一些国家采取"一刀切"的态度外，全球很多国家都采取加强监管的方式，提高交易所的行业准入标准，保护投资者权益。

目前，已经颁布过数字资产交易行业相关牌照的国家主要有日本、美国、瑞士、泰国、萨摩亚等。这些国家对数字货币或者 ICO 的态度不同，制定相关法规的标准也不同，但都通过颁布牌照的方式将数字货币纳入了监管，总的来说是为了保护市场和投资者，促使数字资产在该国法律框架之内合规地存在。

中国人民银行发布了区块链金融体系的技术标准和应用评估规范，是针对一个不成熟的体系制定的标准，时机并未成熟。

美国的金融霸权迫使全球很多国家在设计新的结算体系，显然，这些结算体系将影响全球贸易新格局的形成。另外，数字货币是天然的破除美元和 SWIFT 控制格局的结算工具，必然有其独特的生命力。

第十章
我国数字金融监管的政策建议

第一节 数字金融面临巨大的机遇与挑战

数字金融是随着信息化发展，金融领域出现的一场革命。之前，数字化、网络化已经给金融带来了巨大的便利，形成了第一次飞跃，代表性的是电子支付及网络支付、在线供应链金融，以及全球性的 SWIFT 结算系统等。新一代信息技术给金融产业带来的变化更为巨大，尤其是以区块链代表的技术，建立了虚拟世界的信任体系，这恰恰是金融产业最需要的东西，同时移动互联网的发展使普惠金融服务、即时金融服务成为可能，无处不在的移动支付就是典型应用。另外，数字化货币给金融带来了根本性的变革，货币的发行机制、定价机制、流通机制、操作机制都发生了前所未有的变化，这个变化的影响有多大，目前还难以估计。

同样，国际贸易、国际金融面临着新的挑战，传统的金融霸主美国希望持续享受美元作为准国际货币的红利，并且还不满足于获利，将这个工具作为打压别国经济、贸易和金融体系的工具，给世界各国协同发展带来了巨大的影响。数字金融时代，显然成为了一个新的竞争场所。在这个场所中，其他国家看到了突破霸权的希望，美国希望继续在这个新的领域建立新的霸权，而区块链分布式技术以及去中心化数据管理的特点，又使"无政府主义""不受政府监管"的金融工具的出现成为可能，当然，犯罪分子也盯住了新的数字金融工具。世界各国既要保护自己传统的金融体系的稳定，又希望突破美元限制更便利地开展国际贸易，还希望数字金融体系不被不法分子滥用，几个诉求交织在一起，必然导致未来的国际金融体系出现各种矛盾和竞争。

一、国际数字金融竞争态势严峻

美国希望并正在利用数字金融技术革命的机会重塑美元，在数字世界里再次布局美元的全球性战略。美元基于区块链和数字货币技术，建立了新的数字世界的本位币。美元在经历"金本位""石油本位"之后，开启"数字货币本位"时代，将可能会给全球信用货币体系和金融系统带来一轮降维打击。一旦"数字美元"生态布局完成，将很难建立新的国际"数字货币协议"及体系。

从金融安全角度看，境外数字货币将影响我国在数字世界的金融话语权，不管是发行权还是管理权都受到严重影响。从金融犯罪角度来看，匿名的稳定币为洗钱、黑色交易提供了机会。

从战略角度看，现代战争以金融战争为首，如果一个国家的金融体系出现问题，国家就会陷入巨大的危险之中。委内瑞拉的"石油币"就是为了解决主权货币崩盘（本质上是国家经济体系出了问题，金融稳定出了问题）而采取的措施，可以想象，将来一定还会出现"钻石币""矿石币"等新的数字货币，各个国家都在考虑用更有效的方法稳定国家金融体系并进入全球数字金融领域。

二、虚拟货币对主权货币的冲击必须重视

自比特币发行以来，世界上已经出现 2400 余种虚拟货币，市值曾经高达 7500 亿美元（5 万亿元人民币），比特币在中国的交易额一度占据全球交易额的 90%。这其中包括洗钱、非法交易、非法流出国外间接套取外汇的额度。虚拟货币成为犯罪分子圈钱的工具，大量犯罪行为，比如洗钱、非法买卖等，都是通过无法追踪的匿名数字货币来完成财富转移和支付的。

虚拟货币总价值的膨胀必然会冲击国家的主权货币，影响国家的金融稳定和金融安全，也就直接或者间接地影响社会的安全与稳定。

三、国内外电子支付的风险较大

目前，电子支付特别是移动支付出现了井喷的态势。《中国支付清算行业运行报告（2018）》显示，2017 年国内商业银行共处理移动支付业务超 375 亿笔、金额超 202 万亿元，同比分别增长 46.06% 和 28.80%；非银行支付机构共处理移动支付业务超 2390 亿笔、金额超 105 万亿元，同比分别增长 146.53% 和 106.06%。

但每年由移动支付安全带来的资金损失以百亿元人民币计，电子支付的安

全性仍是根本的问题，智能手机里面的病毒越来越多，风险也越来越大，这也是数字金融的重大安全问题。

支付和金融服务不断融合，购物贷款、交易分期等金融服务和支付场景的结合隐含着巨大的金融风险，很多开展支付的企业并不具备金融放贷资质，即使是有资质的互联网小贷公司也总是试图不断突破政策红线，并通过各种手段加大杠杆。

跨境金融支付风险更大，交易信息和支付信息不容易匹配，信息容易做假，监管难度很大，一方面要防止跨境金融犯罪，另一方面还需要促进国际交流和国际贸易，需要更为完备的国际贸易和支付结算体系。

四、数字金融创新层出不穷

除了各种名目的虚拟币和数字金融融资方案，基于互联网和区块链的金融创新层出不穷，资产线上证券化、证券数字化、票据电子化可拆分、货币数字化、资产数字化，给金融行业带来了便利和风险隐患。

基于区块链的数字资产交易解决了在互联网上进行数字资产贸易的信任问题，使 ICO 和 STO 能够得到很多人的认可，但本质上，如果发起的机构不可靠，数据可信是没有任何意义的。从这个角度看，如果是可信的公司发布的数字资产将更加容易被人接受。比如，中石油发行一种数字金融凭证，出于对中石油的信任，大家都会信任并进行投资，反过来，如果是中石油发行的数字资产，则无须区块链技术，中石油自己的中心化平台就能够解决发行、交易等一系列问题，这一点和上海证券交易所一样，中心化系统完全能够实现"数据可信"。在未来的基于区块链的数字资产交易系统中，区块链能够发挥更为重要的作用，保证"信息透明""防止内部人作弊"及"数据多方共享"，因此，即使是"权威""可信"的机构，对上述问题的解决依然需要区块链技术。可以预计，区块链在未来的数字金融创新中能够发挥更大的作用，只是需要在技术、应用、法律体系等方面解决一些关键问题，才能够让基于区块链的金融科技成为社会普遍接受的应用技术。

同时，需要遏制假冒区块链名义的数字金融创新，采取"个案处理"的方式，走审批的模式，并建立监管沙箱制度，鼓励创新，鼓励新技术在数字金融领域的应用。

就创新者而言，应当关注数字金融真正的特点，并针对这些特点设计全新的金融服务产品，而不仅仅是简单地将原有的传统金融业务上链。

五、监管的目标是扶持和鼓励创新，并保护大众利益

数字金融监管的目的应当非常明确，不仅仅是监控风险，更重要的是如何鼓励创新，如何让金融创新产品更好地满足人们的需求，还有更重要的，如果不鼓励金融创新，未来在全球大的金融竞争环境中，就将失去话语权，受到各种金融大棒的打击。不能等到别人的新金融产品已经成熟了，再去学习和跟进，应当在开始就争取同步或者领先，这样才能够实现我国的战略目标。

另外就是未雨绸缪，要考虑极端情况下国家金融安全问题，比如货币剧烈波动甚至巨大幅度贬值的情况下，国家金融体系的稳健性和可靠性，要考虑如果国家进入战争状态，国家金融体系的稳定性和可持续性，还要考虑被切断SWIFT的情况下，国际贸易与结算的操作策略，从目前的全球趋势看，原来认为可能不太会发生的极端情况都有可能发生，甚至互联网都有被切断的可能性，必须提前有足够的预案，最好有已经成熟的应对工具，因此，监管机构面临着这样的职责，鼓励创新，鼓励研究如何在极端的情况下的金融工具运营体系建设，并进行试点，这才是监管机构的重要、核心职能。

监管机构应当更多地利用信息技术手段有针对性地对金融犯罪进行精准打击，而不能一禁了之，比如 P2P 业务、STO 业务等，应当学习相关国家的管理经验，鼓励有条件的企业开展试点，总结经验，最后成为造福大众的金融工具。

监管机构需要解决跨领域数据协同问题，才能够实现有效的金融违法行为监管。

六、区块链进军金融领域安全性被高估，模式待定

区块链是互联网时代一个全新的突破。互联网本身就是用来传递信息的，给世界带来了翻天覆地的变化，但各种垃圾信息在互联网上泛滥也成为危害世界和谐的重要因素。区块链为人类社会在数字空间建立了一个信任机制，这个机制是一种"对数据进行公平民主管理的网络实现方法"，虽然牺牲了空间、浪费了网络信息流量、浪费了算力，但却建立了对"数据"的信任机制，当然，这个"数据"实际上是已经上链的数据，在之前及之后数据如何"表现"，是很难控制的，因此，区块链应用在网络空间，特别是网络中数字化的金融体系上有着非常好的前景。但其技术本身仍然不够完善，破坏区块链安全机制的各种方案已经开始出现，因此，在区块链技术更为完善之前，其在金融领域应用的安全性被高估了。从金融角度看，安全是一个系统工程，保护网络空间数

据安全只是金融安全的一部分，虽然它是很重要的一部分，但仍不是安全的全部。更何况，即使是网络空间的数据安全，仍然需要时间考验，至少在目前，其安全性已经出现了裂缝。

区块链的基础理论研究还需要进一步加强，可能需要借力硬件，并建立全球类似根服务器的机制，来确保各应用链的可信和安全。另外一个重要课题就是密码算法，要考虑在量子计算机出现的时候，区块链的加密机制仍然能够发挥作用。

七、现行法律法规及管理制度的修订非常紧迫

数字经济时代，在线商业活动爆发，数字金融发展迅猛，所有人都被卷入全新的金融体系中来，数字经济在带来便捷的金融服务和金融产品的同时，也出现了非常多的之前从未遇见的风险，现行的法律法规已经不适应新形势下的金融监管要求，虽然各国都陆续制定了一些监管规范和试点指导方案，但由于数字金融的变化已经是革命性的变化，不是简单的金融数字化进程，因此，制定的很多新的法律还不能够深刻反映这种变革的内涵，更何况新技术本身仍然没有成熟，处在边发展、边试点、边应用的阶段，制定合适的法律法规存在巨大的困难。

另外，在信息化的条件下，管理数字金融的技术手段也跟不上金融技术创新的步伐，即使有相关的政策规定，也无法落实到具体的监管工作中。

第二节　用户资金安全监管难点及方案建议

一、监管者的角色定位

我国金融监管的目标是降低风险，降低社会损失，特别是防止出现群体性金融风险。而英国更多的是做合规监管，并调整规则适应创新需求，从而让金融创新更加顺利，而不仅仅是将现有的合规体系套用在创新的金融项目上。

金融业务需要合规，而不合规主要表现为恶意犯规获得非法利益，或原来的业务规则没有适时变动不符合市场需求，导致现在的业务不符合以前的规范。对前者，国外的金融监管惩罚力度更大，对后者，国外的金融监管机构会迅速

调整政策，对前途未明朗的金融创新业务采取鼓励策略，并建立试点沙箱，在沙箱内的业务可以不受现有规则的约束。

"试点沙箱"引进国内之后变成了"监管沙箱"，从某种意义上看，沙箱的名称已经体现了监管者的思路，即是扶持的思路还是控制的思路，希望我国的金融监管机构更多采取扶持创新的思路。

在英国，修改政策和规则是金融监管部门的主要职责之一，企业如果有需求，金管局将积极进行政策研究，及时进行调整。当然，政策调整之前，还是要合规操作，但只要不是恶意或者动机不良的违规，都可以"上诉"，申报金融监管部门进行研究，如果金融监管部门修改了政策，企业就可以更好地开展创新业务。

监管规则越明确，企业的可操作性、可执行性越强，而及时地修正政策，是确保金融创新发展的前提，英国成为数百年来西方金融业的领军者不是没有道理的。

目前很多监管机构，为了"遏制非法金融活动"，采取"一刀切"的办法，非常不利于金融创新。比如网联平台，要求所有的第三方支付接入网联，是简单粗暴的管理模式，不利于金融创新，但如果允许金融机构和第三方支付直连或者第三方支付机构之间互连，的确会提升金融监管的复杂度，不过这种复杂度是可以通过技术手段和细化规则来降低的，简单地要求第三方支付统一接入网联平台，虽然能够达到监管的目的，但严重影响了金融服务的创新，类似的例子还有很多。

要求金融机构持牌经营本身就是一种风控手段，本质上，是否持牌只是监管机构"简化"监管工作的一种通行的方法，是否持牌实际上并不是最重要的，最重要的还是能否控制住金融风险，保护人民金融财产，就目前看，实现金融安全还任重道远。

金融创新利用互联网低成本、规模化以及高效率的能力，满足了金融机构服务无法覆盖的用户群体的需求，金融机构服务不能全面覆盖用户的原因很多，主要是对成本和风险的考量。数字金融能够带来"普惠金融服务"，是值得鼓励和提倡的，监管机构需要真正理解普惠金融服务的市场需求，包括小额投资人和贷款方（个人或者小微企业）的需求，找到合适的监管策略，制定合理的监管制度，让社会最基层的人民能够享受信息化时代带来的普惠金融、便利服务的好处。

二、银行的职责与监管者要求

金融机构为用户提供的服务以金融服务为核心，用户存放托管在金融机构的资金安全是核心服务要求。在实践过程中，资金不安全的原因很多，既有可能是银行服务方面存在漏洞，也有可能由于用户自身原因导致资金损失（如个人相关信息泄露、被骗等），又有可能是犯罪分子采取技术手段非法窃取了用户账户的资金。

因此，资金发生风险的时候经常会出现法律方面的纠纷，本质上是风险事件责任界定的纠纷。如果能够确认发生风险事件的原因，事情就很容易解决，但现实中很多风险事件很难确定问题的根源，比如用户密码的安全问题。银行通常强调，如果用户支付的时候输入了密码，则用户必须承担全部责任，在有卡支付的时代，即使密码丢失，只要卡还在自己手里，用户资金也还是安全的，而在无卡支付时代，密钥丢失了，账户风险就非常高。但银行没有办法完全排除自身的责任，因为银行 App 被黑客攻破，或者银行的登录界面被模仿、伪造、调包都会诱使用户密码泄露，因此，在数字金融时代，如何界定银行和用户之间的安全责任，需要有更为科学的标准。

从有卡支付发展到无卡支付，账户安全方面的漏洞远远超过最初的设想，虽然银行要求用户签署各种电子交易"风险知情同意书"，但实际上用户（甚至也包括银行自身）并不知道真实的风险有多大，会有多少种不可预计的资金保管漏洞。

即使银行通过各种法律手续努力免除自身的安全责任，但当越来越多的用户资金出现损失给社会带来不稳定因素，银行依然难辞其咎，至少从几个方面考虑不能免除银行的责任：

第一，银行是否知晓相关的风险严重程度？

第二，银行是否明确地提醒了用户相关风险的严重程度？

第三，银行是否采取了必要的、有效的措施降低相关的风险？

第四，银行是否对已经出现的风险采取补救措施，从而最大限度防止后续损失的继续发生？

第五，银行是否知晓"白丁用户"或者叫"弱势群体"对风险的理解和把握能力？从而采取有针对性的风险策略？

第六，银行是否尽到了具体业务执行时候的风险防范预警责任？

第七，银行是否在出现重大风险的可能的时候，有足够的应对策略或者预案？

综合来说，银行是否应当更有作为——在技术上、流程上、规则上、操作上，降低用户的账户资金风险？如果银行没有能够做到"基本合格的风控要求"，监管机构必须行使相应的职能，对银行提出保护用户资金安全的一系列要求，而且这些要求要能够落实到具体的操作中。

三、市场对监管的需求、用户的需求

目前国内各家银行的风控体系参差不齐，由于金融创新较快，金融产品层出不穷，国家相关政策没有完全跟上市场的发展，所以在实际操作中，银行基于国家政策自己制定相关规则。以"银信通"为例，由于没有统一的标准，每家银行有各自的业务规则；再以银行 App 为例，银行 App 的安全策略也各不相同，甚至连网银 U 盾的安全策略各家银行也不相同。相关"标准"的缺失或者不完善是一个问题，更重要的是，标准和规则远远落后于业务创新，市场对更为便捷的技术需求旺盛，银行在竞争的时候，也乐于采取用户容易接受的新的技术方案留住客户、竞争客户，这必然出现"风控标准"或者"风控规则"滞后的现象。

目前的反洗钱系统，并不是主要对银行进行监管，而是通过银行的数据对用户的行为进行监管。对银行保护用户资金安全采取的风控策略、风控技术、风控规则需要进行第三方独立监管，仅仅依靠没有强制性的推荐标准是远远不够的。

从监管者的角度来看，首先是要制定标准，要解决好标准滞后于业务发展的问题，界定金融机构和用户在风险事件中的责任，这个问题如果不能解决好，始终无法提升社会整体的账户安全风险控制水平。很多账户风险的确是由用户自身的原因造成的，但一个好的金融系统应当能够让绝大多数用户规避风险，即使他们的知识和经验不丰富，也应当能够减少他们使用金融机构提供的服务的风险。因此，监管机构应当以最普通的、不具备任何专业知识的用户为基准，对金融机构的业务系统提出具体的风险要求，确保最可能遭遇风险的用户没有暴露在金融风险中，从而才能够保证最大部分的用户群体的金融安全。

其次是社会化群体金融风险问题，比如传销汇款、赌博支付、地下钱庄、非法集资等，这些属于社会化金融风险问题，金融机构并没有直接的责任，但这些问题也是需要解决或者尽量减少其发生的。解决这些问题最好的切入点就是依靠金融机构的配合，因此，如何提高金融机构在处理这些问题方面的积极性和责任感，也需要监管机构制定出明确的政策。解决这些问题的难点在于用户自身不会主动报告，甚至有意隐瞒交易，但这些问题对社会整体来说，危害性巨大，必须加以解决。

这些违法的事情之所以能够泛滥，离不开数字金融带来的新技术的支持，犯罪分子通过快速的电子转账功能进行各种非法业务的支付，若监管机构没有向金融机构提出强制性的控制要求，金融机构是不太可能花很大的成本去防范和控制这一类非法交易的。

最后就是金融机构内控的问题，很多金融诈骗案件是不法分子与银行内部人员勾结操作的：在银行营业厅内销售非银行的"理财产品"，利用银行的品牌推销非银行的，或者是高风险的理财产品给普通投资人，给投资人带来比较大的风险；银行内部员工通过各种手段变相欺骗客户获得利益，比如偷偷将客户存款转为保险款、理财资金等；银行内部人员直接偷窃、挪用客户资金，比如利用其知晓的客户个人信息，通过无卡支付等手段盗窃资金。针对这一类风险问题的监管，必须采取特别的监控策略，并利用必要的技术手段和系统加强监管，单靠人力的监管是难以奏效的。

四、账户资金安全监管的难点

对账户资金安全的监管，核心是对数字化金融服务系统安全的监管，面临着很多困难，因为它是新业务模式，出现了很多不同于传统金融的特点。

（一）对新兴技术的把握

金融数字化发展十分迅速，新技术、新流程、新模式不断出现，监管机构如果不能透彻地了解和掌握技术的关键点，就无法判断可能出现的风险点，也就无法制定有效、合理的监管策略，无法设计有效的监管方案。随着网络技术的发展、智能手机的普及，金融服务随时随地化成为十分普及的模式，并且这个模式很难逆转，从消费支付到账户理财，都能通过计算机或者手机解决。但网络上出现了大量的黑客技术，能够以各种方式对金融服务体系进行攻击，解决这些问题的方法之一是，制定沙箱实验政策，让创新项目在受限可控的范围内进行试点和完善，及时发现问题并加以解决，为大规模推广打下良好的基础。

目前看来，操作者身份识别的问题很难解决，人脸识别、语音识别、动态验证码识别、固定密码识别、U盾识别、指纹识别、SIM卡识别等技术，都存在被攻击成功的可能，都不能够做到完全可靠的身份识别，且在操作效率和设备配置上也存在各种问题。

B2B 的业务同样存在风险，SWIFT 系统也有被假冒信息攻击成功的案例，总之，更为复杂的信息技术，在给人们带来金融服务的便利性的同时，也必然带来更加隐蔽、技术更高的金融犯罪问题。

芯片、操作系统、身份信息采集传感器、信息传输网络的各个环节、后台处理系统，以及加密算法，所有的基础技术和操作流程都存在风险隐患，这也是金融安全监管面临的挑战。

(二) 对创新业务模式的理解以及监管和创新之间的矛盾

新技术带来了新的业务模式，特别是互联网和移动互联网，实现了金融数字化、碎片化，金融业务创新层出不穷：电子支付、互联网证券、P2P 理财、互联网保险、互助保险、互联网小贷、互联网数字货币、互联网数字化资产管理、互联网信托、互联网典当等，可以说，传统金融的所有业务都可以搬上互联网，传统金融不能做到的业务也在互联网上大批出现。

信息化带来了金融服务成本的改变。数字金融服务模式下，传统金融服务每笔的交易成本被压缩到十倍甚至百倍以下，同时伴随着十倍甚至百倍以上的处理效率的提高，因此，数字金融所能覆盖的范围远远大于传统金融，传统金融无法实现的很多业务，在数字金融模式下能够轻而易举地实现。

信息化能够实现海量群体的金融服务模式，上亿用户可以参与同一个金融业务，业务量非常大，余额宝就是一个非常典型的例子。

互联网金融可以将中心化的服务分解为网络化的服务，P2P 就是典型的例子，借款方和放贷方直接在网络上对接，实现点对点的金融服务，无须将银行作为中间人，一头接受存款，一头发放贷款。再如互助保险，所有参与保险的人本身既是服务提供者，也是服务接受者，省去了保险公司的参与。当然，网络上也需要有"信息处理平台"或者叫"信息对接平台"，从而出现了"信息中介"还是"服务中介"的争论，这个问题需要仔细分析。

信息化使金融服务转换为"记账服务"，所有的业务往来见不到现金流动，可以部分或者全部实现以数字化账本为依据的金融服务。

从上面可以看出，对数字金融的监管必须采取信息化的手段，当然，信息化监管手段对传统金融服务来说也是必需的。区别在于，数字金融的监管只有选择信息化监管工具才能够实现有效监管，低成本监管及智能化、自动化监管。

不能因为监管需要而扼杀金融创新，虽然新技术带来新模式，也带来了新的金融风险，但也给社会发展带来了巨大的好处，比如交易效率、交易公平性、去中介化、去中心化等，必须解决好鼓励创新和风险监管之间的矛盾。前述的沙箱政策，也是解决这个矛盾的好方法。在沙箱内，可放宽政策限制，允许突破，发现问题及时总结，设计对策，既能够有效保护创新，又能够实现有效监管。

（三）监管与隐私保护

在金融数字化时代，用户通过网络开展各种经济活动，有两个特点：一是用户信息分散，包括他的交易行为信息和个人基本信息；二是信息完全可能被"爬虫"抓取，黑客通过各种非法手段掌握的个人信息和资料，可能远远多于监管机构对这些信息的把握，监管机构如果要确保所有个人的金融财产安全，就必须掌握足够多的个人信息，甚至是社会所有人的行为信息，这样的操作，技术上是有可能性的，但将严重侵犯人们的隐私权。

合适的做法应当是按照监管需求获取个人信息，而且尽可能获取最为有效的信息，并对获取的信息进行脱敏保存，在保护个人隐私的同时因需使用、因需可用。简单来说，对一个"好人"，就不应当过度采集其个人信息，而对"风险系数"较高的个人，则应采集较多的信息，确保对其有准确的"评价"。另外，监管机构要对事件进行风险控制，对所有的金融行为进行风险分析，并根据不同的风险等级采取不同的策略和操作方案，建立比较完善的个人信用等级和个人互联网身份保护体系，从而实现高效监管、有效保护、精准控制。

（四）参与方多样化

在金融数字化时代，由于互联网的连接能力较强，金融业务形成了多方同时参与模式。比如供应链金融业务，金主（放贷方，可以是银行、小贷、财务公司，甚至是货主等），贷款方、贷款方后面的债主、资产审核方、物流和仓储管理者作为货品监管方、保险公司或者担保公司、不良资产处置方可以同步参与一笔业务，而不像传统供应链业务那样，每个环节只能两两参与，数字化供应链金融处理的效率和成本是传统供应链金融无法比拟的。有时候，在同一笔交易中，还可能出现碎片化服务机构，比如，由多家保险公司联合担保、多家金融主体联合放款，贷款也可以是多家联合申请等。

参与方越多，监管难度越大，其中任何一个环节都可能出现风险，特别是在线供应链模式，对监管的及时性要求更高。

（五）来自银行的阻力

金融机构特别是银行，仍然是金融数字化服务的核心企业，不管如何创新，最终的资金清算结算仍然必须由银行来完成，因此，银行是数字金融监管的重点对象。银行希望自己的用户数据、业务模式、合作伙伴等信息是保密的，甚至内部的风险控制、审核流程、审核标准也都是保密的，在这样的背景下，监管机构对金融业务的监管必然受到一定的影响。

（六）对内部人作弊的监管

金融监管的另外一个难点就是对金融机构内部人员的监督。很多金融风险问题都和金融机构的内部人员有关，由于内部人员十分熟悉金融机构内部的制度和规则，他们更容易利用规则的漏洞或者是时间差进行操作，金融机构自身是很难发现这些风险问题的，或者等到发现的时候，已经造成了巨大的损失。由第三方实施监管，成为防范内部人员作弊的一个重要方法。

这里的难点也涉及如何更全面地了解一个金融机构的内部制度和规则，以及取得足够多的"即时"数据的问题，否则，即使发现了问题，也来不及挽回损失。

五、监管技术体系建设

监管的核心是数据，只有采集足够多、及时的数据，才能够实现有效监管。数据采集的一个重要问题是系统的通用性问题，如果各金融机构的体系结构不同，那么建立统一的数据采集和分析体系是一个复杂课题。

如何有效采集，并降低采集难度实现有效监控，是目前我国金融监管需要解决的问题。以抵押担保为例，国内的资产抵押分为很多个板块，比如房地产登记在房屋管理部门、车辆登记在车辆管理部门、大宗物资登记在工商部门、票据登记在票据交易所、股票抵押登记在证券交易所等，这样就很难高效率地开展资产抵押融资业务。同时在实际操作中，不做登记的资产抵押借贷也很普遍，抵押资产的使用权、处分权、所有权之间的分割也不清晰。国家试图统一建立 P2P 贷款数据监控体系，要求所有 P2P 平台的借款电子合同汇总到中心平台上，这样一天的交易合同就可能有上亿份，显然，这样的操作非常低效。

金融监管系统很难做到统一的一个原因是，不同应用领域的金融监管风险重点不同，电子票据的风险控制和互联网小贷的风险控制完全不一样，风险控制的分析方法也不相同，在线供应链金融的风险控制还和供应链业务所在的行业相关，不同行业、不同产品线供应链金融的风险完全不同，这也是国内在线供应链金融始终不能成为标准化产品的一个重要原因，无法实现标准化、规模化，也就限制了业务规模化的发展。

监管制度也需要适应新的业务情况，目前的金融法律法规基本上都是针对传统金融的，并且经常采取打补丁的做法适应数字金融的各类业务，这里有两个不同的思维：一种观点认为，数字金融仍然是金融，科技只是技术手段，只是对传统金融的改进，没有改变金融的本质，因此，传统的监管模式完全可以经过适当的调整，适应数字金融（或者叫新金融）。另一种观点则认为，数字金融是对传统金融的革命，已经不适合用传统金融的体系和制度来管理，必须用全新的规则、制度来管理。实际上，这两种情况都存在，很多数字金融创新的确只是对传统金融的一个改进，比如在线供应链金融、区块链电子票据管理、资产证券化数字交易平台等，这些业务本质上还是传统金融，只是通过数字化手段提升了效率，降低了成本，扩大了业务适用群体和范围。但的确有一些业务是突破传统金融的，比如 P2P、互助保险，在去中心化的前提下，金融业务的运作主体都已经不存在了，风险责任人甚至平台负责人都无法确定或者不承担业务责任（信息中介），这时候再对传统的金融管理制度进行"修整"来监管新的金融业务显然是做不到的，不仅仅是金融法规，国家法律层面与金融相关的各项法规都需要重新修订。

在互联网时代，每个人都可以是一个微型银行、保险公司、小贷公司、证券公司、典当公司、担保公司等，在业务主体、法律责任、违法责任、风险控制、业务许可等方面，出现了全新的问题。如果不允许 P2P，但也不能禁止民间个人之间互相借款，那将这个借款行为搬到网上，为什么就不可以呢？或者说，要禁止陌生人之间的个人借贷，那么在网络上找个大家都认识的中间人搭桥可以吗？诸如此类，都不是传统金融制度所能覆盖和管理的，在只有"持牌机构"才能够开展金融业务的模式下，监管的确可以围绕着这些"持牌机构"进行，而在去中心化的金融业务模式中，"持牌机构"不见了，监管针对谁呢？监管只能去找搭"平台"的公司，但在平台是开放共享的没有人主导的情况下

（如比特币系统），监管去找谁呢？

因此，金融数字化和数字化金融可以分开对待。金融数字化可以理解为传统金融业务的拓展和延伸；数字化金融重点针对突破传统金融模式的新金融，包括数字货币、数字证券、数字权益、点对点数字化金融（去中心化）模式等。

金融监管系统自身的安全问题也很重要，否则，一定会出现各种"内部人"作弊的行为。区块链提供了防范内部人作弊的机制，因此，未来的监控系统一定是基于区块链原理的系统，即"管理不去中心化，数据去中心化"的系统，管理者可以制定规则、制定流程、采集数据，但数据一旦采集，就被"锁死在数字保险柜里"了，这个"数字保险柜"是大家共管的，任何人，包括保险柜的设计制作者和管理者都无法篡改，这样所有的监管数据就能够反映金融业务的实际情况，能够为金融风控大数据分析提供可信素材。

基于区块链原理的金融监管平台，一是提高了监管威慑力，作弊必然留下痕迹，这样的痕迹在区块链上将无法消除；二是解决了监管内部人作弊的问题；三是解决了金融业务的法律纠纷问题，一切以可信数据说话，不用担心内部、外部人为篡改数据从而影响法律判断。如果将违规者的信息放在区块链上，那么他将被"公示"整个行业甚至整个国家，这样的威慑力对违法者的压力可能大于司法审判。

监管技术体系需要顶层设计，一次性覆盖全国，目前银行系统基本实现了大集中，监管系统同样可以实现大集中，降低监管体系建设成本，提高监管的效率，并可以同步建立更为科学的、跟上时代步伐的监管法律法规体系。

国家级监管系统应当和企业内部自我监管系统进行有效衔接，可以进一步降低监管系统的建设复杂度，有利于企业提升自我管理能力和内控能力，遏制内部员工的违法行为。

监管系统应当建立跨行业、跨企业的数据集中和联合分析机制，并实现风险信息共享机制，从根本上建立更为广泛的、全覆盖的、有效的金融风控体系，除了金融业和非银行金融机构，电信业、电力（公用事业）、电子商务、和金融行为相关的终端内应用等，也必须纳入金融风控数据体系中来。

第三节　数字金融监管案例

一、互联网保险监管及难点分析

互联网保险分为两类：一类是将传统保险延伸到互联网上，如在电子商务平台购买商品的质量险、运费险、延迟险等；另一类是真正意义上的互联网互助保险，是去中心化的保险模式，没有保险公司参与，所有的投保人互相进行风险共担。

先分析第一类，这一类仍然属于传统保险的范畴，监管平台对网络数据进行采集，并依据传统保险的监管要求进行监管。这一类保险的监管要点包括：①业务开办者的合法性。许多没有持牌的机构也推出类似的保险服务，或者变相保险服务，承诺支付一定的费用，有一定的安全承诺。②流程合法性。在互联网上，所有的保险合同和协议都以电子方式呈现，很难实现"明示""强调重点"。同时，很多保险的保额很低，用户不会仔细阅读相应的保单条款经常是盲目点击确认。③业务合理性。保险业务的本质是赔付小概率风险事件，保险公司赚总保费与总赔付额之间的差额。很多保险，要么基本不存在风险，是强制或者诱导用户购买的保险，保险企业能够获得无风险利润，要么出现风险之后，理赔流程和成本异常复杂，并且存在隐性免赔条款，这些都是业务合理性方面的问题。在互联网时代，保险公司能够服务千万个甚至上亿个客户，可能每个客户损失的钱只有几分或者几角，但在海量用户的情况下，不法商人能够攫取高额收入。

再分析第二类互联网保险，特别是互助保险，问题要比第一类更为复杂。互助保险通常是通过互联网建立一个基于区块链的分布式互助保险平台，这一类保险的用户为互相保险的群体，并各自投入保险资金，所有投保费用和赔付费用均受到区块链监管，也就是受到大家共同监管，平台由某个公司建设，但只作为技术支持方，提取极少的技术支撑费用。这里基本没有保险公司的参与，如果需要保险牌照，平台的技术开发公司负责申请，当群体中少数人出现意外的时候，互助保险给予赔偿。这里的创新点有二：一是没有保险公司参与，也就节约了保险公司获得的费用（通常保险公司收益占总保费的30%甚至更高）；

二是所有数据，包括投保和理赔数据，均在区块链上公开，受到大家的监督，从而能够减少各种形式的作弊。其看起来像是自我管理的一个群体。当然，互助保险的保费存在银行里，如果获得利息收益，可以继续放入保险资金池中作为保费使用。

在这个业务中，如果只是简单监管，看是否有保险牌照，是没有太大意义的。如果要实现有效监管，难度很大，最关键的在于理赔这个部分，理赔款表面上看所有人都可以知晓并监督，实际上做不到监督，人们在互联网上很分散，由于缺少了保险公司，也就没有人去审查人的真实损失，即使平台方去查，也只是"义务"而不是"责任"，平台无须对理赔业务承担责任，如果要求平台承担责任，那么平台就蜕变为保险公司，业务也就回归到普通的互联网保险业务形态了。职责和权益一定要对等，平台收取的是技术服务费，没有收取业务监管费用，因此，平台是没有对损失的审核责任的。可以说，互助保险者群体外的任何一方，都没有对互助保险的监督责任，让互助保险参与者之间互相监督，也只是理论上可行，必然会出现各种单独或者联手骗保的情况。因此，保险公司作为保险业务的责任中介，其作用不仅仅是组织大家参保，更重要的是"审核与监督"。当然，保险公司也存在弊端，即"过度监督"，尽量减少赔偿，因为其利润来源就是"少赔付"得到的差额。在这个基本的保险业务模式下，保险公司有着强烈的"拒赔、少赔"的动机，从商业模式上来看，传统的保险业态也不是健康的多方共赢模式，当然这不是本书讨论的重点。

对互联网互助保险进行监管的目的是保护消费者权益，这里的消费者权益保护存在两个方面的概念：一个是系统性风险；另一个是个案风险。前者是监管机构需要考虑的，而后者是平台或者互保群体需要自行解决的，监管机构是无法承担本来由保险公司承担的"风控"，或者"防骗保"职责的。

从防范互助保险的系统性风险角度来看，平台的职责显然是不能完全免除的，即使平台不承担理赔业务自身的风险，也至少要承担系统软件功能缺陷方面的责任。另外，平台还要制定业务规则，即使是去中心化系统，投保、理赔的业务规则仍然需要有人来制定，不可能是互保群体所有人协商的结果，既然平台负责制定相关规则，不管规则好坏，至少要符合监管机构的合规性要求，而且技术体系要能够支撑这样的合规要求。监管机构防范系统性风险，就必须了解技术实现规范及相关的流程是否存在严重漏洞，并在平台运行时进行实时监控，从而确保业务流程和设计的一致，在必要的时候监管机构也可以提供第三方数据存证服务，虽然这个工作未必是监管机构的职责，但从技术上还是比较容易实现的，也有利于降低平台技术风险。

二、互联网小贷监管问题分析

网络放贷的两大模式：一是互联网小贷，是 B2C 类业务；二是 P2P，点对点融资贷款业务模式。

互联网小贷出现的问题很多，主要是过度挖掘用户，捆绑性销售信贷产品，诱导用户贷款，或者犯罪分子利用、冒充他人在线贷款套取资金，过度放杠杆等。总之，对这类业务的监控，重点在合规性监控方面，对业务流程的把控比较难，因为很多产品都是嵌套在普通的电商平台业务中，比如将消费贷包装为分期付款（包括有息和无息）等。

电商平台多是先随意放贷，再将风险转嫁给银行信用卡，也就是尽量诱导用户分期支付，很多时候还以免息分期为诱饵，实现商品销售，然后让用户绑定信用卡还账，最后将信贷风险转移到银行身上。

还有一种给消费者带来不利影响的做法，是将用户贷款批准额与实际贷款额混淆，记入用户的征信系统，这种操作带来两个后果，一是降低了用户可从银行贷款的总额度；二是以信用迫使用户还款，有滥用信用惩戒机制的嫌疑。这两种情况都会影响用户贷款，有些用户就此无法从银行进行房屋贷款，中国人民银行对电子商务消费记入征信应当从严控制。电商平台过度鼓励用户消费贷款，一方面可从销售中获得利润；另一方面也能从贷款过程中获得各种收益，比如手续费、公证费、担保费、利息、罚息等，或者向银行收取助贷费用。

互联网小贷打着方便消费者的名义，降低了贷款门槛，简化了贷款手续，很容易诱导消费者进行"白条"消费，本质上是降低了消费者对金融风险的敏感度，导致很多年轻人过度消费之后面临较大的经济压力，于是有人就去借高利贷，或者借新债还旧债、落入套路贷的陷阱，甚至走上犯罪道路。

监管机构对网络小贷的管理，应当从系统性风险角度进行监督，重点不在监督贷款人，而在监督互联网小贷公司及电商平台（获取贷款人的流量入口），必须从根源上遏制过度贷款、过度超前消费、人们（特别是年轻人）的冲动型消费。同时，要限制贷款风险的转嫁行为，既然开展网贷业务，就应当承担必要的风险。

对于坏账问题，要另行制定合理的法规。很多年轻人被诱导冲动消费，需要承担很高的信用风险，在目前我国的信用教育还不充分，信用体系建设还不完善的阶段，应当遏制诱导性、骚扰性，甚至欺骗性、强迫性的金融贷款。

电商主体和网络小贷主体虽然不是同一个法人，但这两者联合起来之后（背后通常是同一个股东）则会给消费者带来直接的风险。

典型的小贷诱导方式，包括免息分期、赠送消费券、赠送现金但必须开通贷款账户、若要商品打折就必须贷款、优惠商品强制分期付款等，鼓励消费者开设贷款账户，诱导用户贷款消费，从而达到牟利的目的。互联网和信息技术的发展，给人们在线办理业务带来了巨大的便利，但不应当过度简化"贷款"这样的高风险金融产品，应当维持一定的操作复杂度，从而避免人们不知不觉地被诱导成为负债人，应当限制只要用户进行某一操作就表示用户对平台"无限授权""授权有效时间无限"的业务签约模式。

笔者建议从监管政策上加以约束，要求所有附有贷款功能的消费必须由消费者主动发起，而不能是"跟随式、默认式、一键确认式"的贷款，而且贷款必须有明确的（必须简单明了）信用风险说明，并确定用户已经阅读知晓。另外，如果用户申请贷款，每笔贷款都必须实现多因子身份确认，防止犯罪分子盗用用户身份（数字化的）在互联网上到处借贷，导致很多人莫名其妙地背上一笔债务。传统金融服务不存在这个问题，因为所有的贷款必须由本人签字，如果非本人签字，贷款是可以否认的，但在互联网上，所有这些都是通过电子方式确认的，就给犯罪分子带来了犯罪的机会。

就目前来看，黑客通过各种渠道获得用户所有的个人信息根本不是难事，姓名、住址、手机号码、各个银行的银行卡号、银行密码、登录密码、短信验证码等，都有系统化的获取手段，互联网小贷给犯罪分子冒充他人贷款提供了一个犯罪实施场景。

2020年11月3日，国家叫停了蚂蚁集团的上市过程，再一次敲响了金融安全的警钟。蚂蚁集团采用了"放贷→形成资产包→将资产包卖给银行获得资金→放贷"的循环模式，基于互联网高效率的周转，一年内这样的周转可能达到上百次，也就是说，30亿元的起步资金，最后放贷超过3000亿元。表面上看来，这个模式和传统的小贷模式并无不同，只是整个业务流程、风控过程都在线上完成，提高了效率，风险似乎与传统小贷差不多。但实际上，风险差别巨大。在传统小贷模式中，放贷的速度慢，30亿元资金全部放出的速度，可能只是互联网放贷模式的1/10甚至1%。也就是说，互联网上一天放出的款项，在传统小贷模式下可能需要一个月甚至更长的时间，假设是平均2个月放完贷款，一年也就周转6次，30亿元的本金在传统模式下最多能够放出（通过债务资产包销售给银行的模式）180亿元，风险总量与3000亿元相比，完全不是一个等级。

　　国家制定了针对互联网小贷的条款，核心的条款就是，不管放贷资金通过金融渠道内的运作后循环多少轮，都不得超过自有资产的 4 倍，这就彻底控制住了风险总量。第二个重要条款是，收益率不得超过 15.5%（贷款利率的 4 倍），这个条款只是防止暴利，和控制金融风险关系不大。第三个重要条款是，放贷机构不能跨地域经营，在哪个省注册就只能在哪个省开展业务，并且同一个法人（或者实际控制人）不能超过 2 个省注册放贷机构，防止在 30 个省注册实现变相全覆盖，这个条款本质上是反垄断条款，限制了单一机构规模过于庞大。这个规定打破了"互联网小贷"没有地域性的历史常规，是一个重大的管理规则的变革，不能再以"互联网没有地域之分"来实现某个业务形态的高度垄断。

　　网络上很多人支持蚂蚁集团，理由主要是，蚂蚁集团实现了"普惠金融"，很多人在银行无法贷款，通过蚂蚁集团却能够贷款，解决了很多人的"应急需求"，看似非常合理。这个说法是蚂蚁集团"最好的挡箭牌"，但如果仔细分析，这个理由是站不住脚的。如何理解"普惠"二字，通常来说是让更多的人享受到更便捷、性能价格比更好的金融服务，蚂蚁集团的确实现了"便捷"二字，但却没有实现"性能价格比"最优，其利率高于国家规定的利率。如果蚂蚁集团降低了利率，是不是就实现了"普惠"呢？也存在一定的问题，向有还款能力的人，借款快捷优惠，是一种科技金融的成果，的确提升了金融服务；向没有汇款能力的人放款，绝对不是"普惠"，蚂蚁集团肯定不是慈善机构，这样"普惠"的结果是什么呢？无非是这么几条，一是父母替子女还债，子女借款的时候父母不知道，还款的时候才知道，给很多家庭带来压力；二是借新债还旧债，陷入债务死循环；三是为还款违法甚至犯罪，轻者成为失信人，赖账，重者偷盗抢劫。

　　因此，绝对不应当鼓励这样的"普惠"。当然，对某些应急需求，社会应当建立相应的应急金融服务体系，这个是纯粹的"公益放贷"，需要国家制定相应的制度去完善解决，特别是金融机构应当承担起一定的"公益放贷"的社会责任。

　　当然，如果要实现真正意义上的"普惠金融"，必须提升金融服务效率，降低金融服务成本，解决应急金融需求等。这也是今后需要进一步研究的课题。

　　蚂蚁集团的放贷总规模已经超过了 2 万亿元，这是一个巨大的数字，数亿人使用蚂蚁集团的贷款，蚂蚁集团坚持认为，经过科学的大数据分析，坏账率是可控的，不会出现系统性风险。实际上，蚂蚁集团一方面给自己设定了止损门槛，另一方面将潜在的风险转嫁给了金融机构。比如，蚂蚁集团出 1 元、金融机构出 99 元给用户贷款，蚂蚁集团承担的最大风险是 1 元，而收益各得 50%，年化是 15%，蚂蚁集团获得 7.5 元，金融机构获得 7.5 元。因此，蚂蚁集团以 1 元收益博取 7.5 元收益，而银行风险是 99 元，也只获得 7.5 元收益。为什么银行愿意做呢，银行认为，普通的贷款只能够获得 4~5 元的收益，7.5% 的收益率是很划算的，它只与自己的其他贷款项目比较，而不会和蚂蚁集团去比较收益率。而且，银行认为蚂蚁集团筛选的都是"好客户"。

再分解一下，蚂蚁集团的 7.5 元收益中，1 元是风险收益，6.5 元实际上是一种"营销收益"，是其帮银行推荐一个"优质"客户，银行愿意从客户的收益中回馈给蚂蚁集团的回报。

很多助贷机构采用了银行全部出资的模式，银行获得全部用户回报，上面的例子中，银行获得全部的 15 元，然后支付市场推广费用，比如 30% 给助贷机构，助贷机构获得 4.5 元。在这个模式中，银行完全承担风险，助贷服务费是双方协商的结果，助贷机构不承担任何风险。这个模式也有风险，助贷机构特别是处于垄断地位的大型互联网机构，拥有丰富的用户资源，向银行推送大量的客户取得无风险收益，而银行却要承担较大的风险，但这个模式的好处是不会出现"杠杆"倍增的情形，银行放贷有限度，不会进行无限制循环，每家银行给予个人贷款的比例是有一定的限制的，而蚂蚁集团却没有这样的限制。

中国人民银行规定在联合贷款的情况下，小贷公司的投入不低于 30%，进一步压缩了小贷机构的暴利空间，也提高了小贷机构的风险，小贷机构的风险从 1 元直接提升到了 30 元。

互联网小贷的高速度带来了高效率，同时也增加了风险，这个风险主要来源于快速杠杆倍增。这个杠杆倍增的速度远远超过美国次贷。美国次贷危机就是各种金融产品杠杆加码到一定程度后，突然出现的某个坏账引起的连锁反应。

互联网机构巨大的用户体量是风险的另外一个来源。在一定的业务规模下，金融服务有利润的业务部分，补贴亏损（出现坏账）的业务部分，甚至是后来的业务利润，补贴前面的业务亏损，当规模达到一定程度的时候，可能就不能再拓展足够多的"好"用户获得收入去补贴"坏"用户，带来的风险将是巨大的。也就是说，在一定体量（与人口总量或者与业务潜在总用户数相比）下，业务是安全的，但突破一个体量（比如占潜在所有用户的 70%）的时候，爆发出来的风险可能是灾难性的。从这个角度看，反垄断除了可遏制暴利（遏制垄断利润），还有降低风险的作用。

互联网的一个特点，就是能够迅速形成规模，甚至全民都被卷入一个体系，有"自然垄断"的意味，所以经常有人说，当一个互联网细分产业达到成熟状态的时候，产业中只有第一名，第二名和所有后面的企业都不值一提。如何在互联网领域反垄断，是一个重要课题，规模化将给人们带来极大的方便，但垄断迟早会侵害公众的利益，这样的侵害已经多次出现并越来越严重，如何既利用互联网的规模优势，又实现反垄断是互联网发展中面临的重要课题，以后将继续研究。

三、P2P 监管问题分析

P2P 是互联网金融的一个革命性的创新，通过网络对有借款需求的人和有闲置资金的人进行对接，解决了中小微企业和个人融资难，以及个人闲钱理财的问题。中国民众理财的途径非常有限，拥有大量资金人群可以投资房产或者私募基金、信托理财等，而普通人只能投资股票，或者买国债或者彩票。

严重缺乏投资渠道让 P2P 有了生存的空间，任何人都可以做"放贷人"，也可以快捷从互联网上贷到资金，虽然贷款利息比银行要高，但比高利贷要低很多。

P2P 平台的建设者处于两难的困境：一方面宣称自身是"信息中介"，不承担交易双方具体的核查责任，只负责信息对接；另一方面为了增强投资人信心，采用"刚性兑付"或者"隐性担保"的方式，确保平台为坏账兜底，从而吸引投资人。监管机构对这一新事物采取的策略分为鼓励、规范、收缩出清三个阶段。

在鼓励阶段，监管机构没有认识到这个事物对金融市场、人们的财产可能带来的冲击，同时对平台的定位认识不清楚，居然认可了其"信息中介"的定位，这显然是个错误。在互联网平台上向陌生人放款，如果平台不负责审查借款人，那么风险可想而知。如果要求平台审核，这也只是"要求"不是"责任"，对借款人审核的效果如何，平台无须承担实质性责任。此外，平台还存在自融问题。平台会包装一些机构在线上融资，之后将这些资金挪来自用，或者用后来投资人的钱弥补前面投资人的本息、运营成本及坏账成本，形成一种击鼓传花的传销模式，即使平台运行不良甚至严重亏损，只要还有后续投资人，平台仍然能够正常运作，当后面的融资总额增长乏力，难以覆盖坏账或者经营成本的时候，平台只能关门跑路，留下一大批坏账。

监管机构在早期没有意识到平台必须承担"贷款审核"的"基本责任"，一直将其作为"信息中介"进行监管，发现问题之后才开始采取规范和控制的策略。

首先考虑采取的是"审批制"或者叫"牌照制"。显然，如果平台定位不准，即使有了牌照，仍然无法控制平台风险，而且如果发放了牌照，平台更加可以利用"牌照"去诱导更多的投资人，带来更大的风险，所以没有政府发放牌照。后来，采取了多种"限制"措施，限制借款人的身份和额度，限制放贷人的额度，但这同样没有解决问题，由于参与者众多，投资总额仍然非常大。再后来，国家要求将贷款合同上报到监管机构设立的中心系统，试图解决"自融""多头借贷"等问题，显然是不能达到风控目标的。目前采取的措施是"一律关停""良性退出"，于是平台大批倒闭。

P2P既然能够迅速地在两三年内做到一年几千亿元的规模，必然有其社会生存的"土壤"，说明社会需要更多的融资渠道、更多的投资理财渠道。英国最早开始P2P，总体而言，P2P发展比较良性，监管机构及早介入，并且制定了良好的监管策略和扶持方针，值得我们借鉴。

笔者认为，监管机构对P2P的监管要点如下：

第一，沙箱试点。对P2P应该有正确的认识，鼓励金融创新，鼓励普惠金融，要允许试点试错。

第二，入箱审核。对P2P业务实行牌照制，考量从业者的品德、能力和资金实力，进而控制平台数量、落实有针对性的监管，并根据情况调整监管要求。

第三，平台功能界定。要明确平台定位，平台必须承担借款人的资质审核责任，并且对资质审核承担一定的风险责任，不能是单纯的"信息中介"。

第四，风险责任。投资风险应当是平台和投资人共担，投资人不可能获得刚性兑付，双方都要承担投资项目失败的风险（设计一个合理的承担比例，通常获得收益和承担风险的比例相对应）。

第五，制定相关规范和标准。明确"合格投资人"的要求，并限制其投资总额。审核借款人的真实身份，控制借贷总额（所有平台借款汇总），评估借款人（及家庭）资产总额，分析借款人资金用途等。

第六，信息集中。集中信息防止多头借贷、防止自融、防止过度放贷。至于资金错配、时间错配等，不是P2P控制的要点。

第七，坏账风险控制机制。平台从每笔交易的收益中提取一定比例的风险成本拨备，坏账出现的时候，平台和放款人各自承担一定比例的风险损失，并将风险债权委托风险处理机构进行处理。

第八，明确服务费用收取标准。不能将借贷差额全部作为企业收入，不能将坏账损失、运营成本、资金成本和服务费收入混在一起。比如，每笔借贷，平台可以提取一定比例的服务费和运营成本，这个比例随着业务规模加大而降低。资金成本是从放贷人处获得资金的成本，应当有明确的规定，坏账风险金的提取，也要有明确的比例，并且专款专用，如果坏账比例持续上升，就要提高坏账提取比例，并要求平台投资人追加风险保证金额度。如果用户投资的一个项目发生了损失，用户自己承担 2/3 的损失，平台承担 1/3 的损失（以此为例，实际承担比例应当仔细研究），这样平台的抗坏账风险能力就可以大大增加，并且有专门的运营成本收入。

以 P2P 平台资本金 5 亿元为例计算，平台承担坏账的 30%，若总交易额 100 亿元，坏账率 20%，也就是有 20 亿元坏账，用户承担 70% 为 14 亿元，平台赔 6 亿元。其中，本金 5 亿元，滚存的风险金收取 1% 也就是 1 亿元，能够保障平台继续运行。平台运营成本占交易额的 0.5%，也就是有 5000 万元作为平台运营成本。如果坏账率降为 10%，平台就可以支持更高的 200 亿元的交易总额，坏账额仍为 20 亿元，风险金累计有 2 亿元，平台只需赔付 4 亿元。同时，平台运营资金有 1 亿元。监管机构在审批平台交易总额的时候，应当制定类似的收入风险承担模型，并根据模型测算结果确定平台可以开展的业务总额，并定期动态调整（增加或者减少）。

第九，平台业务总额及风险管控。每个平台的业务总额，或者叫贷款余额都受到总额限制，和平台投资人的风险准备金相关，并且在运营过程中动态调整，调整的依据是风险准备金总额+提取到的业务坏账风险金、坏账率、已经赔付的金额等。如果平台坏账过大，不能等到交易总额巨大的时候才采取控制额度策略，应按照平台正常的坏账概率，增加一个波动余量，以确保坏账赔付正常开展（例如，平台赔付 1/3 就可以了）。显然，如果平台风控效果好，坏账率低，平台的交易额度可以持续加大，平台累积的风险保证金池也持续加大。

这里提的个人承担 2/3，平台承担 1/3，不是一个固定的比例，是可以研究的，本书选用平台承担 1/3 责任的依据是交通法规对交通事故的责任界定通常按照"全部责任（100%）、主要责任（2/3）、对等责任（50%）"评判。在 P2P 业务中，就放款风险来看，平台应当是承担次要风险责任，放款人承担主要风险责任，全部让平台承担，显然不符合"投资高于银行利息的平台（项目），应当承担比在银行存款更高风险"的基本原则，高风险和高收益之间要有合理的平衡。因此，在每一笔借贷中，平台承担的是对借款人审核和协助放款人的职责，平台承担次要责任（风险），放款人承担主要责任（风险）。之前，监管机构强调"平台是信息中介""放款人自担风险"，显然不符合互联网特性，如果是"信息中介"，平台就不会认真审核每个借款人及借款标的，放款人更无法对借款人的各种背景及标的进行审查，审查的工作只能由平台负责，但平台终究不是放款人，其收益主要来源是"服务费"，而不是"放款利润"，放款利润大部分由放款人获得，从这个角度来看，放款人应当承担主要风险，平台承担次要责任。

当然，这里存在平台"自融"的风险，平台自融之后发生坏账，平台只需要赔付 1/3，用户损失 2/3，平台仍然可获得 1/3 的收入，对这个风险也需要设计一些机制进行防范，对借款人统一备案登记就是很好的策略。各 P2P 平台的借款人，必须到监管机构建设的统一的平台进行借款身份登记和认证，之后才能够到各 P2P 平台贷款。这样不仅能够控制单一借款人的借款总额或借款人多头超额借贷，防止用虚假身份借贷，同时也有利于在 P2P 平台跑路或者破产的时候，放款人向借款人继续追讨欠款。

统一登记和审查借款人，也能够防止"羊毛党"和"撸贷党"的恶意骗贷风险，很多黑产已经规模化、系统化运作，组织大批虚拟账户、手机号甚至进行通讯录"培养"，俗称"养卡""养号""养账户"，以对抗风控系统审查，欺骗身份核查系统和贷款审核系统。表面上看这些贷款人及贷款账户毫无问题，借出方（P2P 平台）甚至可以通过 App 下载借款人通讯录进行审查，作为将来贷款催收的依据，但实际上诈骗分子早就布置好了，养好了成千上万张卡，每张卡表面上看来是一个完全正常的"客户"，诈骗分子在一次性大批量借贷后消失不见，所有卡作废，使平台无处追讨欠款。

如果平台和放款人各占 50% 的坏账损失责任，那么平台就应当增加收益比例，至少，除了运营成本提取，"放款利润"也应当有一部分分配给平台。

若降低放款人的损失责任，也会出现风险，就是放款人串通借款人在恶意融资后逃废债，这时候就能够套取平台的赔偿款。如果平台只赔 1/3，这样的串通动机就会下降很多。当然，平台对借款人的审核，也能够部分防范这样的串通。如果由放款人承担全部的损失，这样的串通就不会存在。

总之，不存在完美的风险承担策略，风险和收益对等是基本的原则，平台既不能和业务风险无关，也不能过度承担，这是确保 P2P 业务健康发展的一个重要方针。

监管机构还可以做二次风险统筹，相当于再保险机构，若平台短期无法赔付，可以一方面控制平台业务额度，要求其修改标的审核规则、降低坏账率，另一方面用统筹的跨平台风险准备金给予适当的支持。当然，在平台的风险准备金不足以赔付坏账损失的时候，放款人可能就要损失超过 2/3 的贷款资金了。这样一来，平台能够正常运转，大多数借款人可以继续回款，不会因平台被迫关闭出现更大的群体性事件。

第十，信息披露。应当明确借款人的信息披露标准，一方面要保护借款人隐私，另一方面要确保放款人能够充分了解借款人的基本信息，从而做出决定。如何解决这个矛盾，需要监管机构设计科学的信息披露模式和规范。

第十一，监管工具。对 P2P 的监管，需要建立统一的监管平台，功能包括：业务平台资质公示、额度控制、借款人身份验证、借贷合同备份、风险准备金池统筹、平台运营状态监控、借款人黑名单共享、各种信息存证等。同时，监管系统也要防止监控平台内部人作弊的情况出现。

总之，P2P 仍然是一种值得试点的金融创新，其服务能够覆盖金融机构不能覆盖的用户群体，设计合理的监管体系，是确保 P2P 顺利开展的前提。

这里没有讲信托产品，本质上，信托产品和 P2P 业务是类似的，只是对投资人的资金要求更高，国内要求 100 万元起，募集资金后由信托公司去投资项目，项目盈利当然好，如果项目亏损了，信托公司却不愿意做"信息中介"，而是努力做刚性兑付，因为如果不能刚性兑付，就无法再次募集投资人的资金。要实现刚性兑付，只有两个办法，要么建资金池，用其他信托产品投资的项目利润弥补项目亏损的投资人；要么用传销模式，发行新的信托品种，将新募集的资金补偿给之前的投资人。这些做法都是违规的，政策也不会允许无限扩大募集规模，如果出现大量亏损项目，会出现严重后果。2020 年 6 月，国内信托规模已经达到 17 万亿元，如果出现大规模坏账，将给投资人带来严重的资金风险，特别是很多国内信托都投资在房地产上，一旦房地产出现大规模亏损，将引发大量的信托违约事件。

从来就没有百分百安全的金融投资产品，人为进行投资收益保障的任何金融产品都是不能持久的，投资有风险是最基本的规律。另外，所有的中介模式都存在商业模式合理性的问题，也就是投资"中介"对投资风险的担责问题，之前已经分析过，不管是中介担全责还是完全不担责，都不可能持久健康发展。

四、套路贷的监管分析

套路贷是对社会危害极大的一种金融"产品"，它的可恶之处在于，犯罪分子利用"法律手段"来对付受害人。显然，一方面，需要研究如何发现套路贷、打击套路贷；另一方面，要深入思考为什么法律会被坏人利用来对付好人。

先分析法律被利用的原因，这是套路贷设计中最为"精巧"的部分。从流程上看，当某个人利用套路贷借了一笔款，即使不超过法律规定的利率（年化利率24%，2020年9月该上限已经控制到15%左右，贷款利率的4倍），但通常来说，只要借了第一笔，后续的麻烦就会不断增多，已经不是借款人所能够左右的了。如果正常去还钱，就会找不到借出人，等过了约定还款日，借出人就会出现，这里就出现了第一个问题——"超时违约"，按照借款合同，需要提交高额超时罚息，若一时还不出，没有关系，第二个放款人会出现，其貌似和第一个放款人没有关系，但会引导借款人借新还旧。为了取得"合法借款凭证"，第二个放款人会和借款人一起去银行办理相关业务，从法律上坐实第二笔借款，然后收取砍头息、担保费、风险费。以此类推，直到借款人倾家荡产也无法还清一轮接一轮的高利贷，若还款人无法偿还贷款，又不愿意再进入下一轮借款，放贷人就去法院起诉，拿出借款合同、银行流水聘请律师打官司，法院也非常为难，从法律角度来看，似乎一切都是合法合规的，借款人没有理由不还款，法官也不能凭感觉判断借出人是"套路贷"。

国家出台了打击套路贷的一系列政策，本书希望对套路贷进行更为深入的分析，从而制定"自动识别"套路贷的监管策略，大量被套路的受害人并不一定报案，因此，主动识别套路贷是非常重要的工作。在保护普通民众不受套路贷危害的同时，也要注意保护合理的民间借贷。

小贷公司放贷是法律允许的贷款行为，但小贷公司同样也可能是套路贷的一员，因此，仍然需要对小贷公司的贷款行为进行规范和监管。

纯粹的民间借贷不会去申请小贷牌照，只将借条和转账凭证作为依据，对这一类行为的监管是复杂的，如果完全禁止，似乎也不符合"社会习俗"，若不禁止，"套路贷"就会打着民间借贷的名义大行其道。

规范民间借贷包括：一是规范借贷流程，严格禁止砍头息，凡是有砍头息的，一律认定为非法借贷行为；二是规定如果要收保证金，必须由合法的公司收取，比如担保公司或者保险公司，不允许任何人收取或者代担保公司收取；

三是规定综合年化利率不得超过 15%（银行贷款利率的 4 倍），超过了作为非法借贷认定；四是规定借出人必须留下便于归还贷款资金的电子方式（渠道），比如微信号、银行卡号等作为归还的约定途径，借款人可以循该途径顺利归还，因出借人故意"破坏"归还途径的，由出借人自己负责，若没有约定，作为非法借贷认定；五是必须规定罚息的年度上限和总额上限，比如，年化罚息不得超过信用卡罚息，即日罚息不超 0.03% 等。还应当规定，不管欠款多久，累计利滚利罚息不得超过本金的 100%。

若罚息（或者叫逾期罚款）和利息有封顶，套路贷的很多"黑"操作就无法在法律上站住脚了，借款人也不至于因为借了一小笔钱最后走到卖房子的地步，即使打官司，也只需根据合理的借款利息支付。

另外，出借人将银行凭单作为出借证明可以接受，但应当增加一个规定，出借和还款（包括本息、罚息等）都必须用电子方式，禁止现金借贷往来，因为只有电子方式，司法层面才能够快捷地判断出是否为非法借贷，也容易解决额外收费罚款的问题。现在的电子转账方式已经非常方便，这样的规定不难执行。

从大数据角度分析套路贷可以看到，借款人账户的入账额（借款额）阶梯性提升，并且快速被提取，是套路贷比较典型的账户变动模型，监管机构可以依据此特征主动发现套路贷行为，进行调查或者打击。

为了进一步降低民间借贷风险，国家应当出台政策，明确个人出借资金总额或者总笔数的限制，超过一定的限额或者笔数，就是"职业出借人"，凡是"职业出借人"都必须申请小贷牌照，因为其行为已经超出了正常的"民间小额借贷"范畴。办理牌照需要的出借额度可以根据情况调整：一是免息出借人，不受额度限制，无须申请牌照；二是低息出借人，不高于银行同期贷款利息，申请牌照的额度可以适当放宽等。如果事先做了这些规定，套路贷基本上不会出现暴利，也就在一定程度上打击了它的出现。

如果金融监控系统发现了有套路贷行为的嫌疑账户，可以在下一轮入账（嫌疑人再次出借）后临时冻结借款人账户，报反洗钱系统和公安部门查证该笔入账是否涉及套路贷。对高风险金融账户进行临时冻结，需要制定相关的法律条款，确保银行冻结行为的合法性。

律师配合套路贷打官司，表面上看是按照法律流程办事，实际上帮助了犯罪分子，其实律师很明白他接手的起诉案件是普通民间借贷纠纷还是套路贷犯罪，因为套路贷一定是"经常性"地打"追讨欠款"，它们本该申请牌照进行借贷，而不是发起大批的"个人追款"起诉行为。对这类律师，应当以套路贷犯罪的"共犯"或"从犯"对待。

五、反洗钱监管分析

以地下钱庄为例，洗钱主要是通过境内外两边对冲的模式实现资金交易，变相实现了非法资金出境和非法资金入境。

境外的资金流动行为是很难监控的，但境内比较容易管控，关键是要限制大额现金流转。中国人民银行已经发布规定，自 2020 年 7 月起，存取大于 10 万元的现金需要登记，这是一个反现金洗钱的非常好的规定，但如果规定所有的支付交易超过 1000 元不得使用现金，那就会更有效地打击洗钱，从源头上打击贪污腐败。

监控转账洗钱，需要对金融机构结算大数据进行分析，当交易双方没有任何"利益"纠葛，却有大笔转账，甚至多笔转账，显然存在洗钱的风险。反洗钱系统对大于 5 万元的个人转账、大于 20 万元的机构间转账都已经进行申报，十分适用于对地下钱庄洗钱行为进行监控。

综合来看，堵住大额现金流转，是反洗钱的有效办法，同时也是反腐败的利器。

六、反赌博监管分析

通过金融监控系统发现网络赌博行为还是比较方便的，因为赌博的资金流转特征比较明显，根据资金流的去向很容易追踪赌博问题。

线上赌博资金比较少用现金，庄家通常不愿意露面，容易被顺藤摸瓜抓住。如果是通过电子汇款转账，通常是两个模式：一是存保证金模式，二是单笔往返模式。就单笔往返来说，很容易判断，账户间经常有资金往返，并且金额不等，当然赌博通常输多赢少，进账比出账少，以此可判断可疑交易账户进行跟踪。存保证金模式要求收款方"实时实名认证"，并且核对收款人身份。赌博收款账户的资金进出和流向是有明显特征的，大多是网状采集，迅速转走。通过对金融大数据进行分析，可以很容易发现赌博账户及赌博资金流向。

赌博数据监控的难点和其他金融业务类似，就是要能够取得跨银行以及第三方支付机构的所有交易数据，这个数据可能是跨行的，也可能是同行的，并且这个交易数据额度未必能达到 5 万元（报送洗钱的级别）。监管机构应当建立用户统一的"互联网上的金融账户身份证"，利用联邦学习机制采集和分析各银行同一个用户资金账户的往来数据，再进行综合分析，判断违法金融行为，如果没有风险，监管平台也无须追溯用户身份，如果发现可疑账户，则需要根据"用户的互联网金融账户身份证"反推用户真实身份，这个反推过程需要另外的系统来独立执行，从而确保数据采集和分析系统的数据安全，即使该采集分析系统的数据被黑客窃取，黑客也无法知道用户身份信息。这里的"互联网金融账户身份证"只是指金融机构之间使用的统一的用户代码（代号），和普通的用户身份信息不同，依据这个代号无法反推出任何用户的个人身份资料信息，只有专门的"非常安全"的身份信息管理系统，才能够根据需要依据该代码搜索（反推）出用户真实的个人信息，其操作过程类似对用户个人身份证资料进行同态加密，但这个加密方法要采用单向的、不可逆的加密算法。

七、反传销监管分析

和赌博类似，传销资金流的特征非常明显，资金额基本相等，从四面八方逐步流向一个方向，或者梯级汇总，这里有个最重要的数据源，就是定位信息，传销人员的资金流和手机定位的去向基本上是一致的，大量的手机集中在一个点，并且长时间在一起，大概率就是传销，如果能够更加精准地定位，长时间处于居民区或者村子里的房子内的，不是传销就是非法集会。加上资金流的配合分析，传销窝点是很容易被定位的。

监控的难点是金融监管系统必须打通跨行业数据，特别是电信数据，需要法律支持，技术上不难实现。

第四节　个人资金安全法律规则思考

一、与个人账户相关的安全法规

国家在金融监管方面已经制定了很多规定和规范，比如大额现金登记制度（中国人民银行决定自 2020 年 7 月 1 日起在河北省试点开展大额现金管理工作，补齐相关领域监管短板，规范大额现金使用，遏制利用大额现金进行违法犯罪，维护经济金融秩序）；反洗钱相关规定（2007 年 1 月 1 日开始实行《中华人民共和国反洗钱法》）；账户开设规定、账户分类体系（一类、二类、三类账户）

（2016 年 11 月 25 日发布《中国人民银行关于落实个人银行账户分类管理制度的通知》）等，大多是约束存款人，防止金融犯罪，还应当针对银行保护用户账户设立更为完善的规范，明确银行在保护用户账户安全方面的责任，包括用户个人信息、用户交易信息、用户账户变动信息的保护，促使银行加大对用户账户异常交易行为的监管职责。

在保护用户个人信息方面，国内几大银行建立了一个跨行信息共享系统，而且现在的银行 App 也推出了跨行信息综合查询功能，这个功能方便了用户跨行查询，但在保护用户隐私和资金安全方面，带来了巨大的风险。黑客劫持用户手机之后，可将用户所有的关联银行卡信息调出，非常危险。另外，无卡支付允许用户捆绑任意多的银行卡，结果导致黑客可将用户各个银行卡账户内资金全部盗走。应当限制用户银行卡之间的互联以及无卡支付的绑定，不能以"便捷跳转""便捷换卡支付"为理由牺牲账户安全性。

国家出台了一系列金融信息保护规定（2016 年 12 月印发《中国人民银行金融消费者权益保护实施办法》、2017 年 6 月发布《中华人民共和国网络安全法》、《个人金融信息保护技术规范》于 2020 年 2 月 13 日正式实施），要求银行不能过度采集用户信息，并保护个人信息，但很多机构采取了"获取用户授权"的变通策略，比如，不授权提供定位信息就不能获得服务，支付和定位本身并无直接关联，但是不打开定位就无法支付，显然是过度索取数据的行为，或者不断提醒用户捆绑多家银行卡，实现关联访问，每次交易都会提醒，已经成为一种"骚扰"，用户确认后就实现了全网跨行信息大汇总，存在着巨大的信息安全漏洞。因此，个人金融信息保护一定要从用户角度看问题，对上述行为进行阻止，而不是简单地进行约束，给金融机构留下规避政策限制的各种漏洞。

用户被动确认和主动申请是截然不同的两个操作模式，一键点击确认的风险极大，有时甚至是用户误点击（机构给的提示含糊不清或者带有歧义），也同样会造成用户过度授权，机构却据此免责，因此，针对信息技术安全的规定应当更加细致，应当包括对流程的控制和约束，这一点在很多规定里都是被忽略的。

当下，电信诈骗已经成为集团化行为，分工明确、高效，而电信诈骗持续存在的核心问题仍然是制度不完善，没有收款人"操作时实名"的要求，即银行卡在使用的时候都应当满足"实名"使用的要求。现在的信息技术已经可以实现对每笔交易均进行实名验证，因此，应当修改相关的业务规则，确保电信诈骗无法生存。

二、与支付相关的法规讨论

国家针对第三方支付及银行支付出台了一系列政策，包括开设电子账户的规定、额度限制规定、要素审核规定，但始终没有解决大规模盗刷问题，从本质上来看有以下几个原因：

首先是技术安全底层问题并没有彻底解决。为了用户方便性，牺牲了安全性，急于采用新的尚不成熟的技术。无卡支付创造了新的金融风险，国家针对无卡支付制定规范的时候，没有进行长远的预见，后来一直是处于打补丁的政策完善阶段。无卡支付一开始就没有配套的系统化安全措施和防护网，而且没有明确的安全责任——银行和第三方支付都把责任推给用户，要求用户签字确认开通移动支付、网络支付功能，并承担一切责任。最早需要到柜台签约同意开通电子支付功能，后来可以在网银上申请开通电子支付功能，目前直接在手机上就可以开通快捷电子支付功能，这样风险急剧扩大，而且将所有盗刷资金的风险责任都归咎于用户自身，是有问题的。

在银行开通各种方式的无卡支付（电子支付）的同时，金融机构或者第三方支付机构必须确保对支付风险的有效控制，必须确认用户身份才能够开通，确认身份操作的安全系数要特别高，目前看这些身份确认的安全措施都有漏洞，而且很多验证手续貌似用户本人在操作，但并不一定是用户真实意愿的表达，比如刷脸确认，各种表情都做了，但用户并不一定认为他是在做无卡支付授权认证，用户很可能提出明确否认的意见，控告银行，自己并未授权开通无卡支付却"被动"开通。国家应当规定用户必须到柜台开通无卡支付功能，并且严格设定相关额度，不允许在线轻易修改无卡支付额度，如果有应急大额支付需求，可以通过电话银行在线人工客服办理，从而降低风险。

其次就是支付控制，虽然国家多次限制电子交易额度，但实际上，银行和第三方支付常联手突破无卡支付的交易额度，这一点一直没有得到有效控制。

再次是支付验证信息（动态验证码、身份识别信息等）的安全问题。如果验证信息保存在第三方，显然是不安全的，现在用第三方支付公司的验证密码替代银行卡密码进行支付验证，然后银行无条件认可第三方支付公司的扣款请求，一旦出现问题，要么第三方支付赔偿，要么用户自己承担损失，银行免责。从这个角度看，国家的支付安全法律有严重漏洞，这样的安全间接授权模式是不合情理的，必须加上银行的责任和第三方支付公司的责任，同时要有足够的技术手段防止盗刷和诈骗。

最后是无条件授权、无条件扣款。在很多时候，用户的扣款指令都存在明显的风险，但支付公司和银行都按照用户指令执行，风控系统没有起到应有的效果。从法律上看，似乎是用户自己承担所有的责任，只要这个基本模式不改变，就始终不能从根本上完善风控系统，应当要求银行、第三方支付平台和用户在出现盗刷的时候共同承担风险，即使银行和第三方支付平台只承担很小的风险比例，它们也将更加重视用户账户被盗刷和诈骗的风险。

当然，也要防范用户否认自己进行交易，要求银行和第三方支付赔偿的道德行为。一方面，可以对这样的行为进行核查，而且由于交易额度受到控制，损失不会很大；另一方面，将该用户拉入"涉嫌碰瓷"名单，使他不可能进行类似操作，银行和第三方支付公司有权停止为其提供无卡支付服务，或者对他增加更加严格的无卡支付流程限制。

银行及第三方支付平台为了进一步优化支付流程，不断采用一些新的技术，比如密码支付、指纹支付、动态密码确认，目前开始试点刷脸支付、瞳孔支付等，所有这些手段都没有经过严格的安全论证，也就都不推出新的支付产品，必须考虑各种可能出现的风险，监管机构应当强制要求推广新功能的平台和用户共担风险。目前应用的一些支付技术很可能侵犯用户隐私，而且也存在识别率低、用户否认支付等问题，甚至有技术在 1 公里外用望远镜就可以刷脸识别，也有技术通过拍人挥手的照片，就可以复制人的指纹。总之，新一代信息技术对安全提出了新的挑战，不能一有新技术就马上拿来应用，必须经过严格科学的认证和沙箱实验，才能够大规模推出。监管机构需要在支付法律法规的制定上更多地考虑这些问题。

三、关于合格参与者

对降低系统性金融风险来说，制定合格参与者制度是非常有效的。要成为合格的投资人就必须具有一定的投资能力。证券公司通常有比较完备的投资者测评体系，但 P2P 平台或者银行、保险公司基本上不会太多考虑投资人能力。

余额宝声称 1 元钱也可以投资在基金中，降低了投资者门槛，使投资群体数量变得庞大，但如果平台破产，会带来群体性风险事件。

这些合法的投资理财平台都没有认证投资人的投资能力，更不用说地下投资渠道，它们更加无视投资人评估，甚至鼓励其将房子卖出去进行投资，带来的社会群体风险极高。所有的非法投资渠道都以"低风险、高收益"为借口推销金融产品，监管机构应当严厉禁止其宣传。目前，一些非法理财节目打着"专家证券分析""专家市场评论"的幌子进行宣传，危害非常严重，法律应当对这一类的宣传进行全方位限制，禁止它们以任何方式和渠道变相做理财咨询之类的广告。

对借款人，也同样需要进行认证。前文提到，一些非法借款人通过"养卡""养号"给社会带来风险。另外，有些根本无力还款的个人，如大学生一时冲动贷款消费，结果带来无尽的麻烦。从这个角度看，即使是小额借贷，只是一两千元的贷款，都可能给一个贫困的大学生带来巨大的负面影响，借款给他们显然是害他们。很多贷款公司盯上学生这个群体，实际上是盯上了他们后面的家长，国家虽然禁止给学生放贷、发信用卡，但地下贷款屡禁不止，甚至出现了"裸贷"这样对社会危害巨大的产业。

国家应当建立科学的学生信贷体系，严格限制贷款的使用范围，比如，定向学费贷款、买电脑的贷款等，这样才能够既确保满足学生必要的学习和生活需要，又防止恶性非法贷款进入校园。另外，针对学生的贷款，还应当综合考量其家庭收入情况，学业贷款必须由银行来做，学生可在工作之后再考虑归还贷款。他如果登记失业，可以延迟还款，如果长期找不到工作或者病故，银行也可以将该笔借款作为坏账处理（也可以从学生助学贷款基金中补贴），毕竟这种事件的比例不高。在其有工作的情况下，则可以根据其具体的收入确定每月还款的额度，而不是固定比例额度，这样就更加人性化。对有能力还款但恶意不还款的情况，则记入个人征信系统，通常一个已经有正常收入的学生不会拖欠学业贷款，进而影响自己的信用、影响自己的社会地位和工作前景。

借款人，包括学生、工人、农民等群体，应当建立系统化的借款人体系，针对不同类型的借款人制定不同的规章制度。

投资人也可能转变为借款人，典型的场景有"股票配资"和"期货杠杆"。高杠杆带来巨大的投资风险，未加杠杆的普通证券投资人，可能不是合格的加杠杆高风险投资人，这里的风险也非常大。现在的证券公司投资人评估系统仍然不够细化，还应当加入强制性投资门槛，比如，各类证券的投资总额不得超过自有资产的一定比例、加杠杆后的总风险控制额度等。我国的房贷政策要求贷款人每月的房贷还款额不得超过家庭月收入的 50%，这个规则同样可以供投资市场参考。

四、信用体系相关规则

上一部分已经提到了学生贷以及学生工作之后的社会信用问题，目前，我国欠缺全面社会大众社会信用体系，虽然国家批准成立了个人信用公司"百行征信有限公司"，中国人民银行也一直有"个人信用"评估，但两者的覆盖面和定位都很欠缺。

中国人民银行的个人信用评估主要集中在个人贷款征信方面，覆盖的人群有限，没有贷款的人或者刚毕业的学生都没有足够的征信数据，而且征信报告功能也不完善，能够利用的有价值的信息非常少。

中国人民银行信用有被第三方机构滥用的情况，一旦用户欠款逾期，网络小贷公司就将其记入中国人民银行征信系统，表面上看没有问题，实质上是不合理的。因为这些机构放贷太随意，鼓励用户消费贷款，它们看起来有风控和评估，但实际上主要依赖"政府威信""失信惩戒"机制在放贷，甚至鼓励过度消费，他们的真正目的在于获取高额放贷利润和商品销售利润，而利用政府政策进行自我保护，显然不是属于纯粹的商业行为。还有的用户获得了平台授信 10 万元，实际只借用了 1 万元且逾期了，被记入征信的时候，按照 10 万元记入逾期，一方面，限制了该用户在其他平台的贷款（如房贷），另一方面，夸大了用户违约信用。第三方机构的目的是"抢夺用户信用额度"，再利用政府降低自己的风险，行为很恶劣，监管机构要警惕这些滥用信用惩戒机制的情况，并采取有效的限制措施。

目前，已经有银行明确制定了相关规定，遏制互联网小贷，对在花呗、白条等平台上有过借款记录的群体限制贷款，这样一来，加重了贷款人的贷款成本，其将为小额消费信贷付出更高的信用代价。

大众信用体系的建设事关国家长远发展，每个人都应当遵纪守法，但社会也应当解决困难群体临时性的困难，比如大学生，临时性的困难可能会持续 4 年以上，其毕业后工作了，经济上才能够走入正轨。社会应当给有信用的人更多的帮助，对真实有困难的群体，不以是否还贷为依据判断其信用，而应当综合考虑各种情况，否则会将很大一部分应当扶助的困难群体以"法律的名义"逼入绝境。对实在有困难的群体，应当有充分的、完备的社会金融救助体系，穷人也有信用，哪怕是领取救济金，但他不偷不抢、不奢侈浪费、努力工作还钱，就是有信用的人。国外有个说法，讨、抢 20 美元之内通常不入罪，只有实在走投无路的人，为了生存才会去讨甚至抢 20 美元，建议人们平时准备一些零钱，资助这些穷人。我国未必需要照搬他国的做法，但他国的这个做法有值得借鉴的思维，就是要扶贫济困，实现"在致富的路上一个都不能少"的国家发展理念，也是实现"中国梦"的要求。

在完善的社会信用体系里，每个人的信用"合格"标准不同，有钱人，不会欠债不还；穷人，努力工作，并且不超前消费，不浪费他人的善心。这样的信用体系才能够对所有人产生强大的约束力。每个人也都会很爱惜自己的"个人信用"，也就更容易实现社会和谐、社会公平、社会共同发展。古代就有"季布一诺胜似千金"的说法，并不是说季布很有钱，而是他非常讲信用，在信用评分中，他可以得满分而已。现在的信用体系过度以"金钱"来衡量人的信用，本身就有失偏颇。

信用体系也要保护个人隐私，既然要对每个人进行信用评估，就必须知道他的行为表现，如何在不侵犯个人隐私的情况下，或者说在尽量少采集个人信息的情况下，更准确地评估一个人的信用，是一个非常重要的课题，需要进行更加深入的研究。

芝麻信用允许人们利用购物行为累计信用得分，甚至还推出了"互动得分""名人好友得分"等信用评价方式。从原理上看，都是通过人们日常消费行为和社交行为获取信用等级，其基于的数据维度很少，很容易被人造假，进行系统化的信用等级提分，从而达到各种不良的目的。另外，这个芝麻信用被到处滥用，有一段时间还被用到签证领域，显然是不符合国家保护用户隐私的方针的，被叫停也是理所当然的。向第三方提供的用户个人信用评价必须有权威性和合法性，且必须公平、能保护用户隐私，芝麻信用显然做不到这几点。

当下有一个非常不好的趋势，就是企业只要和用户之间有业务往来，总是希望过度获取用户的信息，导致所有的信息发布平台、App 等都滥用智能手机的功能，或明或暗地采集用户信息，给社会带来巨大的危害。监管机构需要制定更为严厉的保护个人隐私的法律法规，并且通过技术手段进行自动化的检测和监控。

每个人的信用不是一成不变的，所以应当动态、科学地修正人们的信用得分。信用评价可参考体育行业的等级分计算体系，如体育竞赛的全球积分排名根据一个复杂的模型，计算每个选手的等级分，允许选手失败，但每次失败都会对其得分有影响，而且失败的场合不同，对等级分的影响也不一样，从而更科学地对待每一个人的行为，包括科学对待每一个人的错误行为，这样才能更为科学地管理人们的信用，保护交易相关者的利益和社会大众的利益。

另外，个人信用的应用要慎重，不能简单地划线套用，不能因为信用卡还款逾期，就限制用户的生活和工作，滥用信用得分，不分场合、不分需求地使用是不合理的，国家应当制定更为细致的个人信用使用规范，这个方面还有很多工作要做。

总之，信用体系的建设需要更科学，应用要更合理，信用调整要更为便捷恰当，这样才能够真正促进我国的信用体系建设，实现信用社会的宏伟目标，使社会更加和谐、人民更加幸福，进而大幅度降低金融欺诈等金融风险。

第五节　关于个人金融安全标准

国家针对金融安全已经制定了很多标准，但从用户角度来看，还是有很多需要补充和完善的地方，本节就相关的标准做简要的探讨。

一、金融机构与个人之间信息沟通标准

金融机构为个人提供各种金融服务，双方之间有大量的信息沟通。银行发送给用户的信息包括账户变动通知、动态验证码、临期还款通知、各类服务通知、业务广告信息等，而用户向银行申请各种服务、提交各种支付转账和交易请求等。双方之间的沟通缺乏统一的标准，且沟通的信息没有等级划分，紧迫信息和一般信息混在一起，在紧急状态下，银行不能够及时响应用户需求，并采取措施为用户快速止损。

对于金融机构和用户之间的信息沟通，必须建立标准，比如，用户回复银行短信或者发送"110"，银行就立即启动账户临时冻结。另外，银行应当实时分析用户账户支付的安全性，若发现有被盗刷或者其他风险，应当及时通知用户。在用户电子支付过程中，如果需要验证用户身份，应当尽量统一标准，并且根据交易的风险等级，采取不同的验证手段，或进行多因素认证。就目前来看，相对比较安全的验证方法还是视频+密码验证，密码可解决"交易意愿"的确认问题，视频可解决"交易者的本人身份"的问题。但如何解决密码被盗和视频被模拟，仍然需要继续研究更好的方案，已经有机构推出了类似手机 U 盾的产品，用硬件来确认用户身份并进行加密通信，是一个很有应用前景的方案，如果将手机 U 盾和视频识别组合使用，应当能够有更好的安全效果。

标准是各金融机构与用户沟通最基本的准则，金融机构对用户的服务水平参差不齐，执行统一的标准能够大大提升金融机构的服务水平，降低账户风险，提升服务满意度。

二、金融机构发布金融产品的相关标准

人们在银行购买金融产品时通常无法分辨其中的风险：第一，这些金融产品是否是银行直接出售；第二，这些金融产品的风险程度如何；第三，为什么这些金融产品能够在银行出售。有些人在不知情的情况下就买了高风险的金融产品，最后产生了一些群体风险事件。

监管机构制定的政策侧重于对单个金融产品的管理，缺乏银行推介金融产品的整体标准和规范，比如，低风险产品让任何人都很容易理解，而高风险产品也让购买者明确知晓其风险，这样才能够从根本上解决金融产品销售乱象。

比较好的策略是，对金融产品进行等级区分，至少分为三等，即高风险、中风险、低风险，国债、储蓄都属于低风险范畴。银行自己的理财产品，包括合作销售的各种产品，也应该严格进行风险等级划分，不同风险等级的产品用不同颜色的纸张表示，红色纸张表示高风险金融产品，黄色纸张表示中风险产品，蓝色纸张表示低风险金融产品，这样，只要经过简单的说明，用户就能够理解，他若在红色的纸张上签字，就面临着比较高的风险。

另外，所有的金融产品必须有风险提示要点说明，用户签字必须同时抄写风险提示核心内容才能够起作用。有些金融机构，把风险提示写得很多，只让用户抄写"本人充分知晓和理解上述风险提示信息"这样泛泛的内容是不严谨的，用户应当直接抄写风险提示内容。风险提示内容不应当很长和难以理解，对用户来说，大致有以下几点：

（1）本金是否有风险？

（2）可能的最高的风险比例是多大？

（3）是否会有到期无法兑付的风险？

（4）产品是否符合国家法律？

（5）产品是银行直接销售的还是银行为第三方销售的（出现了问题找银行还是找第三方）？

从另外一个角度来看，这些风险提示也是银行对其销售的金融产品的说明和承诺，有非常重要的意义。

总之，银行销售的金融产品并不需要太多的解释和说明，如果风险提示很

多，就没有人真正去阅读和理解其中的含义，达不到风险警示的效果。因此，协议内容需要很完备，但提示内容应当精炼和清晰，应当用浅显易懂的语言让普通人快速理解。

监管机构应当充分考虑普通大众对金融产品的认知水平和金融产品销售者的动机，用更为可行的标准约束银行销售金融产品的风险提示方式，而不仅仅注重合约内容的合规性，以从根本上解决"信息不对称"问题和"老王卖瓜、自卖自夸"的问题。这样的标准不仅适用于银行销售金融产品，还可以应用在保险、基金等其他金融产品的销售场合。

三、移动金融及远程身份认证标准

移动互联网给金融业带来的影响远远超过了 PC 互联网，支付、炒股票、查询金融产品、转账汇款、购买基金都可以在手机上即时完成。移动互联网也带来了新的风险问题：一是操作者身份难以判断，二是金融业务的适用范围被过度延展，主要体现在前文提到的合格投资人、合规产品等方面。

操作者身份识别是风险的核心，移动互联网使黑客有更多的手段开展金融欺诈，移动互联网时代的金融服务应当建立专门的标准体系。中国人民银行推出的数字货币也需要基于移动终端进行操作，也存在很多风险，主要是冷钱包的安全性问题，如果手机损坏，如何处理冷钱包内的数字资产？

电子钱包从广义上来说，是手机内存储数字资产的账户，比如手机公交卡，就是将公交卡电子钱包装在手机上。银行 App 只是一个客户端，里面并不存储资金和其他数字资产，如果客户端损坏，只需要重新安装客户端就可以了。数字货币冷钱包，那就是在手机上安装一个钱包 App，里面有数字资产数据，如果丢失了，数字资产数据就没有了。存储用户数字资产的密钥也是一种数字财产的代表，如果丢失了，数字资产同样无法找回，这一类产品也可以看成数字钱包。有一些数字钱包里存放的可能是各种数字优惠券、数字证书、数字身份验证信息等，都可能受到数字钱包自身安全性的影响，为了方便讨论，下面统称为电子钱包。

在移动终端设备内部（手机等大众常用移动终端）也存在对数据操作管理权限的分工问题，基于手机电路、SIM 卡、手机 U 盾都可以对核心金融数据进行管理，不同的数据管理方案有不同的优缺点。如果是基于手机进行数字资产安全保护，那么手机操作系统的开放性、手机硬件系统的稳定性等都成为风险来源，而且一旦出现问题，无法找到"责任人"，手机厂商是不会对手机上承载的电子钱包或者资金承担任何责任的，因手机故障，或者手机被黑客攻击而失去数字资产，用户无法追究任何第三方责任。

如果数字钱包是基于手机 SIM 卡运行，那么如果是电信运营商开通的电子钱包功能，理论上讲，运营商对电子钱包的管理负责，面临的问题在于银行和运营商会争夺电子钱包的管理权，银行也不愿意用户在手机内的银行账户由第三方管理，因此，这里的矛盾也很难解决，除非银行是电信运营商的股东，才可能解决这个矛盾。

另一种做法是将电子钱包放入专门的移动 U 盾，该 U 盾可以是由手机厂商预置在手机内的，也可以是后装入的，利用 TIFF 插槽，或者专门预留的插槽装入。U 盾通常由金融机构发行，由金融机构进行管理，利用金融机构的应用软件实现在移动金融中的应用，包括认证用户身份、进行数据加密传输等。在这种情况下，其操作安全性是非常高的，至少黑客不容易攻击和假冒用户，目前使用 U 盾出现的风险事件主要是钓鱼方式，诱骗用户主动支付，或者切换用户的交易链接，但不会直接假冒用户支付。这个模式下，发行 U 盾的机构负责承担相应的风险，但 U 盾如果要支持冷钱包，还需要进行内置存储空间的设计。如果将手机 U 盾硬件作为冷钱包使用，一旦硬件丢失，也会有一定风险，除非冷钱包的数据在银行后台有备份。这种做法有一个不足之处，即银行不止一家，如果每家银行都开发一个手机 U 盾，手机根本无法承载那么多的 U 盾，如果 U 盾由第三方公司统一开发，例如中国移动或者华为公司开发统一的手机金融 U 盾，支持所有的银行，银行也不会放心第三方公司，最佳的做法可以由银联（或者银行间联盟）统一开发这样的手机 U 盾并进行管理，与各家银行进行连接并支持各家银行的电子钱包，这和 POS 机的 PSAM 卡的操作方式类似。目前，华为手机已经在与相关金融机构联合开发类似的产品。

第六节　总结及展望

从国家安全角度看，数字经济是未来国家间经济竞争的主战场，数字金融的竞争又是其中的战略制高点，谁掌握了数字金融的话语权和主动权，谁就将取得极大的战略优势。因此，数字金融安全问题是事关国家战略安全的问题。

全球经济一体化是大趋势，金融和经济紧密相关，必然会出现金融互通的需求。在金融全球化的大趋势下，如何更好地使数字金融服务于全球经济一体化的目标，同时又能保障我国的金融安全，是一个重要课题。

数字货币等各种数字资产是未来数字经济发展的主力，为此，从金融安全与金融稳定的角度出发，我们必须探讨数字货币的发展趋势、动态、优势与风险，进而深入研究相关的政策与法律法规，以构建良性可持续发展的数字货币生态，同时控制好其隐含的风险。

从民生角度看，数字金融能让企业享受更好的金融服务，更好地服务于群众的经济生活，数字金融安全和每个人、每个企业息息相关，需要仔细设计相关数字金融产品，并预测和防范风险。

一、本书的主要成果

本书分析了消费者的账户风险问题，特别是数字金融环境下的各类金融风险问题，提出了解决电信诈骗等问题的方案，反洗钱、反套路贷、反传销的思路，以及防范伪基站欺诈信息的方案；指出金融机构在保护消费者账户安全方面可以做得更多，要改善对消费者服务的思路；提出了用户身份识别的方案，为电子支付、远程身份验证等很多互联网金融业务提供了更为安全可靠的措施；对数字金融创新进行了分析，并分析了 P2P、STO、ICO 等方案的利弊，以及监管策略；对数字货币进行了全面的思考，特别是境外数字货币、联合数字货币、境内数字货币、虚拟数字货币、境内外数字金融资产等存在的问题及对策；提出了解决美元霸权问题的思路，特别是构建新的跨境贸易结算体系的思路，包括基于传统货币的解决方案以及基于数字货币的解决方案；对区块链应用面临的问题提出了解决方案，对有害信息上链、链的安全、链防攻击、区块链应用法律难题等方面进行了分析，并提出了解决思路；对供应链金融业务体系进行了相关思考，研究了跨境供应链需要解决的问题和策略；对数字金融监管进行了分析，并做出了点评；对金融安全的政策、金融创新的政策进行了一系列分析，指出国家需要未雨绸缪，提前布局，确保国家金融安全、经济安全。

二、进一步的研究工作

从应用的角度看，数字金融还在高速发展过程中，全球每个月都有很多新的产品、新的规则、新的案例出现，对其进行分析和研究不仅涉及金融本身，还涉及全球政治、经济、文化以及技术发展等很多方面，只有研究金融体系发展的内在规律，并预判全球经济社会发展的大趋势，才能做出更为科学的金融体系发展方向预测。

从技术角度看，数字金融的底层技术创新永无止境，区块链是一个尚未成熟的新的技术模式，影响深远，因此，更需要加大对金融技术的研究投入，从底层技术和应用技术角度为各种数字金融应用提供基础条件。

从监管角度看，需要继续研究如何针对金融创新设计更为科学的管理制度，适时推出与业务发展相匹配的管理制度和法律制度，制定相关的行业标准，既能鼓励创新，又能规避风险。特别是对创新业务的事前风控需要构建对金融创新的风险预测体系，不能在出现大规模金融风险问题之后，再去总结和设计制度补救。需要研究更为实用的沙箱试点制度，确保金融创新能够给广大用户带来实实在在的利益。

后 记

《数字金融安全与监管》最终成书，离不开许多朋友的分享、讨论、鼓励与支持！

首先，要感谢中国工程院方滨兴院士与张钹院士的多次指导与探讨。2020年3~4月，笔者与方滨兴院士就区块链以及相关的金融科技监管进行了长时间的探讨，这些宝贵的学术探讨对于本书中相关内容的完善起到了极其重要的指导作用。笔者也多次与清华大学张钹院士及其团队就人工智能技术在金融风控算法方面的应用以及基于语音（声纹）、语义识别的电子支付方案进行了深入探讨，这些技术领域的深入了解对于本书中与技术相关的内容的撰写大有裨益。在此，要对两位院士表示崇高的敬意和真挚的感谢！

其次，要感谢教育部科技司高润生对本研究的重要推动。2019年高润生因工作到访上海对外经贸大学，笔者向来访的客人介绍了上海对外经贸大学人工智能与变革管理研究院的研究工作。听完笔者的介绍之后，高司长进行了点评。他说上海对外经贸大学应该要关心数字贸易的发展，数字贸易的发展离不开数字金融的支撑，建议上海对外经贸大学人工智能与变革管理研究院能够在数字金融与数字贸易领域为国家做出贡献。近几年来，我们的团队一直在开展与数字金融相关的研究工作，在经过教育部的领导指导之后，顿时感到该领域研究的责任重大，一定要加快研究，早出成果，服务国家。因此，在本书付梓之际，笔者要深深感谢高润生副司长在重要的时点给了笔者极大的推动力，因此才有了这本书的问世。

本书得到了中国支付清算协会王素珍副秘书长的大力支持，她对本书的框架、目录及内容都给予了详细的指导，使本书的结构及内容更为科学合理。

2019年6月12日，笔者在延安大学组织举办了首届数字金融应用、安全及监管国际学术研讨会，在本次会议上发布了《数字金融安全白皮书》。研讨会系列活动得到了中国软件行业协会、中国信息协会、延安大学、上海对外经贸大学、联动优势科技有限公司、亚太数字经济研究院、中国技术交易所数字金融创新研究院、中国银行延安分行、证券时报、国际高新技术研究院等单位的大力支持。会议期间，国内外专家及企业代表从理论前沿、科技创新、技术应用、行业监管等维度深入探讨了当前数字金融面临的挑战与发展趋势，推动数字金融在促进普惠金融和实体经济发展中发挥重要作用。专家们热烈的讨论和真知灼见也为本书中观点的形成提供了很有价值的启发。

除此之外，一些专家学者的日常交流也对本书内容的完善有很大的帮助。为此，笔者要对张金锁、张斌、陈晓静、邢晨声、郑方、孙欣、王彤、王一也、李贲、孙波、张国锋、王思思、秦良娟、袁慧萍、冯小兵、隋海峰、叶佰慧、刘峰、王大刚、张鹏、吴臻育、许弘林、祝一、周亚妮、王有为、李舰波、傅海峰、龙飞、付晓宇、濮早、刘春燕、陈超峰、高睿泽、陈文光、蔡宗辉、张晓晨等专家学者表达感激之情。

笔者要感谢所在工作单位——联动优势科技有限公司、上海对外经贸大学对研究工作的极大支持。期待本书能进一步促进产业界与学术界的合作，也期待上海对外经贸大学人工智能与变革管理研究院数字金融与数字一带一路研究中心继续成为孕育产学合作成果的优质孵化器。

笔者的合作研究占据了大量的家庭时间，感谢家人的包容、理解和支持。这本书也包含了家人巨大的支持！深深的感谢和深深的爱要送给家人！

这本书不同于市面上的其他数字金融安全类书籍，不仅指出了数字金融的安全问题，而且逐一给出了解决方案。但是就解决问题的方案来说，是仁者见仁、智者见智的事情，因此，我们也要感谢本书的读者，如果您有更好的建议，请不要犹豫地联系我们，我们一起再研究，进一步完善方案，为我国数字金融的发展及安全贡献自己的一点力量。

方亚南　齐佳音
2020 年 11 月